KNAUR⊛

Singlefrau

MEIN BETT IST HALB VOLL

Aus dem turbulenten Leben
der Singlefrau

Besuchen Sie uns im Internet:
www.knaur.de

Originalausgabe Mai 2016
Knaur Taschenbuch
© 2016 Knaur Verlag
Ein Imprint der Verlagsgruppe
Droemer Knaur GmbH & Co. KG, München
Alle Rechte vorbehalten. Das Werk darf – auch teilweise – nur mit
Genehmigung des Verlags wiedergegeben werden.
Redaktion: Birthe Katt
Covergestaltung: Franzi Bucher, München
Coverabbildung: Franzi Bucher
emojis von www.typografie.info und www.emojipedia.org
Satz: Adobe InDesign im Verlag
Druck und Bindung: CPI books GmbH, Leck
ISBN 978-3-426-78828-8

2 4 5 3 1

Inhalt

Das Leben der Singlefrau ist nicht ein einziges Leben. Eine Frau erlebt ja so viel, wenn sie ihre »besten Jahre« als Single verbringt. Sie hört aber noch viel mehr, und die Fantasie ist so gut ausgeprägt, dass Namen, handelnde Personen und ihre Eigenschaften und Erlebnisse frei erfunden sind.

Meine Mutter,
die Gesellschaft und ich

Irgendwann kommen wir immer an diesen Punkt, meine Mutter und ich. In jedem Telefonat, in jedem Gespräch. Mal nach fünf Minuten, mal nach einer Dreiviertelstunde. Egal, ob wir gerade auf einer Beerdigung stehen oder unterm Weihnachtsbaum sitzen. Ohne Rücksicht auf meine aktuelle Gemütslage kommt der Seitenhieb, der wie ein Schlag in die Magengrube donnert.

»Und wie läuft's so mit den Männern, Toni?«

Beiläufig, im Plauderton, fast schon desinteressiert. Aber was eigentlich dahintersteckt, ist die Frage nach meinem Beziehungsstatus. Dabei kennt ihn meine Mutter: Single. Seit nunmehr zwei Jahren. Ich finde das auf gar keinen Fall schlimm. Ab und an etwas bedauerlich, aber zumeist ziemlich großartig.

Ich bin Mitte 30, positiv ausgedrückt. Manche sagen, ich gehe stramm auf die 40 zu. Aber bei mir ist das Bett eben auch halb voll statt halb leer. Ich erfreue mich bester Gesundheit, leide nicht an Vereinsamung und verdiene genug Geld für Biogemüse, Cocktails in Bars mit Aussicht und drei Paar Schuhe im Monat. Das ist meine Perspektive. Die meiner Mutter ist eine andere – und nicht nur die meiner Mutter. Literaturnobelpreisträgerin Doris Lessing schrieb in den 80er Jahren in *Prisons we choose to live inside:* »Nur wenige Menschen sind alleinstehend glücklich, und von ihrer Umgebung werden sie als seltsam, egoistisch oder schlimmer betrachtet. Die meisten können nicht lange allein bleiben. Sie suchen immer eine Gruppe, zu der sie gehören.« Wenn ich solche Sätze lese, dann muss ich schnell einen Bleistift irgendwoher kramen und sie mir anstreichen. Ich fühle mich verstanden. Ich bin allein glücklich – zumindest im Moment, und dieser Moment hält schon eine ganze Weile an. Und ja, ich bin seltsam und egoistisch, aber das hängt nicht mit dem Verzicht auf eine Partnerschaft zusammen.

Im Mutter-Tochter-Gespräch kann ich nicht mit Doris Lessing argumentieren. Mir bleiben zwei Ausweichmöglichkeiten: unvermittelter Themenwechsel (Wetter, Krankheiten, Wie-geht-es-eigentlich-Oma) und elegantes Drüberhinweggehen. Ist es ein Telefonat, kann es wahlweise auch ganz fürchterlich in der Leitung knacken, oder auf dem Handy ruft der Hausmeister, der Chef oder mindestens der Innenminister an. Oder aber ich prüfe kurz meine Nervenstärke, spanne meine Bauchmuskeln an und gehe zum Gegenangriff über. Krawall und Remmidemmi. Die nachfolgenden Gespräche verzögern sich auf unbestimmte Zeit. Die gute Laune lässt nach einem solchen Gespräch ebenfalls auf sich warten.

Ich kenne das Muster. Ich kenne die Argumente. Aber der Diskussion muss ich mich immer mal wieder stellen und tappe dabei regelmäßig in die Rechtfertigungsfalle, aus der ich selten unbeschadet entkomme.

Das klingt dann in etwa so: »Und was gibt es Neues bei euch?«, frage ich während eines Telefonats. Bislang hatte ich den Alleinunterhalter gespielt, zehn, 15 Minuten vom letzten Wochenend-Städtetrip mit Freunden und den neusten Entwicklungen in meiner PR-Agentur erzählt.

»Deine Schulfreundin Sandra ist schwanger«, antwortet meine Mutter. Verdammt! Anstatt mir auf die Lippe zu beißen oder nach dem Wetter zu fragen, nehme ich Anlauf und erwidere mit pampigem Desinteresse: »Ja, und?«

»Ich habe gedacht, es interessiert dich.«

»Warum sollte es? Ich habe Sandra nach dem Abitur exakt einmal getroffen, auf der zehnjährigen Abi-Party, die stimmungsvoll wie ein Leichenschmaus war. Sandra interessiert mich nicht. Dass sie Sex hat, will ich mir nicht vorstellen. Dass es jemand mit ihr Tag und Nacht aushält, *kann* ich mir nicht vorstellen.«

Diese Vergleiche mit ehemaligen Schulkameraden und Freunden nerven. Sie leben andere Leben: verlieben, verloben sich, heiraten, taufen ihre Kinder, streiten um die Haushaltskasse, gehen fremd, fahren nicht mehr in den Surfurlaub, sondern ins Familienhotel, und feiern Silvester zu Hause –»die Kinder, du weißt schon«.

Merkwürdigerweise werden Vergleiche auch immer nur zu den Verheirateten gezogen. Von meinen Freundinnen Kerstin, Nele, Insa oder Juli ist nie die Rede. Höchstens in der Variante »Und, wie geht es Juli so? Ist die auch noch allein?«. Juli ist meine engste Freundin. Sie ist eine echte Single-Veteranin, will keine Hochzeit, keine Kinder. Eine echte Verbündete. Denn der Ehrlichkeit halber muss ich zugeben, dass alle anderen Singlefreundinnen sich eine Beziehung wünschen, meistens auch sehr dringend.

»Toni, jetzt reagier doch nicht gleich so empfindlich.«

Mütter merken, wenn sie wunde Punkte treffen. Und sie legen je nach Tagesform den Finger noch tiefer in die Wunde oder belassen es bei vielsagendem Schweigen. Heute waren sowohl meine Mutter als auch ich in Austeil-Laune. Es würde ein harter Kampf werden.

»Mama, egal, wer sich aus meinem oder deinem Bekanntenkreis oder in unserer Verwandtschaft verliebt oder verlobt – ich werde mir daran kein Beispiel nehmen.« Ginge es nach ihr, würde ich mir den Erstbesten schnappen und dem von der Gesellschaft suggerierten Standardlebensentwurf folgen. Für meine Mutter reicht ein kurzer Kuss-Konto-Cross-Check, und dann kann es losgehen mit der Beziehungsanbahnung. Da lebt sie leider noch in den 60er Jahren, als sie selbst auf Männerfang ging.

»Aber du bist jetzt schon zwei Jahre allein.«

»Ich habe seit zwei Jahren keinen festen Partner. Allein oder einsam bin ich deswegen noch lange nicht.«

»Ach, du weißt, wie ich das meine.«

Leider weiß ich es zu gut. Meine Mutter, knapp über 60, kann sich ein Leben ohne Partner nicht vorstellen. Sie hat mit Anfang 20 meinen Vater geheiratet, wie man das früher eben so machte.

»Mama, erklär mir doch mal, wozu ich einen Kerl brauche. Ich verdiene genug Geld. Ich streite mich nie über rauszubringenden Müll, denn ich weiß, wer es macht. Ich. Niemand wartet auf mich, und ich muss auf niemanden warten. Wenn ich beim Anbringen der Gardinenstange scheitere, rufe ich jemanden an oder bezahl einen Handwerker dafür. Ich kann drei Tage hintereinander Risotto kochen und essen, mir meine Urlaubsziele allein aussuchen und reg mich nicht über umherfliegende Socken auf, weil es ja meine sind.« Ich gebe zu, das sind recht oberflächliche Gründe für einen nicht vorhandenen Beziehungswunsch. Von Liebe spricht meine Mutter aber auch nicht.

»Es gehört doch irgendwie dazu.«

»Zu meinem Leben eben derzeit nicht.«

»Aber du hattest doch schon Beziehungen, und das war doch gar nicht so schlecht.«

Ja, da hat sie recht. Drei jeweils recht lange Beziehungen hatte ich bisher. Ich weiß, worum es geht, was ich vermissen müsste, wenn es nicht nach meinen Wünschen, sondern nach den Ansprüchen der Gesellschaft ginge. Dafür gab es zwischen den Beziehungen genug Dramen und Affären, Bekanntschaften und Verknalltheiten. Es ist also mitnichten so, dass ich mich dem männlichen Geschlecht entsage.

»Du solltest dich mal bei so einer Singleseite anmelden. Das macht man doch heute alles im Internet.«

»Ja, das kann man machen, wenn man denn sucht. Ich suche aber nicht, Mama!«

»Aber so scheint es ja nicht zu klappen. Warum nur? Die Stadt ist doch voll mit Männern.«

In diesem Stadium höre ich echte Sorge aus ihrer Stimme. Es ist ja nicht so, dass ich mich das nicht auch manchmal frage … Aber das würde einer Kapitulation gleichkommen.

»Hörst du mir eigentlich wirklich zu? Ich will keine feste Beziehung!«

Warum in aller Welt sollte ich ihren Lebensentwurf leben? Das Nicht-Wollen einer Beziehung passt nicht in die Vorstellungswelt meiner Mutter – und auch nicht in die der Gesellschaft. Aber so anormal, wie uns immer weisgemacht wird, sind wir gar nicht: 16 Millionen Singlehaushalte gibt es in Deutschland, Tendenz ständig steigend. Mehr als ein Viertel davon würde sich selbst das Label »überzeugter Single« auf die Stirn pappen, habe ich neulich in einer Statistik gelesen. Es gibt durchaus schwächer vertretene Minderheiten … Statistiken wissen auch, dass die meisten Singles sich durchaus wohl fühlen: Über zwei Drittel der Einzelkämpfer waren in einer Umfrage zum Leben als überzeugter Single mit ihrem Leben zufrieden oder sehr zufrieden. Happy durch Normabweichung – yeah! Munition für meine Mutter und alle Paar-Verfechter liefert die Statistik aber auch: Mehr als 90 Prozent der Paare geben an, dass sie glücklich sind. Was sollen sie auch anderes sagen. Der Partner hört ja mit.

Manchmal habe ich das Gefühl, es geht meiner Mutter gar nicht darum, wie es mir geht in meinem Singleleben. Das wirklich Lästige sind ja die Fragen der Nachbarn, der Familie, warum die Tochter noch nicht verheiratet ist, warum es noch keine Enkelkinder gibt. Ich erahne das Getuschel: »Guck mal, die kommt schon wieder allein zu Besuch. Hat die keinen Mann? Ist doch jetzt schon in dem Alter? So hässlich ist die doch auch nicht. Mit Kindern wird das aber bald schwierig.« Beinahe tut mir meine Mutter leid, wenn sie mit solchen Fragen konfrontiert wird. Vielleicht macht sie sich manchmal Vorwürfe, dass sie mich so selbständig erzogen, mir beigebracht hat, dass ich mich nicht von einem Mann abhängig machen soll. Es ist ihr ganz hervorragend gelungen, aber *so* eigenständig war dann wohl nicht in ihrem Sinn.

Andererseits freut sie sich mit mir, wenn ich das Leben allein genieße, erzählt mir von ihren Allein-Abenteuern damals, und ich merke, dass sie sich gern daran erinnert. Hätte sie sich so entschieden wie ich, gäbe es mich nicht. Ein merkwürdiger Gedanke. Er ist jetzt ohnehin hypothetischer Natur, war es aber auch vor 40 Jahren schon. Wirtschaftlich ergab sich die Wahlfreiheit für viele Frauen nicht. Die soziale Absicherung und Versorgung ging zumeist mit der Heirat einher. Klar waren auch Liebe, Gefühle und Hormone im Spiel, aber die finanzielle Komponente dürfte ein deutlich stärkeres Argument für eine Ehe gewesen sein als heute. Die soziale und wirtschaftliche Situation der Frau hat sich also weiterentwickelt, aber in vielen Köpfen scheint die Zeit stehengeblieben zu sein. Denn der gesellschaftliche Druck ist noch immer da: Frauen haben in einer Partnerschaft leben zu wollen. Das war ja schon immer so – Schule, Ausbildung, Beruf, Heirat, Kinder. Außerhalb dieses Rahmens kann es gar kein Glück geben. Entscheiden sich Männer für ein Leben allein oder sind mit Ende 30, Anfang 40 noch ungebunden, gewährt man ihnen noch Zeit zum Austoben. Kritische Fragen müssen Jungs sich viel seltener gefallen lassen als Mädels.

Wenn ich sage, dass mein Leben ein gutes ist und vollständig, so wie ich es derzeit lebe, glaubt man mir nicht. Ich würde Wünsche unterdrücken, hätte den Richtigen nur noch nicht gefunden. Diese Ratschläge gibt es längst nicht nur von den Eltern. Verwandtschaft, Kollegen, Freunde, manchmal auch Fremde, die man vor zehn Minuten auf der Party kennengelernt hat – sie alle haben das Bedürfnis, ihre Ansichten zu meinem Singledasein kundzutun. Ich bin ja nun nicht die erste Frau, die entschieden

14

hat, dass sie ihr Leben gut und gern allein verbringen kann. Dass die Geburt eines Kindes nicht mit Glück gleichzusetzen ist. Aber manchmal werde ich behandelt, als sei ich für das Ende der Menschheit verantwortlich.

Eine Beziehung ist für mich kein Muss, es ist ein Zusatzstoff. Ein Partner macht mein Leben nicht vollständiger oder besser. Er verändert es. Der Fokus wandert von meiner Person auf ein »Wir«, das gelegentlich in gleichfarbigen Regenjacken daherspaziert kommt und sich »Schatzi« und »Hasi« nennt. Oh nein! Das will ich einfach nicht.

Meine Mutter ist nicht der Ansicht, dass ich etwas nicht will. Ihrer Meinung nach will ich zu viel. »Kind, du musst deine Ansprüche herunterschrauben.« In ihrer Vorstellung habe ich in dieser großen Stadt alle Möglichkeiten. »Mama, wie stellst du dir das denn vor? Denkst du, hier steht 'ne Schlange Jungs vor der Tür, und ich schicke sie alle weg, weil sie den Anforderungen nicht genügen? Es ist noch nicht mal jemand vorstellig geworden, an dem ich meine Ansprüche hätte testen können.«

»Warum machst du es dir so schwer?«

»Meinst du dich oder mich?«, fauche ich zurück.

»Auf jeden Fall musst du dich beeilen. Mit 40 ist das nicht mehr so leicht. Da kannst du nicht mehr weggehen und dir einfach jemanden mit nach Hause nehmen.«

»Oh, geht das dann nicht mehr? Hat mir noch keiner gesagt. Hoffentlich fragt niemand nach meinem Ausweis.«

Ich bin sauer. Wie oft haben wir dieses Gespräch schon geführt? Und wie oft wir es noch führen werden! Ich bin erschöpft und möchte das Gespräch beenden. Aber nicht barsch und garstig, sondern versöhnlich.

»Mama, ich hab dein jugendliches Aussehen geerbt. Bei mir geht das bis 45, mindestens.«

Männerfreie Zone

An dem Tag, an dem ich unsere Pärchenwohnung verlasse, bin ich alles andere als optimistisch. Es ist kein Hals-über-Kopf-Abhauen mit zwei Sporttaschen und Erst-mal-auf-dem-Sofa-einer-Freundin-Schlafen. Wir hatten uns drei Monate zuvor getrennt, teilten aber mein Bett und seinen Esstisch, bis ich eine neue Wohnung gefunden hatte. Ein geordneter Auszug, eine Trennung in Freundschaft. Wir ahnten seit Monaten, dass unsere Liebe verschwunden war. Wann genau und warum, wussten wir nicht. Ich kämpfte, er kämpfte – mal für uns, doch allzu häufig jeder für sich. Rückblickend betrachtet halbherzig, so wie man das halt macht, wenn man Jahre zusammen ist. Wir entschieden dann, dass Gewohnheit nichts rettet und die Freundschaft uns zu viel wert ist, als dass wir sie in einem Rosenkrieg verlieren wollten. Vielleicht war es Bequemlichkeit, die uns trennte. Andere bleiben aus diesem Grund zusammen, wir trennten uns, weil wir uns nicht zusammenraufen wollten. Ich war davon überzeugt, dass ich den Alltag auch ohne Partner meistern könne, erst recht, wenn er mir kein Feuerwerk zündet und sich meins nicht anschaut.

Doch am Tag des Auszugs fühle ich mich klein und gescheitert. Monatelang hatte ich diesem Moment entgegengefiebert. Er schien die Freiheit zu verheißen. Das war er jetzt also.

Ich schiebe die Tür meiner neuen Wohnung ins Schloss. Ich klettere über die Umzugskartons im Flur, stolpere ins Wohnzimmer, gehe ans Fenster, blicke auf die Straße runter, wo sich meine Umzugshelfer verabschieden. Es ist herbstlich grau, und so ist auch meine Gemütslage. Meine Freunde umarmen sich, lachen, steigen auf Fahrräder und in Autos. Ohne sie hätte ich das nicht geschafft – das Schleppen, Aufbauen, Aufhängen. Genug zu tun, um nicht nachzudenken. Jetzt ist es zum ersten Mal seit Stunden still.

Ich drehe mich um und gucke durch den Raum. Ich setze mich auf die frisch geschliffenen Dielen und starre auf den Turm aus Umzugskartons. »So, das ist jetzt also dein Leben. Nur deins. Du wolltest es so«, sage ich. Es sagt ja sonst niemand etwas. Vielleicht ist das aber auch nur der Versuch, etwas greifbar zu machen. Ein Neustart mit 34. Normalerweise heiratet man in dem Alter, bekommt ein Kind oder kauft sich wenigstens einen Hund, um mal wieder Schwung ins Leben zu bringen. Ich hingegen trenne mich. Warum muss ich eigentlich immer alles anders machen als die anderen? Manchmal finde ich mich selbst anstrengend.

Mehr als fünf Jahre war ich mit meinem Freund zusammen. Und wenn man Ende 20 ist und eine Beziehung beginnt, dann glaubt man, dass es das jetzt ist, was ein Leben lang hält. Also, zumindest habe ich das gedacht. Davor lang genug ausgetobt und ausprobiert, den Zeitpunkt erreicht, an dem man ankommen kann, sich emotional zur Ruhe setzt und einen Menschen findet, bei dem man bleibt. So macht man das doch. Aber mein Leben hält sich offenbar nicht an den Masterplan. Ich fange jetzt noch mal bei null an.

»Meine Herren, was für ein Quatsch«, unterbreche ich mein Gedankenkarussell laut, fast schon sauer. Ich habe ja nur eine Liebe verloren. Na ja, »nur« … Meine Stadt ist seine Stadt. Ist Hamburg groß genug für zwei, die sich nicht jeden Tag über den Weg laufen wollen? Mein Freundeskreis ist unser Freundeskreis. Viele Menschen haben wir in den vergangenen Jahren gemeinsam kennengelernt. Müssen wir jetzt unsere Freunde aufteilen? Wer gehört denn wem? Mein Sport ist auch sein Sport. Auch von meiner neuen Wohnung aus werde ich auf unserer alten Runde laufen. Werde ich jetzt jedes Mal an ihn denken, wenn ich die Laufschuhe schnüre?

Gut, dass wir uns beruflich nie begegnen. Er fand, dass ich meinem Job als PR-Beraterin zu viel Raum gab. Bislang bin ich nie erpicht auf die große Karriere gewesen. Aber womöglich ist jetzt der Zeitpunkt gekommen. Schön das Klischee erfüllen, frustrierte Singlefrau, aber erfolgreich im Job – meine innere Stimme meldet sich. Sie will sich offenbar mit mir anlegen, nachdem ich sie wochenlang unterdrückt habe.

Bevor ich vom An-die-Decke-Glotzen Nackenstarre bekomme, rapple ich mich vom Boden auf. Zumindest das Schlafzimmer sollte heute Abend irgendwie betretbar sein. Schrank, Kommode und Bett stehen schon, die Gardinen hängen. Meine Jungs und Mädels haben ganze Arbeit geleistet. Auch mein Ex. Er hat tapfer mitgetragen und aufgebaut, letzte Woche war er sogar mit mir noch im Baumarkt und hat einen Linoleumboden gekauft. Um anschließend in meiner neuen Küche auf Knien rumzurutschen und ihn zu verlegen. Ich habe ihm dabei zugeguckt, hilfreich wäre ich nicht gewesen, und gedacht: »Das ist dieses ›Freundebleiben‹, von dem immer alle sprechen.« Keine Ahnung, ob das möglich ist. Probieren möchte ich es. Aber wer weiß, wenn er in drei Wochen eine Neue hat, wird mir die Freundschaft womöglich schnuppe sein.

So, Bett beziehen. Neue Kissen, neue Decke, neue Bettwäsche. Wie eine Studentin bin ich durch Ikea gezogen. Hausstandsgründung, die Zweite. Irgendwie hatte ich das alles schon mal. Da war ich Anfang 20 und fand es super, endlich was Eigenes zu haben. Jetzt habe ich nur noch Eigenes. Nur das Bett ist noch ein Relikt aus gemeinsamen Zeiten. Obwohl, meins war es schon immer. Wir hatten kaum gemeinsame Anschaffungen – einer von beiden hat immer gezahlt. Mein Bett, sein Sofa, sein Küchentisch, jeder einen Schrank. Vermutlich ein grundlegender Fehler. Bloß keine Verbundenheit aufkommen lassen.

»Ach, verfluchter Mist.« Ich habe mich so in meiner riesigen Bettdecke verheddert, dass Daunendecke und Bezug nur noch ein einziges Knäuel sind. Ich lasse von dem Haufen ab, setze mich aufs Bett – und lasse endlich den Tränen freien Lauf. Den ganzen Tag hab ich sie runtergeschluckt. Jetzt müssen sie raus.

Dabei fällt mir auf, dass ich in der letzten Zeit wenig geweint habe. Richtig traurig war ich nach der Trennung nie. Ich war froh, dass ich diesen Schritt gemacht habe. Vor Monaten hatte ich angefangen, darüber nachzudenken. Lange, bevor meine Freundinnen immer häufiger fragten: »Warum trennst du dich nicht?« Ich war nicht mehr glücklich, das sah man mir an. Zu viel Energie steckte ich in diese Beziehung, zu wenig bekam ich von ihr zurück. Wir entfernten uns immer mehr voneinander, gingen kaum noch zusammen aus, und wenn, dann konnte niemand erkennen, dass wir ein Paar waren. War er fremdgegangen? Ich weiß es nicht. Ich unterstellte es ihm, war eifersüchtig, weil er mit anderen Frauen mehr Zeit als mit mir verbrachte. Vor anderen redete er immer noch stolz über mich, aber zu Hause sprachen wir wenig miteinander. Alltagssätze: »Ist noch Brot da?« – »Nächsten Samstag hat Kerstin Geburtstag. Kommst du mit?« Das Wort »Liebe« hatten wir aus unserem Sprachschatz ausgeklammert. Aber dennoch – ich konnte nicht einfach Schluss machen, nicht alles hinschmeißen, nicht nach so langer Zeit. Wir sprachen viel, sagten in aller Offenheit, was uns störte, nicht passte, falsch lief. Aber es war vergebens. Irgendwann war der Punkt erreicht, an dem ich sagte: »Wir müssen reden.«

Mein neuerlicher Tränenschwall wird vom Klang der Türklingel gestoppt. Erstens, die klingt ja grauenhaft, und zweitens – wer ist das? Ich wische mit dem Handrücken die Tränen aus den Augenwinkeln. Gut, dass der Spiegel über der Kommode schon hängt, ein prüfender Blick, einmal das Haar in Form geschüttelt. Mein erster Besuch in der neuen Wohnung. Vielleicht ein junger, gutaussehender Nachbar? Ich drücke den Türöffner. Der Mangel an Gegensprechanlagen erhöht den Überraschungseffekt.

»Aufhören mit Rumflennen, jetzt wird gearbeitet, Toni«, schallt es von unten durchs Treppenhaus. Das ist kein Nachbar, sondern Juli. Offenbar in Topform und mal wieder mit hellseherischen Kräften gesegnet. Sie hat mir gefehlt. Juli kenne ich seit Anfang des Studiums. Die großen Krisen des Erwachsenwerdens haben uns zusammengeschweißt. Wir haben gelernt, wie wir uns bei Liebeskummer trösten und vor Prüfungen Mut zureden, teilen Ärger über Chef und Kollegen, auch wenn ich die ihren nicht kenne und sie die meinen nicht. Wir wissen, wann man die andere ernst nehmen muss und wann sie mit Humor wieder aufgebaut werden will. Ohne Juli wären viele Situationen deutlich schlimmer oder nur halb so lustig.

»Tut mir leid, dass ich nicht früher kommen konnte«, sagt sie, ein bisschen außer Atem. »Hier, statt Brot und Salz, Kaffee und Kuchen. Fand ich irgendwie passender.« Ich nehme ihr die Pappbecher und die Schachtel ab, während sie sich an mir vorbei in den Flur drängelt. »Wow, das sieht ja schon ziemlich wohnlich aus.« Juli durchquert mit drei Schritten meinen Flur, quetscht sich an den Kisten vorbei ins Wohnzimmer. »Das Sofa hast du neu, oder? Schön, nicht dieses dunkle Braun, lieber so ein lebensbejahendes Mausgrau. Und der Esstisch … du hast dir wohl auch gesagt, wenn, dann richtig, hm?« Ich stehe immer noch mit Kaffee und Kuchen in den Händen im Flur und muss unweigerlich grinsen. Sie hat natürlich recht. Der Esstisch hat einen halben Monatslohn gekostet. Netto, immerhin. Aber jetzt ist nicht die Zeit zum Sparen. »Ich gehe davon aus, dass ich den ein bisschen länger habe«, rufe ich. »Auf mich wirkt er, als planst du, eine Großfamilie zu gründen«, sagt Juli, kommt aus dem Wohnzimmer zurück in den Flur, grinst.

»Gib mal her«, sie nimmt mir Kuchen und Kaffee wieder ab, trägt alles in die Küche. »Na ja, du weißt doch, dass ich gern koche und Leute einlade«, rechtfertige ich mich.

»Ich meine das doch gar nicht böse, Toni. Fühl dich nicht gleich angegriffen. Hast du schon das Besteck ausgepackt?«

»Juli, jetzt mal ehrlich. Ich bin seit drei Stunden in der Wohnung …«

»Ja, aber es sieht aus, als ob du hier schon wohnst.«

In der Tat. Auch die Küche ist fertig. Die Wand habe ich in der vergangenen Woche gestrichen. Malve. Mädchenfarbe. Die Waschmaschine steht, der Kühlschrank auch, die Regalbretter sind an der Wand angebracht. »Das Besteck ist in einer der Kisten da«, sage ich und zeige auf einen Mini-Kistenturm.

»Das willst du alles hier unterbringen?«

»Juli!« Aber sie hat recht, schon wieder. Töpfe, Pfannen, Teller, Gläser, Tassen – das Kücheninventar gehörte fast ausschließlich mir. In der alten Wohnung sahen die Schränke ziemlich leer aus, nachdem ich meine Kisten gepackt hatte. Es machte mir ein schlechtes Gewissen. Aber er kocht eh kaum. Ich seufze.

Juli blickt von der Kiste auf, in der sie nach Besteck sucht. »Was ist los? Hast du etwa geweint?« Zehn Minuten in der Wohnung, und sie guckt mich zum ersten Mal an. Das ist ja wie beim Ex.

»Kam vorhin so über mich, als plötzlich alle weg waren.«

»Ach, komm mal her, kleine Toni.« Sie nimmt mich in den Arm, drückt mich fest. Offensichtlich direkt auf die Tränendrüse, denn die fließen nun wieder. Sie streichelt mir über den Kopf, als sie merkt, dass ihre Schulter nass wird und meine Schultern vom Schluchzen zucken. »Der Tag heute ist noch mal hart, aber jetzt ist es endlich durch. Ab morgen bist du die kraftvolle, sexy, großartige Singlefrau.«

Juli hat gut reden. Sie selbst ist seit drei Jahren ohne Beziehung. Das Alleinsein ist Alltagsgeschäft für sie. Außerdem mochte sie meinen Ex noch nie wirklich. Die paar Male, die die beiden aufeinandergetroffen sind, kann man an zwei Händen abzählen, und sie waren von Distanz geprägt. Juli fand von Anfang an, dass er zu egozentrisch sei. Aber sie hat mich nie getrieben, selbst als ich begann, über eine Trennung nachzudenken – und das ist jetzt schon mehr als ein Jahr her – , hat sie mich nie bestärkt, sondern meist nur zugehört und die richtigen Fragen gestellt.

»Willst du den Cheesecake oder den Brownie?«, fragt Juli in mein Geschluchze hinein. Sie verliert das Wesentliche nie aus dem Blick. »Beides«, jammere ich.

»Gut, wir teilen. Und jetzt lass mich mal los, mein T-Shirt ist klatschnass, und der Kaffee wird kalt.« Ich verlasse nur ungern ihre Schulter, die Trost und Geborgenheit spendet. Fahre mit dem Handrücken über die Augen und stecke meinen Kopf in eine der Umzugskisten. »Hier, sogar Kuchengabeln.« Heute freue ich mich auch über die kleinen Dinge.

»So, wo fangen wir an?«, fragt Juli, als die Kuchenpappen leer gekratzt sind und ich gedankenverloren den Kaffeebecher in den Händen drehe.

»Ich hatte schon im Schlafzimmer begonnen, aber ich bin an der riesigen Bettdecke gescheitert.«

»Gut, dann fechte ich den Kampf für dich aus, und du räumst schon mal den Schrank ein.«

Das Bett ist innerhalb weniger Minuten bezogen, dann sortieren wir zusammen Socken, Unterwäsche und T-Shirts. »Zumindest bist du für die ersten Abenteuer schon mal gut gerüstet«, sagt Juli, während sie meine BHs in die Schublade legt.

»Und dazu ziehe ich dann die hier an«, sage ich und halte ein Paar Socken mit einem Comic-Elch drauf hoch. Wir sitzen auf den Dielen und kichern wie Teenies.

»Jetzt mal im Ernst«, setze ich an. »Bis ich mein erstes Date haben werde – das dauert. Wenn ich auf irgendwas so gar keine

Lust habe, dann auf Männer. Diese Wohnung bleibt männerfreie Zone.«

»Ich bin gespannt, wie lange«, sagt Juli, steht auf und geht ins Wohnzimmer.

Sie kennt mich besser, als mir lieb ist.

»Ich fange mal mit deinen Büchern an«, ruft sie.

Ich setze mich auf die Bettkante. Ich glaube fest daran, dass es sehr lange dauern wird, bis ich in diesem Bett wieder neben einem Mann einschlafe. Ich brauche erst mal Zeit für mich, ich muss runterkommen, zu mir kommen. Was genau das ist, weiß ich noch nicht. Ich kenne das Ziel nicht und weiß nicht, wann ich es erreichen werde. Ich weiß nur, dass ich erst mal allein sein will. Und zwar hier – das hier ist jetzt meins. Mein Leben. Meine Wohnung.

Schon beim ersten Betreten der Zwei-Zimmer-Küche-Bad hatte ich gespürt, dass das hier mein neues Zuhause sein würde. Frisch renoviert, weiße Wände, neu lackierte Türen, abgeschliffene Dielen, hell, ein Balkon in den Hinterhof. Ich fand sogar das heruntergekommene Treppenhaus sympathisch. Erstens hatte mir der Makler versichert, dass das bald gemacht werden würde, zweitens war es ein guter Kontrast zu dem, was ich in den letzten Jahren hatte: Neubau, immer perfekt geputzt, Fußbodenheizung und Parkett. Jetzt war ich raus aus dem Viertel, in dem die Frauen Perlenohrringe und die Männer ihre Pullover vor der Brust geknotet tragen. Ging ich dort ungeschminkt am Sonntagmorgen zum Bäcker, wurde ich komisch angeguckt. Da ist das hier doch deutlich mehr meins – junge Familien, Frührentner, Singles, Studenten, Kreative, Kioskbesitzer, deutlich weniger FDP-Wähler als vorher.

»Willst du deine Bücher speziell sortiert haben?« Juli guckt ins Schlafzimmer.

»Bitte thematisch, nicht nach Farbe und Größe«, sage ich und grinse. »Mach einfach mal, du machst das schon richtig.«

»Hast du mal einen kleinen Schraubendreher? Ich schraube gleich mal die Lampe aufs Regal.«

»Da vorn in der Kiste.«

Mein Ex hat mir netterweise seine Werkzeugkiste dagelassen. Ich hab ja nichts! Muss ich mir wohl nicht nur eine neue Zitronenpresse und einen Fernseher kaufen, sondern auch eine Heimwerkergrundausstattung. Trennungen gehen echt ins Geld.

»Was machst du denn heute Abend? Kommst du mit mir und Anna essen? Wir wollen bei ihr um die Ecke ein neues Restaurant ausprobieren.«

»Nein, ich bin heute bei Freunden zur Helfer- und Einweihungsparty eingeladen. Die beiden sind vor zwei Monaten zusammengezogen.«

»Na, das passt ja.«

»Ja, stimmt. Aber so bin ich nicht allein, sehe viele Freunde.«

»Und ihn.«

»Ja, aber was soll ich denn machen? Jetzt jede Party meiden, nur weil ich meinen Ex dort treffen könnte?«

»Natürlich nicht, aber an diesem Abend wäre der Abstand doch nicht schlecht.«

»Nein, ich will mich nicht verstecken. Ihm nicht den Freundeskreis überlassen. Ich habe dort auch geholfen.«

»Da ist es wieder, das kleine Trotzkind. Bisschen selbstzerstörerisch bist du schon unterwegs. Machst du einen Belastungstest? ›Wie viel kann ich ertragen, bis ich zusammenbreche‹?«

Ein bisschen mulmig ist mir schon, als ich zur Party radle. Auf dem Weg verfahre ich mich. Wie lange wohne ich schon in Hamburg? Fast zehn Jahre. Ich komme mir schon wieder vor wie eine Anfängerin. Dafür fühle ich mich dann umso wohler, als ich in der warmen Wohnung ankomme. Hier sind die Kisten schon ausgepackt. Die Deko steht, die Lampen hängen. Chili con Carne brodelt auf dem Herd. Das erste Bier stürze ich fast runter. Ich bin nervös. Mein Ex ist noch nicht da. Niemand spricht mich darauf an, dass wir gleich wieder aufeinandertreffen. Vielleicht ist es für Freunde auch komisch, wenn sich zwei Menschen trennen, die sie nur zusammen kennen. Ich weiß, dass ich mich auf diese Freunde hier verlassen kann, dass sie mich schützen und stützen, wenn ich mit der Situation nicht klarkomme. Sie wären auch für ihn da. Dass sich einer gegen mich – oder ihn – wenden würde, nur weil wir kein Paar mehr sind, kann ich mir nicht vorstellen.

Und dann kommt er. Ich höre es schon am Klingeln, denn er klingelt immer dreimal. Bis er in die Küche kommt, wo ich mich gerade am dritten Bier festhalte, dauert es einige Minuten. Immer noch ein toller Mann, schießt es mir durch den Kopf. Das Aluminium am Flaschenhals habe ich schon längst abgeknibbelt. Er begrüßt die Jungs mit Handschlag, die Mädels mit einer Umarmung. Bis er vor mir steht. Wir gucken uns an, unschlüssig, wie wir uns begrüßen sollen. Dann müssen wir beide lachen, öffnen die Arme und halten uns fest. Er drückt mir einen Kuss auf die Wange, sein Bart kratzt. Als er mir auch einen Kuss auf die andere Wange geben will, drehe ich meinen Kopf, so dass sein Mund fast auf meinem landet. Es war eine unbewusste Bewegung, ich hatte nicht mit einem zweiten Kuss gerechnet. Er weicht in letzter Millisekunde aus. »Entschuldigung, das war keine Absicht«, murmle ich. Es wird dauern, bis ich mich an den Abstand gewöhnt habe, den wir jetzt halten müssen. Er grinst nur, sagt nichts, drückt mich noch mal und verlässt mit einem Bier in der Hand die Küche. Das sieht ganz sicher cooler aus, als er es innerlich ist. Ich weiß, dass dieser Tag nicht spurlos an ihm vorbeigegangen ist, dafür kenne ich ihn schon zu lange. Nach außen hin ist er immer fröhlich, offen, gut gelaunt. Die stille Seite zeigt er nur wenigen Menschen. Er bleibt in unserer alten

Wohnung – vorerst. Sie war heute Morgen, als meine Kartons, Koffer und Kisten im Kleintransporter waren, sehr leer. Es hallte sogar. Ein Sofa, ein Fernseher – mehr stand nicht mehr im Wohnzimmer. Es war seine Entscheidung, dort wohnen zu bleiben, und ich finde sie nicht gut; denn so lebt noch ein Teil von unserer Beziehung weiter. Ich vermute, dass es genau das ist, was er will. Ich hingegen brauche dieses »Es gibt keinen Weg mehr zurück«-Gefühl.

»Prost, Toni, auf deinen neuen Lebensabschnitt«, sagt Dennis und hält mir seine Bierflasche hin. Glas klirrt, und der sich bildende Schaum steigt den Flaschenhals hoch. Ich trinke schnell einen großen Schluck. »Prost.« Ich merke, wie der Alkohol wirkt. Viel gegessen habe ich heute nicht, dafür viel geräumt und viel zu verkraften gehabt. »Du hast dir echt eine schöne Wohnung ausgesucht. Perfekt für einen Singlestart«, sagt Dennis. Er muss es wissen. Wir kennen uns seit Jahren, und soweit ich weiß, hatte er noch nie eine Freundin. Was mich echt wundert. Er hat keine erkennbaren Macken, zumindest auf den ersten Blick – und der ist ja angeblich so entscheidend. Charmant, witzig, clever, vielleicht ein bisschen eigenbrötlerisch. Aber das ist wohl eine normale Singledasein-Randerscheinung.

»Richtet man sich irgendwann, also mit Mitte 30, Anfang 40, in seinem Singleleben so ein, dass da nach einer gewissen Weile einfach niemand mehr reinpasst?« Ich wollte die Frage eigentlich nur denken, nicht stellen. Aber ich höre sie mich sagen. Und Dennis antwortet auch brav, ganz ohne erschrocken zu gucken.

»Da könnte was dran sein. Wenn man zu lange allein ist, entwickelt man seine Routine, seine Eigenarten, sieht und sucht bei potentiellen Partnern ständig Merkmale, die nicht passen. Und das sind dann vollkommen banale Dinge – trinkt die falsche Biermarke, guckt komplett unwitzige Serien, hört grauenhafte

Musik. Du hast einfach keine Lust mehr auf Kompromisse, denn dein Leben funktioniert ja auch allein sehr gut.«

»Na, bislang funktioniert bei mir noch gar nichts.«

»Komm schon, ihr seid seit ein paar Wochen getrennt, habt bis heute Morgen zusammengewohnt, ein bisschen Zeit wirst du dir wohl schon geben können.«

»Kennst doch meine Ungeduld.«

»Willst du denn sofort wieder einen Partner?«

»Nein, auf keinen Fall!«

»Schade.«

Ich verschlucke mich fast an meinem Bier.

»Dennis!!!«

»War ein Scherz.«

So ganz sicher bin ich mir da nicht. Aber das bringt mich auf einen neuen Gedanken. Was passiert wohl, wenn ich – oder mein Ex – sich einen neuen Partner aus dem Freundeskreis suchen?

»Stell dir das doch mal vor. Das wäre ja so wie früher in der Pubertät. Da haben wir die Freunde auch im Freundeskreis oder zumindest im erweiterten Bekanntenkreis umhergereicht.«

»War bei uns nicht anders«, sagt Dennis. »Aber was willst du auch machen, auf dem Dorf? Das Einzugsgebiet ist in dem Alter ohne Führerschein begrenzt. Da muss man nehmen, was man kriegen kann.«

»Gut, dass wir nicht mehr auf dem Dorf wohnen, auch wenn es auf unseren Partys immer noch Chili con Carne gibt. Ich brauche noch einen Teller, sonst bin ich gleich komplett betrunken.«

Während ich auf den weichen Bohnen rumkaue, sinniere ich darüber, ob 34 ein gutes Alter ist, um Single zu werden. Nicht, dass ich das nicht schon mehrfach durchdacht hätte. Aber bislang sah mir das alles rosiger aus. Aus der noch halb geschützten Zone der Nicht-mehr-Beziehung war das Singledasein wie eine Verheißung. Dass ich Spaß haben würde, dass ich die Freiheit lieben würde – dessen war ich mir sicher. Dass ich nicht gleich wieder in eine Beziehung wollte und dennoch nicht allein sein würde – auch das beruhigte mich. Aber wenn ich mir das jetzt in der Realität, hier auf dieser Party, so anschaue: Paare, junge Eltern, die ihren Nachwuchs gleich mitgebracht haben, und einige Singles, die auch schon alle länger allein sind, und die wenigsten freiwillig. Mmmh, ob es mir in einigen Monaten auch so gehen wird? An Abenden wie diesem hier lerne ich auf jeden Fall niemanden zum Knutschen kennen. Und das ist das absolute Maximum, was in den kommenden Monaten passieren wird, da bin ich mir sicher.

»Und es gibt wirklich keinen Neuen?« Dennis ist ganz schön neugierig.

»Nein. Nicht heute, und in zwei Monaten auch nicht.« Tatsächlich freue ich mich auf meine erste Nacht allein in meinem Bett in meiner eigenen Wohnung. Ich merke, dass ich mich immer mehr mit der Situation und den Aussichten anfreunde.

Im Flur wird es plötzlich lauter und wuseliger. Die Ersten gehen, ist ja auch schon halb elf. Und wenn ich ehrlich bin – so richtig viel hält mich hier nicht mehr. Satt bin ich, müde und angetrunken auch. Ich hatte all diese Menschen schon den gesamten Tag um mich, und ich bin mehr als froh, dass sie alle da waren, aber ein bisschen freue ich mich auf die Ruhe in meinem neuen Heim. Ich bin gespannt, wie ich darauf reagieren werde.

Dennis hat mittlerweile die Küche verlassen. Als ich gerade ungelenk versuche, eine Bierflasche mit dem Feuerzeug zu öffnen, kehrt mein Ex in die Küche zurück. Er legt eine Hand auf meine Schulter.

»Brauchst du Hilfe?«

»Nein, ich schaffe das allein.«

»Du hast aber auch schon gut getankt.«

»Ja, na und? Mir ist danach.«

»Ach, nun sei doch nicht so, Toni.«

»Wenn ich ach so betrunken bin, dann kann ich ja gleich mit zu uns, äh dir.«

Unsere alte Wohnung ist nur ein paar Minuten zu Fuß entfernt, und der kurze Weg käme meinem angetrunkenen Zustand tatsächlich entgegen.

»Hab ich auch schon gedacht. Aber das wäre wohl keine so gute Idee.«

»Meinst nicht? Wir können jetzt tun und lassen, was wir wollen, sind zu nichts mehr verpflichtet.«

»Wir müssen den Absprung hinkriegen.«

»Ja, ich weiß. Aber schon heute Nacht?«

Ich klinge etwas verzweifelnd-bittend. Das ist eigentlich gar nicht so meine Art.

»Ja.«

Es klingt nicht sehr bestimmt, eher vernünftig, so wie er das sagt.

»Okay, dann halt nicht.«

Korb Nummer eins meines Singlelebens. Der erste und letzte – you wish! Ich stürze das Bier fast auf ex hinunter. »So, ich muss dann jetzt auch los«, sage ich, grinse ihn an, drücke ihm die Flasche in die Hand, umarme ihn einmal flüchtig. »Mach's gut, gute Nacht, schlaf gut.«

Ich suche die Gastgeber, verabschiede mich von den noch übriggebliebenen Freunden. »Du weißt ja, was man in der ersten Nacht träumt, geht in Erfüllung«, sagt Dennis zum Abschied.

Zu Hause wird mir wieder klar, wie neu alles ist: Ich suche den richtigen Schlüssel, drücke und rüttele ein wenig an der Haustür, bis sie aufgeht und dann mit einem lauten Knall hinter mir ins Schloss fällt. Oh. Beim Treppensteigen nehme ich das Geländer zu Hilfe, vielleicht waren es doch ein bis zwei Bier zu viel. Aber die geben mir jetzt die nötige Bettschwere. Zähne putzen im

Schein der nackten Glühbirne im Bad, ab unter die riesige Bettdecke. Gleiches Bett wie immer. Zwei Kissen, große Decke, und nur ich darunter. Ich schlafe, ohne viel nachzudenken, ein. Träume, dass mir alle Zähne ausfallen. Nach dem Aufwachen google ich es sofort, es steht für Verlustängste. Soso. Liebes Unterbewusstsein, dieser Hinweis kommt jetzt um einige Monate zu spät!

Toy-Boy-Trend

Richards Grinsen ist eine Unverschämtheit: locker, selbstbewusst, angriffslustig. Oh ja, dieser Typ führt etwas im Schilde. Lässig lehnt er an der Bar. Die Strickmütze über dem kurzen Haar in den Nacken geschoben, die Ärmel seines Holzfällerhemdes aufgekrempelt, so dass mein Blick sofort auf sein Tattoo auf dem linken Unterarm fällt. Nicht bunt und bullig wie bei vielen Fußballspielern, sondern schlicht und filigran. Schwarze, geschwungene Linien an der Innenseite vom Ellbogen bis zum Handgelenk. Mein Gott, wie sexy ein sehniger Unterarm sein kann, der auf einem Tresen ruht.

Richard bestellt sich einen Gin Tonic. »Willst du auch einen?« Fast hätten mir die Worte für »Ja, danke, gern« gefehlt. Was passiert denn hier mit mir? Meine Trennung ist gerade mal zwei Wochen her, ich gehe das erste Mal wieder aus – und schon drehen die Hormone durch.

Ich kenne Richard seit Jahren, er ist ein Freund von Freunden, man sieht sich, man grüßt sich. Ich weiß, dass er irgendwas Kreatives macht und dass er etwas jünger ist als ich. Bis eben hatte ich noch nicht mal sein Tattoo bemerkt, das mich jetzt so aus der Kurve haut. Glücklicherweise ist die Musik so laut, dass man sich nicht viel unterhalten muss. Ich weiß überhaupt nicht, was ich sagen soll, und richte meinen Blick auf die Longdrink-Gläser, in die der Barmann gerade Eiswürfel füllt, so als müsste ich den Vorgang strengstens überwachen. Richard rückt einen Schritt näher an mich ran, jegliche Distanz ist futsch, sein Mund bewegt sich auf mein Ohr zu.

»Wir haben uns ja ewig nicht gesehen. Bist du allein hier?« Ich schüttle den Kopf, mein Blick verlässt die Gläser nicht. Nicht, dass zu wenig Gin in den Tonic kommt.

»Aber du hast eben die ganze Zeit allein getanzt«, brüllt Richard in mein Ohr. Ich bekomme eine Gänsehaut, als seine Atemluft meine Härchen im Nacken tanzen lässt. Dabei ist es unfassbar heiß hier. Ein weiteres Anstarren der Gläser wäre unhöflich bis idiotisch, also drehe ich meinen Kopf in Richards Richtung, halte mich aber brav mit einer Hand am Tresen fest.

»Ich bin mit Nele und Kerstin hier. Die sitzen oben an der Bar, hatten keine Lust zu tanzen.« In diesem Moment schiebt der Barmann die Drinks über die Theke, Richard bezahlt, reicht mir mein Glas, hält seins in meine Richtung und guckt mich an. Es ist zu dunkel, um zu sehen, ob seine Augen blau, grau, grün oder braun sind. Was spielt die Farbe auch schon für eine Rolle, wenn sie so strahlen und blitzen? Passend zum Lächeln – herausfordernd. Gut, dass ich meinen Gesichtsausdruck nicht sehe. Es fühlt sich an wie ein unbeholfenes, verrutschtes Grinsen. Wie kann es angehen, dass mich ein Kerl, der sicherlich fünf Jahre jünger ist, so verunsichert?

»Ist was?« Ich habe Richard wohl etwas zu lange zugeprostet. Zeit für einen großen Schluck. Und noch ein verrutschtes Grinsen. Ich weiß nicht, ob das hier der Anfang eines Flirts ist, das Ganze ist für mich so ungewohnt. Jahrelang haben mich andere Männer nicht interessiert. Wenn ich in einer Beziehung bin, dann bin ich treu, mehr als 100 Prozent. Jeden Charme-Anflug habe ich in den vergangenen Jahren abgeblockt, indem ich spätestens im dritten Satz »mein Freund …« habe fallenlassen. Den gibt es jetzt aber nicht mehr.

Bis zu diesem Punkt war alles gut gelaufen. Ich hatte mit Nele und Kerstin in meiner neuen Wohnung gekocht, gegessen, Prosecco getrunken, wir hatten uns die Nägel lackiert und uns aufgebrezelt. So viel Make-up hatte ich lange nicht mehr an meine

Haut gelassen. Kerstin hatte mir ein Paar ihrer Highheels mitgebracht, Nele einen kurzen Rock. Ich bin zwar in den vergangenen Jahren nicht in Sack und Asche rumgelaufen, aber mein Kleiderschrank war schon eher in gedeckten Farben gehalten, das Schuhwerk bequem, und meine Nägel lackiere ich auch erst seit kurzem wieder. Beim Friseur war ich auch, von langweilig schulterlang auf »Ohren frei gelegt«.

Nach dem Essen steuerten Nele, Kerstin und ich eine Bar an. Schick, mit Blick über die Stadt. Ich fühlte mich wagemutig. Mein Gang auf den Heels war alles andere als elegant, aber ich lernte schnell, offensichtlich war ich ein Naturtalent. An der Bar stehen und gut aussehen – das war doch ganz einfach. Umgeben von Touristen und Männern in Anzügen, die zwar guckten und nickten, aber keinen Nahkontakt aufnahmen, fühlte ich mich sicher. Da waren Kerstin und Nele auch noch an meiner Seite. Ich wagte mich dann allein auf die Tanzfläche eine Etage tiefer, wobei ich mich quasi von außen beobachtete, so als säße ich in einer Drohne, die über meinem Kopf kreiste.

Sah man mir an, dass ich Single war? War da irgendwas in meinem Blick? Wie fühlte sich das an? War etwas anders? Ich kam nicht wirklich zu einem Schluss. Ich brauchte eine kleine Auszeit …

Und hier stehe ich nun mit Richards Drink in der Hand, und er neben mir. Wie komme ich galant wieder weg, ohne dass mir die Knie weich werden? »Ich geh wieder tanzen. Kommst du mit?« Ich hoffte auf ein Nein. Männer tanzen ja eher selten. Für Richard gilt das offenbar nicht. Ich kann gerade noch mein Glas abstellen, da zieht er mich schon an einer Hand auf die Tanzfläche. Sein Grinsen ist offenbar in sein Gesicht eingraviert. Ist meins immer noch so schief? Egal. Konzentriere dich auf das, was du kannst. Tanzen. Selbst auf Highheels. Vielleicht bringt es mich auch nur aus dem Takt, dass Richard noch immer meine Hand festhält.

Die Nacht ist bereits an dem Punkt, an dem der eigene Musikgeschmack eine Nebensächlichkeit geworden ist. Wir tanzen und singen zu Songs, die ich noch aus der Schuldisko kenne. »It's my life« trompetet Dr. Alban. Wie recht er hat! Auf jedes »Life« fliegen meine Arme mit ausgestreckten Zeigefingern in die Höhe. Kann ruhig jeder wissen, dass ich Spaß habe, egal wie schlecht die Musik ist. »Like a viiiiiiirgin, touched for the very first time« – ach, herrlich, Madonna. Ich bin immer noch textsicher, nach all den Jahren.

Guckt hier jemand? Kennt mich wer? Richard mal ausgenommen. Nein. Also weitermachen, unbeirrt tun. »Es ist 1996, und meine Freundin ist weg und bräunt sich …« beginnt das nächste Lied. Fettes Brot, »Jein«. Spielt der DJ hier gerade den Soundtrack meines Gefühlslebens? Hin- und hergerissen bin ich. Ranpirschen an Richard oder in Ruhe lassen? Er nimmt mir die Entscheidung ab. Kaum ist der 90er-Jahre-Deutsch-Hip-Hop verklungen und ertönen die ersten Takte von »Like the way I do« von Melissa Etheridge, ergreift Richard seine Chance. Er legt einen Arm um mich, zieht mich zu sich. Oh, wir starten mit dem Kirmes-eins-zwei-Tipp-Tänzchen. Mein Tanzkurs liegt 20 Jahre zurück, aber hierfür sollte es reichen. Mmmh, fühlt sich gar nicht so verkehrt an. Offensichtlich weiß Richard, was er tut. Ich weiß es nicht. Ich ahne aber, in welche Richtung es geht …

»Du lässt dich nicht gern führen, oder?« Richards Grinsen wird breiter und breiter. »Entspann dich, Toni.« Der hat gut reden. Wenn er wüsste, dass ich gerade einen Puls habe, als würde ich einen Halbmarathon laufen … Auf seine Füße zu treten wäre jetzt noch das kleinste Übel. Ich versuche, mein Gedankenkarussell anzuhalten, mich fallen zu lassen – zumindest in Richards Arme. Ich genieße seine Berührungen, sein Lachen, das nur mir gilt. Aufmerksamkeit und Nähe – erst jetzt merke ich, wie sehr mir das in den letzten Monaten gefehlt hat. Es ist mir komplett egal, dass die Musik mir eigentlich überhaupt nicht gefällt, dass wir mitten auf der Tanzfläche stehen und viel zu viel Platz einnehmen, weil Richard mich so durch die Gegend wirbelt. Mein schiefes Grinsen ist einem lauten Lachen gewichen. Losgelöst, ausgelassen, die Drohne ist verschwunden. Endlich. Aus dem Augenwinkel nehme ich Kerstin und Nele wahr, die die Szenerie von außen betrachten. Ich kann ihre Gesichtsausdrücke nicht erkennen, aber offensichtlich bewerten sie die Situation nicht als so schlimm, dass sie eingreifen müssten.

Richards und meine Tanzperformance wird immer wilder. Ich drehe gerade eine schwungvolle Pirouette, als ich ohne Vorankündigung auch den Rest meiner Fassung verliere und zu taumeln beginne. Mein linker Fuß wird aus dem Stöckelschuh herauskatapultiert, mein Bein schnellt in die Höhe, und ich falle beinahe der guten alten Schwerkraft zum Opfer. Hätte Richard nicht im richtigen Augenblick kräftig zugepackt, ich wäre auf der Tanzfläche der Länge nach aufgeschlagen. Gut, ohne ihn hätte ich diese Pirouette gar nicht erst gedreht. Aber egal. Wichtig ist, dass ich jetzt in seinen Armen liege. Es fühlt sich gut an.

»Hoppla, nicht so schwungvoll«, ruft Richard und lacht. Ich blicke mich suchend nach meinem – besser gesagt, Kerstins – Schuh um. Der Absatz hat sich in einem Loch im Boden verkeilt und steckt mitten auf der Tanzfläche fest. Als ich meinen Kopf drehe, um Richard meine Entdeckung ins Ohr zu schreien, ist auf einmal jeglicher Abstand zwischen unseren Mündern verschwunden. Ich ahne, was in den nächsten Sekunden passieren wird. Und ich freue mich darauf. Wo ist die Stopptaste? Das ist einer dieser schönsten Momente überhaupt – ich weiß, dass sich gleich unsere Lippen zum ersten Mal berühren werden. Millimeter für Millimeter bewegen sie sich aufeinander zu. Unausweichlich. Alles geht sehr schnell, aber es bleibt noch genügend Zeit, darüber nachzudenken, wie es wohl sein wird und ob wir zusammen gut küssen können. Noch bevor ich die Vorfreude auskosten kann, berühren meine Lippen Richards. Sie sind erstaunlich weich und fühlen sich gut an. Ich öffne meine Lippen einen Spalt, lasse seine Zunge meine treffen und könnte stundenlang so stehen. Aber ich wanke auf meinem einen Absatz. Einbeinig im Gewühl der Tanzfläche stehen und einen Jungspund knutschen – ja, so hatte ich mir mein Singleleben vorgestellt – yeah! Ich muss grinsen und beende so den Kuss.

»Kein schlechter Stunt.« Richard lacht mich verschmitzt an, und ich bin froh, dass es hier so dunkel ist, denn ich werde gerade ziemlich sicher ziemlich rot. Bevor ich mich ein zweites Mal seinem Ohr nähere und wieder scheitere, hüpfe ich einbeinig zwei Meter nach links und versuche, im Gewusel aus Beinen den Schuh zu entdecken. Unerschütterlich steht er da, auf dem dreckigen Boden. Der Hacken steckt fest. Todesmutig gehe ich zwischen den Tanzenden in die Hocke, ignoriere die irritierten Blicke. Mittlerweile dürfte mich hier doch eh jeder kennen. Ich wackle, rüttle, ziehe ungeduldig – und habe den Schuh in der Hand, ohne Absatz.

»Was machst du denn da?« Richard steht hinter mir und guckt auf mich runter. Als Antwort strecke ich ihm den Schuh entgegen. Er nimmt meinen anderen Arm und zieht mich hoch.

»Ach so, und ich dachte, das wäre der ungestüme Versuch, mich zu küssen«, witzelt Richard.

»Du bildest dir ganz schön was ein, junger Mann.«

»Dafür hast du aber ganz gut mitgespielt.«

»Reaktive Zungenfertigkeit. Komm, ich muss mal aus dem Gewusel raus und meinen unbeschuhten Fuß abstellen.« Ich humple aus der Gefahrenzone an die rettende Theke, geradewegs in die Arme von Nele und Kerstin.

»Kerstin, wir müssen reden«, sage ich und halte den Schuh hoch. »Der Hacken steckt noch auf der Tanzfläche!«

Kerstin lacht sich kaputt. »Boah, und ich dachte schon, dass du dich aber mehr als ungeschickt anstellst, um den kleinen Richard zu knutschen.« Natürlich hatten die beiden meine schwungvolle Kusseinlage vom Rand aus beobachtet. Falls ihm die Situation unangenehm ist, lässt er es sich nicht anmerken. Ziemlich cool, der Kleine. Das lässt ihn leider noch heißer werden. Die drei begrüßen sich, Nele und Kerstin kennen ihn auch flüchtig.

»Auf deine Stuntkünste!« Richard hatte unsere Drinks geholt. Wir stoßen an, grinsen beide von einem Ohr zum anderen. Peinlich ist hier niemandem mehr etwas.

»Ja, ich werde dann wohl mal den geordneten Rückzug auf einem Bein antreten«, sage ich nach einem kräftigen Schluck Gin Tonic.

»Jetzt wollten wir gerade einsteigen«, sagt Nele.

»Könnt ihr ja auch, aber ohne mich. Barfuß werde ich mich nicht auf die Tanzfläche wagen, mit zwölf Zentimeter Beinlängenunterschied ist man außerdem auch wenig attraktiv, und auf dem Barhocker halte ich diese Musik nicht aus.«

»Ich kann dich nach Hause fahren«, sagt Richard.

»Du willst noch fahren?«

»Ja, mit dem Rad, du kommst auf den Gepäckträger.«

Kerstin, die halb hinter Richard steht, zwinkert mir zu. »Nee, ist klar, junger Mann, ganz uneigennützig«, sagt sie und haut ihm auf die Schulter.

Da ist es wieder, dieses verschmitzte Grinsen. Vielleicht hatte er den Plan schon vorher im Kopf, vielleicht hat ihn Kerstin erst drauf gebracht.

»Was du von mir denkst! Ich schleppe doch keine vergebene Frau ab. Ich will sie lediglich gentlemanlike nach Hause bringen!«

Oha. Er weiß nicht, dass ich Single bin. Woher auch, die Trennung war ja glücklicherweise kein Stadtgespräch. Am Knutschen hat ihn mein angeblicher Beziehungsstatus jedenfalls nicht gehindert …

Noch bevor ich Kerstin zu verstehen geben kann, dass sie ihre Klappe halten soll, macht sie sie auf.

»Keine Sorge, sie ist wieder zu haben.«

»Ist das so?« Richard guckt mich erstaunt an. Grinst. Mein Gott, kann er mal aufhören, dieser Gesichtsausdruck bringt mich vollkommen aus der Fassung. »Na, dann komm mal mit.« So wie Richard mich vorhin auf die Tanzfläche gezogen hat, zieht er mich jetzt von Kerstin und Nele weg. Ich kann mir gerade noch meine Handtasche und meine Jacke schnappen, verdrehe zum Abschied die Augen. Nele ruft noch: »Widerstand sieht anders aus«, und schon stakse ich die Treppe hoch und stolpere hinter Richard her durch die Bar an die frische Luft. Ich ziehe meine Jacke an und den heilen Stiletto aus. Endlich wieder festen Boden unter beiden Füßen. Die ganze Situation bringt mich schon genug ins Wanken. Will er mich jetzt wirklich nach Hause fahren? Und wenn ja, sage ich artig »Danke« und husche nach oben? Oder knutsche noch mal? Oder nehme ihn mit? Ich habe doch erst beim Einzug die männerfreie Zone ausgerufen. Und was ist, wenn er nicht will? Puh, ich fühle mich wie eine Anfängerin. Schon wieder.

»Willst du hier barfuß laufen?« In Richards Stimme ist echte Verwunderung zu hören. »Hier liegen viel zu viele Scherben.«

Ich hatte nicht weiter drüber nachgedacht, mir war mein fester Stand wichtiger gewesen. »Wo steht denn dein Rad, war das Angebot mit dem Gepäckträger ernst gemeint? Ich kann mir auch ein Taxi nehmen.«

»Da vorn um die Ecke, 200 Meter. Und ja, ich bring dich gern rum. Es sei denn, du wohnst jetzt im Vorort.« Ah, die Information, dass ich jetzt Single bin, wurde also verarbeitet. Er schlussfolgert, dass ich allein wohne. Gar nicht so dumm, der Junge.

Und während ich mich noch über seine Kombinationsfähigkeiten freue, wird Richard schon wieder zupackend. Er schnappt sich meinen Oberkörper mit links, meine Beine mit rechts, Abgang in der Horizontalen. Protest erscheint mir in dieser Lage sinnlos. Er ist der Macher, ich ergebe mich und schlinge meine Arme um seinen Hals.

»Jetzt weiß ich auch, warum deine Haare so kurz sind. Neuer Lebensabschnitt, hm?« Richard grinst mich breit an. In mir macht sich das Gefühl breit, dass Richard ganz genau weiß, was er tut, da kann ich mich jetzt nicht so mimosenhaft aufführen.

Aber einen Spruch kann ich mir nicht verkneifen: »Heb dir bitte keinen Bruch und sag rechtzeitig Bescheid, wenn eine Schwelle kommt. Das wäre mir heute Abend dann doch zu viel.«

Sein Fahrrad steht tatsächlich nicht weit weg und sieht auch einigermaßen belastbar aus. Ich muss meinen Rock zu einem Gürtel krempeln, um mich irgendwie auf den Gepäckträger setzen zu können.

»Geht's?« Richard guckt mehr amüsiert als besorgt.

»Wird schon, ist ja nicht weit.«

»Kannst dich bei mir festhalten.«

Keine Sorge, das hätte ich auch getan, wenn ich in völlig ungefährdeter Position Platz genommen hätte. Wir rumpeln durch die nächtliche Stadt. Das Metall des Fahrradrahmens drückt sich unangenehm in meinen Po. Ich überlege, ob ich zuerst in den Oberschenkeln oder in den Füßen einen Krampf kriegen werde. Gleichzeitig genieße ich die Fahrt. Ich fühle mich jung und verwegen, frei und unbesiegbar. Ja, so sollte sich das Singleleben anfühlen. Das war der Plan! Vor lauter Gedankenjubelei kriege ich nicht mit, dass Richard vom rechten Weg abgebogen ist.

»So, wir sind da«, sagt er plötzlich und hält an.

»Ähm, entschuldige, ich wohne zwar noch nicht so lange in meiner neuen Straße, aber das hier ist sie nicht«, entgegne ich.

»Das ist ja auch meine Straße. Du hast mir bis jetzt nicht verraten, wo du wohnst. Ich hielt das für eine Selbsteinladung ins ›Café Richard‹.« Oh, dieses Schlitzohr. All meine Gedankenspiele sind null und nichtig. Er macht einfach, was er für richtig hält, und nimmt die alte Lady mit. Gut, sein Wille geschehe, aber nicht ohne Widerstand.

»Scheint ja ganz gut geklappt zu haben, der alte Trick«, sage ich. »Schon das zweite Mal heute Abend. Die Nummer mit dem verlorenen Schuh ist auch nur eine gute Kopie aus dem Grimmschen Märchenbuch. Kanntest du aber offenbar noch nicht.« Ich muss Oberwasser gewinnen, wenn ich die Nacht mit Würde überstehen soll. Ich hatte seit Monaten keinen Sex mehr und davor über Jahre hinweg nur mit einem. Aber statt mir weiter den Kopf zu zerbrechen, tapse ich einfach hinter Richard das Treppenhaus hoch. Seine Wohnung überrascht mich – größer als meine, wenige, aber ausgesuchte Möbel, kräftige Farben an den Wänden … und kaum Bücher. Irgendwer sagte mal, dass man nie mit einem Kerl etwas anfangen sollte, der keine Bücher hat. Aber vielleicht gilt das für die Digital Natives auch nicht mehr.

Ich tippe fix eine SMS an Juli. Es ist viel zu spät, als dass sie sie lesen würde. Aber irgendjemand muss mich ja gegebenenfalls retten.

> Es könnte sein, dass ich gleich meinen ersten
> Single-Sex habe. Er ist jünger und knutscht schon mal
> ganz ausgezeichnet. Toy Boy, baby, Toy Boy.
>

»Klassisch Kaffee oder Sambuca?«, ruft Richard aus der Küche. Ich gehe zu ihm und verlange ein Wasser.

»Ich kann nicht noch mehr trinken!«

»Oh, macht die alte Frau jetzt schlapp? Du hast dich so wacker geschlagen.«

»Und machst du dich jetzt lustig?«

Als Antwort zieht er mich zu sich und küsst mich. Lang, innig, gut. Kaffee, Schnaps, Wasser sind vergessen. Aber plötzlich muss ich an meinen Ex denken. Was macht der denn nun in meinen Gedanken? Während der Kuss mit Richard inniger wird, seine Hände meinen Rücken streicheln und meine schon unter sein Shirt wandern, bekomme ich ein schlechtes Gewissen. Müsste ich nicht erst mal abstinent bleiben? Gerade mal zwei Wochen getrennt und schon den Nächsten im Arm! Meine Moral streckt mir den drohenden Zeigefinger entgegen. Ich beende den Kuss und winde mich aus der Umarmung. Bevor Richard fragen kann, sage ich: »Ich brauche jetzt doch einen Schnaps.« Damit ertränke ich die Zweifel, ob diese Sache hier so clever ist, das kann ich später mit mir klären. Was weiß ich, was mein Ex jetzt macht? Ich bin jetzt nur noch mir Rechenschaft schuldig. Und Richard kann ich verantworten. Wenn der Bauch nur annähernd so gut trainiert ist wie der Rücken, dann kenne ich zumindest einen guten Grund für einen Toy Boy. Ich entscheide mich für Spaß.

Ich wache davon auf, dass mir die Sonne ins Gesicht scheint und eine Hand über meinen Hintern wandert. Noch bevor ich die Augen öffne, murmle ich: »Ziemlich knackig für mein Alter, hm?« Ich ernte ein schallendes Gelächter. »Allerdings. Wie alt bist du eigentlich?« Oha. Perfekte Frage zum Aufwachen. Ich habe immer noch keine Ahnung, wie viel jünger der Typ neben mir ist. Aber was soll's, jetzt ist es eh egal. »34«, sage ich und fühle mich wagemutig. »Und selbst?«

»Bis zu meinem 30. dauert's noch zwei Jahre.« Ich mache die Augen auf, drehe meinen Kopf, gucke in Richards Augen. Sie sind braun, das sehe ich jetzt sehr deutlich, und funkeln. Noch genauso frech und angriffslustig wie vor wenigen Stunden. Ich muss unweigerlich grinsen. Sauber, Singlefrau, erster Lover nach der Trennung, und gleich was fürs Ego. Der Sex mit Richard war befreiend, entspannend und ohne Druck. Das mag an den Umständen gelegen haben, aber vielleicht ist es ja wirklich so, dass Frauen ihre Sexualität mehr genießen können, wenn sie älter sind. Dann freue ich mich auf die kommenden Jahre! Ich kichere ein wenig in mich hinein. »Soso, ein Toy Boy also«, sage ich, »dann werde deinem Ruf mal gerecht.« Ich ziehe Richards Kopf an meinen ran. Wer weiß, wann ich wieder neben einem Mann aufwache. Eigentlich dachte ich, ich würde Monate brauchen, bis ich wieder Nähe zulassen kann. Aber so für eine Nacht und einen Morgen geht das schon jetzt ziemlich gut. Offensichtlich ist Sex wie Fahrradfahren, Verlernen ausgeschlossen. Und mit einem neuen fährt es sich gleich noch ein bisschen schwungvoller und sorgloser.

Ein Sprungbrett
namens Jurij

Nachdem die Aufregung über mein Toy-Boy-Abenteuer nach einigen Tagen abgeklungen ist, denke ich an die Endphase meiner Beziehung. Monatelang hatte mich die Frage umgetrieben, ob sie noch zu retten war oder nicht. Meine Gedanken schweifen zu unserem letzten gemeinsamen Urlaub als Paar.

Ich saß allein auf der Veranda unseres Urlaubsbungalows. Allein stimmt nicht, um mich herum wuselten Freunde, mein Freund. Aber ich fühlte mich einsam. Mehrfach hatte er ausgeschlagen, etwas mit mir allein zu unternehmen. Wir waren mit mehreren befreundeten Paaren im Urlaub. Jedes Paar nahm sich mal eine Auszeit von der Gruppe, ging allein an den Strand, abends essen, shoppen. Ich wollte das auch, diese Zeit zu zweit. Er verweigerte sie mir, und ich fühlte mich schrecklich hilflos. In diesem Moment auf der Veranda wusste ich, dass unsere Beziehung nicht mehr zu retten war. Wozu hatte ich einen Partner, wenn er die Zweisamkeit scheute? Die italienische Frühlingssonne blendete mich, aber es waren die Gedanken, die mir die Tränen in die Augen trieben.

Der Kampf der letzten Monate war also vergebens. Im klaren Sonnenlicht erkannte ich ganz deutlich, dass es bis zum Ende der Beziehung nicht mehr lange dauern würde. Aber wie sollte ich den Absprung schaffen?

Um sich aus einer langen Beziehung zu befreien, braucht es einen Auslöser. Es gibt wohl selten diesen einen Moment, in dem man entscheidet: Ich trenne mich. Es ist vielmehr eine schleichende Entwicklung – erste Gedanken, die verworfen werden, zweite, dritte Anläufe, weitere Versuche, Resignation, und irgendwann ist der Entschluss da. Häufig hilft dabei eine andere Person, die selten gleich der neue Partner wird, aber ein Sprungbrett ist, das emotional Aufschwung gibt und ablenkt. Der kleine Richard ist zwar mein erster Sex nach der Trennung und ein schöner Ego-Boost gewesen, aber mein tatsächliches Sprungbrett war jemand anders …

Ich traf Jurij kurz nach diesem Urlaub auf einer Fortbildung. Eigentlich sollte ich mich mit gruppendynamischem Verhalten, Führung und Teamleitung auseinandersetzen. Meine Agentur bezahlte für 72 Stunden in der Einöde vermutlich mehr als zwei meiner Monatslöhne. Und was machte ich? Ich suchte mir meinen Erlöser. Na, eher andersherum. Jurij fand mich. Ich nahm ihn erst nach zwei Tagen wahr. Er gehörte zu einem anderen Seminar, das ebenfalls auf dem ehemaligen Bauernhof tagte. Die Wege der Kursteilnehmer kreuzten sich am Buffet oder wenn sie zufällig gleichzeitig zur Stillarbeit in die Natur geschickt wurden. Jurij sprach mich am zweiten und damit letzten Abend in der Bar an, fragte, wo ich herkäme, was ich machte, wie ich mein Seminar fände. Smalltalk eben. Ich dachte mir nichts dabei und war nicht sonderlich offen. Ich nahm das Seminar ernst und hatte meine Flirtantennen nicht ausgefahren. Wozu auch? Zu Hause wartete mein Freund, trotz aller Probleme. Am nächsten Morgen stakste ich mit meinen Pumps über das Kopfsteinpflaster in Richtung Frühstücksbuffet und fragte mich, wie Bräute, die an den Wochenenden in diese Location einfallen, um hier den schönsten Tag ihres Lebens zu verbringen, diese Strecke halbwegs elegant hinter sich bringen. Da unterbrach mich ein überschwengliches »Guten Morgen!« in meiner Konzentration. Jurij saß mit einer Kaffeetasse vor der Restaurant-Scheune und hatte ganz offensichtlich meine Hofüberquerung beobachtet. Er eilte auf mich zu und hielt mir demonstrativ seinen Ellbogen hin. Ich lachte ihn an und hakte mich unter. Am Frühstücksbuffet ging die Befragung des gestrigen Abends weiter.

»Trainierst du für was? Wie lang warst du laufen? Du siehst superfit aus.« Er hatte mich also auch beim Laufen am frühen Morgen gesehen. Mir war dieser Fokus auf meine Person fremd und vor den Kollegen unangenehm. Ich steuerte auf den rettenden Tisch meines Seminars zu und vergaß Jurij, merkte auch nicht, dass er jede Bewegung von mir beobachtete. Er konnte mir Monate später noch sagen, welches Kleid ich an diesem Morgen trug. Ich musste die Seminarfotos anschauen, um seine Behauptungen zu überprüfen. Beim Kaffee nach dem Mittagessen kam er nochmals auf mich zu, gab mir seine Visitenkarte, fragte nach meiner.

»Ich habe keine dabei. Schicke dir meine Daten per Mail.« Es war noch nicht mal eine Lüge. Als ich ihm fast eine Woche später schrieb, kurz, knapp, bedankte er sich und fragte gleich nach meiner Handynummer. Er bekam sie nicht. Aber es begann ein E-Mail-Dialog, und ich registrierte irritiert, wie sehr ich mich jedes Mal freute, wenn eine neue Nachricht von ihm im Postfach war. Dabei waren es nur immer ein paar Zeilen. Aber er fragte, was ich machte, wie es mir ginge. Der Freund zu Hause fragte das nicht mehr, er sagte, ich könne es ja erzählen. Jurij wohnte weit weg, einmal quer durch die Republik. Er erschien mir ungefährlich, ich wurde mutiger, ging auf seine schriftlichen Flirts ein. Er stellte mir eine Freundschaftsanfrage bei Facebook. Fortan war ich daueronline und wusste, dass sobald neben seinem Namen ein grüner Punkt auftauchte, wir innerhalb weniger Sekunden in einen Chat abtauchen würden. Aus den Oberflächlichkeiten und beruflichen Fragen waren längst Intimitäten und Interesse geworden. Er reizte mich, ich liebte seine Aufmerksamkeit, schickte ihm Bilder von mir. Irgendwann hatte ich auf diesen Fotos nicht mehr allzu viel an. Wir schrieben über Wünsche und Vorlieben. Ich wurde feucht, wenn wir über Sex schrieben. Mein

Körper irritierte mich, aber ich hatte kein schlechtes Gewissen gegenüber meinem Freund. Auch nicht, als Jurij und ich über ein Treffen auf halber Strecke schrieben. Ich hatte sogar schon ein Hotel gebucht, fünf Sterne, großes Bett, wenn schon, dann richtig. Meine Kaltblütigkeit überraschte mich selbst. »Selbst schuld«, dachte ich, wenn ich meinen Freund in diesen Tagen betrachtete.

Das Treffen im Fünf-Sterne-Bett stornierte Jurij, ein kurzfristiger Termin war dazwischengekommen. Ich war kurz enttäuscht, dann sehr froh; denn ich realisierte, dass sobald ich in den Zug zum Treffen gestiegen wäre, das Ende meiner Beziehung besiegelt gewesen wäre. Wollte ich das wirklich? Ich konnte mir die Frage über Monate selbst nicht beantworten. Meine Freundinnen wussten alle bereits, was zu tun war, und taten ihre Meinung bei jeder Gelegenheit kund. Alle, außer Juli, die hielt sich mit ihren Empfehlungen zurück. Sie hörte zu, sie fragte nach, aber sie sagte nie, dass ich mich endlich trennen sollte. Diesen Schlussstrich müsste ich schon selbst ziehen. Ich wehrte mich, spielte Szenarien durch, litt, weinte – und flirtete weiter aus sicherer Entfernung mit Jurij. Er erfuhr erst nach ungefähr der Hälfte der 3284 Facebook-Messages, dass ich einen Freund hatte. Es schien ihn nicht zu stören. Er konnte meine Signale offenbar richtig deuten und hatte nichts dagegen, mein Sprungbrett zu sein.

Als ich meine Tasche für eine weitere Dienstreise packte, sah ich auf Facebook, dass Jurij sich gerade in der gleichen Stadt befand. Verdammt! Meine Finger begannen zu zittern, mein Unterleib zog. Ich schrieb nicht ihm, sondern Juli.

> Was soll ich tun?

Ich wollte ihn wiedersehen. Mein Körper offensichtlich auch. Julis Antwort war kurz und knapp:

> Du weißt, was dann passiert.

Oh ja, und ich konnte es kaum erwarten. Pfeifend packte ich meine Tasche fertig, in die jetzt noch ein Sommerkleid flog, das einen wunderbaren Blick auf meinen wunderbaren Rücken gewährte. Dazu noch ein sexy BH, der auf einer Dienstreise eigentlich vollkommen unnötig war. Ich weiß nicht, ob mein Freund etwas von meiner beschwingten Vorfreude mitbekam. Ob er überhaupt wahrnahm, dass ich mir ein Wohlfühl-Paralleluniversum aufgebaut hatte? Er musste doch merken, dass ich scheinbar grundlos überraschend häufig gute Laune hatte. Anmerken ließ er sich nichts, wir stritten uns nur darüber, dass ich häufiger Sex wollte, er aber nie in Stimmung war und abends lieber länger mit seinem Laptop vor dem Fernseher hockte, anstatt mit mir Seite an Seite einzuschlafen. Mir fehlte die Nähe. Und es tat mir weh, dass er sie mir verwehrte. Aber durfte ich sie mir dann einfach woanders holen?

Als ich am nächsten Morgen in den Zug stieg, schwante mir, dass die letzte Etappe meiner Beziehung angebrochen war. Ich musste es nur zu Ende bringen. Jurij wusste weiterhin nichts davon, dass wir in einer Stadt die Nacht verbringen würden, und im Laufe des Tages beschloss ich, dass er es auch nicht erfahren sollte. So einfach wollte ich es mir selbst nicht machen. Das rückenfreie Sommerkleid fand trotzdem seinen Einsatz; denn selbst am Abend, als ich mit den Kollegen aus der Partneragentur in eine Strandbar ging, war es noch heiß. Schirmchendrink in der Hand, die Füße im Sand, ein breites Lachen auf den knallroten Lippen – ich fühlte mich schon als Single oder zumindest so, wie ich annahm, dass ich mich als Single fühlen würde. Bei meinem Freund meldete ich mich nicht. Er ließ auch nichts von sich hören. Wir hatten die Diskussion Dutzende Male geführt. Seiner Meinung nach muss man keinen Kontakt halten, wenn man sich sowieso in ein paar Tagen wiedersieht. Ich fragte mich – und ihn –, warum er denn dann ständig an seinem Handy rumtippe.

»Ich gehe noch mal eine Runde Getränke holen«, sagte ich in die Runde, »wer möchte was?«, griff mein Portemonnaie und lief barfuß durch den Sand zur Bar. Es dauerte eine halbe Ewigkeit, bis ich bei dem Barmann mit Feinrippunterhemd und Hipster-bärtchen meine Bestellung aufsagen durfte. Während er zapfte und mixte, legte sich eine Hand auf meine nackte Schulter, und jemand säuselte in mein rechtes Ohr: »Was für eine wunderschö-ne Überraschung an diesem lauen Sommerabend.« Jurij! Mein ganzer Körper war überzogen mit Gänsehaut. So viele Nacken-härchen habe ich gar nicht, wie sich meinem Gefühl nach hätten aufstellen müssen. Ich dachte: Diese gottverdammte Stadt ist so riesig. Warum ist er ausgerechnet hier? Was ist das für ein be-schissener Film? Ich legte all meine Verwunderung in ein »Hallo« und hätte ihn am liebsten auf der Stelle umarmt, geküsst und auf die nächste Strandliege gezogen. Alter Falter, siehst du sexy aus!

»Was machst du hier? Und warum hast du nichts davon er-zählt, dass du hier bist?«, fragte Jurij. Ich stammelte irgendwas von spontaner Dienstreise, vielen Terminen und Stress, während ich auf das Kleingeld in meiner Hand starrte, versuchte, die Münzen zu zählen, dann doch den Schein über die Theke reich-te und gar nicht erst auf das Rückgeld wartete, sondern die Drinks griff und »Ich muss dann mal«-murmelnd abhaute. Wäre das ein Film, sähe man jetzt Jurij, wie er mir sehnsuchtsvoll hin-terherblickte. Das hier war aber leider keine Kinoromanze, son-dern mein creepy Leben.

»Mann, das hat aber gedauert«, begrüßten mich die Kollegen.

»Supervoll und nur entspannte Hipster hinter der Theke«, sagte ich entschuldigend und ließ mich in den Liegestuhl fallen. Ich brauchte jetzt eher einen Schnaps, und zwar einen doppel-ten, als eine Mangoschorle, dachte ich.

»Alles okay bei dir?«, fragte jemand.

»Jaja, mir ist nur ein bisschen schwummerig. Muss die Hitze sein«, antwortete ich. Jurij hier. Was mach ich denn jetzt? Schorle trinken, cool bleiben und Juli fragen. Als ich mein Handy aus der Tasche zog, sah ich, dass Jurij geschrieben hatte.

Ich will dich sehen. Deinen Rücken küssen.
Mit meiner Zunge an deinem Ohrläppchen spielen.
22.15 Uhr am Fotoautomaten rechts vom Ausgang.

Klare Ansage. Die Gänsehaut kam wieder, und ich merkte, wie ich feucht wurde. Mein Körper schien Jurij auch sehen zu wollen. Mein Geist war eh schon zu schwach. Ich versuchte nur noch, die Fassung zu bewahren. 21.55 Uhr. Ich hatte noch genug Zeit, jetzt das Weite zu suchen. Oder sollte ich einfach nicht hingehen, so tun, als ob ich die WhatsApp nicht gelesen hätte? Blaue Haken hin oder her – auch die Technik kann sich mal irren.

Um 22.13 Uhr sammelte ich meine Habseligkeiten zusammen. »Diese Schwüle macht mich fertig, ihr Lieben. War wohl heute Morgen auch ein bisschen zu früh, ich geh mal ins Hotel. Wir sehen uns morgen.«

»Soll ich dich begleiten?«

»Nein, nicht nötig.«

Begleitschutz wäre jetzt vielleicht doch etwas sehr feige. Ich stand pünktlich wie bestellt am Fotoautomaten. Wurde aber nicht abgeholt. Ich war kein Stück erleichtert, sondern sauer. Mehr auf mich als auf Jurij. Dass ich auf so einen Mist reinfiel. Männer! Nach zehn Minuten schulterte ich meine Tasche und schlenderte zögerlich in Richtung U-Bahn. Wieder zurück in die Bar zu gehen war jetzt auch keine Option. Schade um den schönen Abend! Das U-Bahn-Haltestellenschild leuchtete mir schon entgegen, als ich hinter mir laufende Schritte hörte und Jurijs Hand sich wieder auf meine nackte Schulter legte.

»Tut mir leid. Ich wollte dich nicht warten lassen. Schön, dass du gekommen bist«, sagte er und drehte mich mit sanfter Kraft um. Wir fielen uns um den Hals.

»Schön, dich zu sehen«, murmelte ich in seine Schulter. Er war nicht viel größer als ich. Und roch unheimlich gut. Lass mich einfach nicht mehr los! Jurijs Hand wanderte über meinen Rücken. Ich hätte schnurren oder wahlweise gleich aus dem Stand einen Orgasmus bekommen können. Als sein Mund sich auf meine Schulter senkte und küssend in Richtung Ohrläppchen wanderte, wühlte sich meine innere Stimme an die Oberfläche: So nicht! Du hattest einen Deal mit der Moral!

»Pssst«, brummte ich.

Jurij hielt inne und guckte mich an. »Was ist?«

»Ich kann das nicht«, quengelte ich. »Die Kollegen könnten jederzeit kommen.«

»Wollen wir zu meinem Hotel oder zu deinem?« Jurij lachte.

»Juriiiiiiij!«

»Jetzt sag bloß, dass du nach all den Wochen Gewissensbisse bekommst.«

»Chatten ist ja wohl doch was anderes als knutschen.«

»Ich würde es auch nicht beim Knutschen belassen wollen.« Er grinste.

Ich auch nicht. Aber ich musste erst noch etwas mit mir klären. Ich grinste nicht.

»Was soll die Moral jetzt noch retten? Zwischen ihm und dir ist es eh aus.« Ich wusste, dass Jurij recht hatte, und ich hatte unfassbare Lust, mich freizuvögeln. Jetzt und hier. Also, vielleicht nicht gleich hier. Aber in wenigen Minuten.

»Komm, ich bring dich zur Bahn«, sagte Jurij und nahm meine Hand. Wir gingen schweigend bis zum U-Bahnhof. Ich kam mir zu anständig, zu spießig vor, aber dachte an den Spiegelblick morgen früh. Am Treppenaufgang zum Gleis ließ Jurij meine Hand los, streichelte mir über die Wange.

»Mach's gut, schöne Frau.« Vollkommen ausreichend, um ihm wieder um den Hals zu fallen. Noch mal tief seinen Duft einatmen. Loslassen. In die Augen schauen.

»Danke.« Für alles – Kompliment, Umarmung, Augenöffnen, Geilmachen und Jetzt-in-Ruhe-lassen. Ja, nach Seitensprungkriterien ist nichts passiert. Alles harmlos. Kein Kuss, kein Sex, keine gemeinsame Nacht. Aber für mich war klar, ich war auf bestem Wege. Es sollte noch zwei, drei Monate bis zur Trennung dauern. Aber das war der erste Schritt.

Höhenflug und Absturz
mit Jurij

Die Umarmung ist herzlich und stürmisch. Nicht Jurijs, sondern die meiner Freundin Tilda. Hinter ihr verstecken sich ihre beiden Kinder. Wir haben uns lange nicht mehr gesehen. Tilda und ihre Familie leben am anderen Ende der Republik. Wir sind zusammen in den Kindergarten gegangen, haben nebeneinander unsere Schultüten getragen, hatten gleichzeitig unsere ersten Freunde. Nach dem Abitur gingen wir zum Studieren in unterschiedliche Städte. Seitdem sehen wir uns nicht mehr häufig, und unsere Leben haben sich komplett anders entwickelt. Aber das spielt überhaupt keine Rolle zwischen uns. Daher konnte ich mich einige Wochen nach meinem Umzug in die eigene Wohnung auch ohne schlechtes Gewissen für ein paar Tage bei Tilda zum Übernachten anmelden, mit dem Hinweis, dass ich eventuell die eine oder andere Nacht nicht in ihrem Gästebett schlafen würde. Sondern bei Jurij; denn die beiden wohnen praktischerweise in einer Stadt. Jetzt, wo alles passieren durfte, wollte ich ihn wiedersehen.

»Schön, dass du da bist, Toni! Komm rein. Sagt mal hallo, ihr beiden.« Tildas Kinder lugen schüchtern jeweils hinter einem Hosenbein hervor. Es ist mehr als ein Jahr her, dass wir uns gesehen haben. Klar, dass sie sich nicht mehr an mich erinnern können. Die Schüchternheit und Skepsis verfliegen aber sehr schnell. Als Tilda gerade Teewasser aufsetzt und ihre selbstgebackenen Kekse auf einen Teller drapiert, kommt ihre dreijährige Tochter Marie mit einem Buch auf mich zugerannt.

»Kannst du mit mir lesen?«, fragt sie. Wir kuscheln uns aufs Küchensofa und schlagen das Buch auf. Während Marie die

Illustrationen betrachtet und ihre eigenen Geschichten zu den Zeichnungen erfindet, quetscht Tilda mich aus. Wie es mir als frischer Single so gehe. Wie das Wohnen allein sei. Ob ich meinen Ex vermissen würde. Wann ich Jurij kennengelernt hätte. Und ob ich in ihn verliebt sei.

• Es geht mir den Umständen entsprechend hervorragend.
• Das Wohnen allein ist großartig.
• Ja, ich vermisse ihn, aber eher als Mensch denn als Partner.
• Und: Verliebt bin ich nicht in Jurij, aber verknallt.

Verknallt sein, das geht bei mir immer schnell, und bei Jurij ist es seine wohltuende Aufmerksamkeit, die mich begeistert.
»Verliebt ist vielleicht ein bisschen viel. Er fasziniert mich. Er lenkt mich ab. Das brauche ich jetzt.«
»Aber verdrängst du damit nicht die Trennung?«
»Nein, glaube ich nicht. Ich habe mich lange genug damit auseinandergesetzt. Ich will jetzt nach vorn gucken, Spaß haben, frei sein.«
»Ich kenn dich doch aber gut genug, um zu wissen, dass du für ihn Gefühle entwickelst.« Tilda hatte recht. Aber muss ich mir das jetzt eingestehen? Kann ich nicht einfach mal fröhlich vor mich hin leben, ohne gleich zu viel nachzudenken? Der Wasserkocher klackt als Zeichen, dass das Wasser aufgekocht ist.
»Soll ich den Tee aufgießen?«
»Nee, lass mal, lies du mal weiter vor und lenk nicht ab. Also, du eröffnest einfach gleich eine neue Baustelle, um die alte zu überdecken.«
Damit hatte Tilda den Nagel auf den Kopf getroffen. Das ist eine bewährte, wenn auch nicht gerade wohltuende Handlungsweise von mir. Lieber noch mehr Chaos stiften, anstatt das eine Chaos erst mal zu lösen. Wenn ich Wäsche aufhänge, muss ich auch immer noch gleichzeitig Milch auf den Herd stellen und

telefonieren. Was immer dazu führt, dass sich im besten Fall mein Gesprächspartner vernachlässigt fühlt und im schlimmsten Fall die Milch überkocht.

»Ich bin doch nur ein kleines bisschen verknallt. Ich weiß, dass er weder der Typ für eine Fernbeziehung ist noch dass ich eine Beziehung will noch dass ich ihn als Freund haben will.«

»Nichtsdestotrotz – du wirst dich verletzen.« Und ich weiß, dass Tilda recht behalten wird.

»Ey, kannst du mal weiterlesen?«, Marie unterbricht mich in meinen Gedanken. Ich liebe Ablenkungen.

Ein paar Stunden später breche ich zu Jurij auf. In Laufhose und Turnschuhen. Wir haben viel über das Training gesprochen und verabredet, dass wir zusammen laufen gehen würden, wenn wir uns sähen. Er hat mich schon häufiger gefragt, wie ich trainiere und was ich ihm raten würde. Sein Interesse scheint also nicht nur auf Sex und meinen Körper gerichtet zu sein.

»Wow, was hast du denn vor?« Jurij ist offensichtlich mehr als überrascht, als er mir die Tür aufmacht und ich im Sportdress statt im sexy Outfit vor ihm stehe.

»Wir wollten doch laufen gehen«, antworte ich. Er grinst.

»Du hättest dich auch hier umziehen können und hättest nicht in dieser schicken Hose quer durch die Stadt fahren müssen.«

Was ist denn an meinen Beinen in dieser Lauftight auszusetzen? Ja, sie sind nicht die schlanksten, aber das hat er ja hoffentlich schon bei den vorherigen Treffen gesehen, dass ich kein Super-Model mit Endlosbeinen bin.

»Wollen wir dann?«, frage ich ungeduldig. Das Wiedersehen hatte ich mir doch etwas überschwenglicher vorgestellt. Während Jurij sich umzieht, gucke ich mich in aller Ruhe in seiner Wohnung um. Der Mann hat ein Bücherregal. Und was für eins! Auf den ersten Blick sehe ich Bücher in fünf Sprachen, überwiegend Sachbücher, Biografien, politische und gesellschaftliche

Themen. Oh weia, wenn ich da an mein Belletristik- und Koch-bücher-Regal denke … Dafür ist seine Küche eine kleine Kata-strophe. Abgewaschen wurde schon länger nicht mehr, und es sieht auch nicht gerade danach aus, als ob er in diesem Raum viel Zeit verbringen würde.

»So, bin fertig, wir können los. Oder willst du dich noch wei-ter umschauen?« Ich erschrecke, als Jurij plötzlich auftaucht, und werde rot. Erwischt!

»Na, deine Hose ist jetzt aber auch kein Schmuckstück«, ver-suche ich, das Thema zu wechseln. Jurij trägt Shorts, die ihn als Fußballer outen. Joggen ist für den Mann kein wirkliches Hob-by. Wir werden sehen, wie er sich schlägt. Mein Kampfgeist ist angestachelt. Intellektuell bin ich dem Mann wohl unterlegen – wer Ingenieur ist und auch noch fünf Sprachen beherrscht, ist mir unheimlich. Aber sportlich habe ich auf jeden Fall die besse-ren Karten.

Das lässt er sich natürlich nicht anmerken. Während wir uns dem Park nähern, plaudert er, als wäre das Tempo für ihn viel zu locker. Aber ich merke, wie er über jede rote Ampel glücklich ist. Jurij spielt ein bisschen den Touristenführer, erzählt von seinem Lieblingscafé, an dem wir vorbeilaufen, von der Statue am Ein-gang des Parks und vom tollen Restaurant am See. Die Atmo-sphäre wird zunehmend entspannter, und ich fühle mich in sei-ner Gegenwart wohl.

»Hast du eigentlich noch Kontakt zu deinem Ex?«, fragt er. Es soll beiläufig klingen, aber misslingt.

»Nicht viel«, sage ich und setze zum Sprint einen Hügel hinauf an. Weglaufen hilft immer. Jurij japst hinterher und grinst.

»Verstanden, du willst nicht über ihn reden.«

Den Rest der Runde laufen wir fast schweigend nebeneinan-derher. Ich denke nach. Jurij atmet schwer und strengt sich an. Als wir wieder vor seiner Haustür stehen, fragt er mich, ob ich auf eine Schorle bleiben möchte.

»Gern. Ich habe Duschsachen und frische Klamotten dabei.«

»Super, dann koch ich eine Kleinigkeit, und wir können noch gemeinsam essen.«

Kochen? Kann er das etwa auch noch? Seine Küche sah doch so gar nicht danach aus … Er geht zuerst ins Bad, und ich dehne mich auf seinem Wohnzimmerteppich. Diese Bücherwand beeindruckt mich noch immer.

»Das Bad ist frei. Ich habe dir ein Handtuch hingelegt«, ruft Jurij nach wenigen Minuten. Nach dem Duschen suche ich den Fön. Im Badezimmerschrank finde ich ihn nicht auf den ersten Blick, sehe dafür aber eine Großpackung Zahnbürsten, blumig riechendes Duschgel, das wohl eher Frauen benutzen, und Abschminklotion. Der Mann ist auf alle Eventualitäten vorbereitet. Nicht für mich, zumindest nicht nur für mich, das ist mir klar. Mir kommen Tildas Worte wieder in den Sinn. Aber warum eigentlich? Ich will keine Beziehung. Ich will mich nicht verlieben. Ich will Spaß. Offenbar glaube ich aber selbst nicht, dass ich einfach nur mit jemandem ins Bett gehen kann, so ganz ohne Gefühl. Das war schon früher so, zu meinen Singlezeiten als Studentin. Ein-, zweimal bin ich mit jemandem abgestürzt, den ich nicht kannte. Wenn ich Sex mit jemandem hatte, kannte ich denjenigen zumeist aber schon länger, und in der Regel waren es keine einmaligen Geschichten. Spätestens nach dem zweiten Mal keimten bei mir immer Gefühle auf. Ich verwechselte sie häufig mit Verliebtsein. Diesmal würde ich hoffentlich etwas schlauer sein.

Ich wickle mir mein Handtuch um den Körper und stecke den Kopf aus der Badezimmertür.

»Jurij, hast du einen Fön?«, rufe ich in die Wohnung. Als ich keine Antwort bekomme, gehe ich in den Flur und tapse in die Küche. Jurij steht am Herd, schneidet Paprika und Tomaten. Er hat Musik an, pfeift dabei. Als er mich sieht, hört er auf zu schneiden und kommt auf mich zu.

»Na, schöne Frau, wolltest du mich überraschen?«

»Nein. Ich habe deinen Fön nicht gefunden.« Jurij grinst, nimmt meine Hand und zieht mich aus der Küche. Mit der anderen Hand halte ich krampfhaft das Handtuch fest. So war das doch nun auch nicht gemeint … Jurij lässt meine Hand erst im Schlafzimmer los, als er die Kommode öffnet, einen winzigen Reisefön hervorkramt und ihn mir hinhält. Ich sage artig danke, nehme den Fön mit der einen Hand, die andere verkrallt sich noch immer im Handtuch, und gehe zurück ins Bad.

Mannmannmann … bisschen mehr Entspannung, liebste Toni. Er tut dir schon nichts. Du bist freiwillig hier. Du willst sogar, dass er dich anfasst. Mach es dir nicht selbst so schwer, rede ich mir gut zu, während ich meine Haare trockne. Ich hoffe, dass ich nicht laut gedacht habe, denn plötzlich steht Jurij hinter mir. Ich erschrecke, als er erst mit seinen Händen meine Schultern umfasst und dann anfängt, meine Haut zu küssen. Langsam arbeitet er sich von den Schulterblättern bis zum Haaransatz. Ich lege den Fön auf den Waschbeckenrand und schließe die Augen, kann ein wohliges Stöhnen nicht unterdrücken. Die Szene erinnert mich an unseren Abschied in Berlin. Diesmal darf ich alles zulassen, darf genießen. Jurij hält inne.

»Seitdem ich dich das erste Mal auf dem Bauernhof gesehen habe, wollte ich dich küssen.« In weniger intimen Momenten hätte ich ihm gesagt, dass er wohl nicht nur ans Küssen gedacht haben wird. Aber meine Schlagfertigkeit ist außer Kraft gesetzt. Ich drehe mich um, und statt einer Antwort bewege ich mein Gesicht auf seins zu, öffne die Lippen und genieße den ersten Kuss. Es ist kein vorsichtiges Herantasten, kein Abwarten, kein Auschecken. Unsere Zungen winden sich umeinander, fordern, drängen. Meine Hände umfassen seinen Kopf, meine Finger vergraben sich in seinen kurzen, braunen Haaren. Sie sind noch feucht von der Dusche. Dass das Handtuch rutscht, am Boden liegt? Egal. Jurijs Hände streicheln meinen Rücken, erst zart, dann fordernder. Er macht einen Schritt nach vorn, dann noch einen, drängt mich sanft, aber bestimmt aus dem Bad, bis ich mit dem Rücken an der Wand gegenüber stehe. Seine Küsse wandern über den Hals, hinunter auf meine Brüste. Er spielt mit seiner Zunge an meinen harten Nippeln, geht auf die Knie, lässt die Hände auf den Brüsten und bewegt sich mit seinem küssenden Mund Stück für Stück abwärts. Ich stöhne auf, als seine Zunge meinen Schritt erreicht. Er leckt und küsst, knabbert und zieht zärtlich an der Klitoris. Was macht dieser Mann mit mir? Es dauert keine zwei Minuten, bis ich die sanften, zuckenden Wogen des Orgasmus spüre. Als Jurij merkt, dass ich komme, lässt er nicht nach, sondern macht weiter. Ich muss seinen Kopf mit Kraft aus meinem Schoß drücken, damit ich wieder Luft bekomme.

»Stopp, stopp, stopp«, japse ich. Aber das interessiert Jurij nicht. Er grinst, zieht mich ins Schlafzimmer, deutet mir mit dem Kopf, dass ich mich aufs Bett legen soll.

»Auf den Bauch, ich will dich massieren.«

Er selbst hat seine Jeans und sein T-Shirt noch an. Er setzt sich auf die Bettkante, zieht eine Schublade vom Nachttisch auf und nimmt Massageöl heraus. Jurij nimmt sich Zeit, für meinen Rücken, meinen Po, mich. Der Orgasmus im Flur war nur der Anfang. Ich hatte immer Spaß am Sex, war immer offen für Neues, wollte immer häufig und viel Sex haben. Aber bisher kannte ich nur Sex, der nach einem Orgasmus vorbei war. Im besten Fall brachte man sich gleichzeitig und gegenseitig zum Höhepunkt. Bei Jurij ist das offenbar anders. Er will, dass ich viel Spaß habe, und lange. Ich kannte es bisher nicht, dass sich ein Mann so sehr auf die Frau konzentriert und erst, wenn sie genug hat, nicht mehr kann oder nicht mehr will, an sich denkt. Ich bin begeistert. Davon will ich mehr.

Wir liegen noch eine Weile auf seinem Bett. Schweigend. Genießend. Ich weiß nicht, wie lange wir Sex hatten, sämtliches Zeitempfinden hat sich aufgelöst.

»Ich dusche dann wohl noch mal«, sage ich und gehe ins Bad. Als ich wieder rauskomme, steht Jurij wieder in der Küche. Diesmal sind die Paprika und die Tomaten bereits in der Pfanne. Er öffnet eine Dose Bohnen und toastet Brot dazu. Okay, das sind also seine Kochkünste. Aber das ist mir gerade herzlich egal. Ich habe Hunger, und ich bin sehr glücklich.

Nach dem Essen will Jurij mir die Stadt zeigen, diesmal lieber gehend als laufend. Wir schlendern durch die Straßen, Hand in Hand. Es ist windig und grau, aber ich könnte vor Freude pfeifend und einbeinig übers Pflaster hüpfen.

»Komm, wir gehen rein«, sagt Jurij, als wir vor einem Museum für Musikinstrumente stehen.

Seriously? Ist das sein Ernst? Ich höre Musik, ich tanze gern, aber Musikinstrumente in Vitrinen? Nein danke. Jurij sieht mir meine Zweifel an und lacht.

»Nicht des Museums wegen. Ganz oben ist ein Café mit einer Dachterrasse und einem schönen Blick.«

Es ist viel zu kalt für die Dachterrasse, aber wir kuscheln uns unter Decken in einen Strandkorb und gucken ins Grau. Ich halte einen heißen Kakao in den Händen, Jurij legt seine unter der Decke auf meine Oberschenkel und lässt sie Stück für Stück an der Innenseite nach oben wandern. Er merkt genau, dass es mich erregt.

»Jurij, hör auf«, zische ich.

»Wieso? Es macht dich an. Und hier ist niemand.«

»Ja, aber es kann jederzeit jemand kommen.«

»Das macht mich wiederum an. Und es bleibt alles unter der Decke.«

Ich lasse ihn gewähren. Er hat ja recht, es gefällt mir, und offensichtlich bin ich sehr underfucked. Oh weia, ich wusste ja, dass Sex mir wichtig ist, aber dass er mir so fehlen würde, überrascht mich doch. Es dauert nur zwei, drei Minuten, bis ich komme. Jurij legt seine Hand wieder auf die Decke, lächelt mich an.

»Ich muss los, ich habe noch einen Termin.« Jurij durchbricht abrupt die Stille und mein schweigendes Auf-die-Stadt-ins-Grau-Gucken. Die vorigen Stunden waren so schön, und nun bin ich schlagartig enttäuscht. Denn ich hatte gehofft, dass wir den gesamten Abend zusammen verbringen würden. Ich hatte ihn zwar nicht gefragt, aber er hatte auch nichts gesagt.

»Okay. Sehen wir uns morgen wieder?«, frage ich.

»Ich muss morgen viel arbeiten.«

»Wie sieht's abends aus?« Ich klinge überhaupt nicht entspannt.

»Mal schauen. Ich melde mich bei dir, Toni.« Er drückt mir einen Kuss auf die Wange und eilt davon.

»Na, das nenne ich mal sitzengelassen«, lautet Tildas Kommentar, als ich ihr die Geschichte abends erzähle. Ihre Kinder sind im Bett. Ihr Mann noch bei der Arbeit. Wir haben eine Flasche Rotwein aufgemacht, eine Kürbissuppe gekocht und den Nachmittag analysiert.

»Und jetzt hoffst du, dass er sich morgen meldet?«

»Ja, klar.«

»Lass dir davon bloß nicht deine freien Tage hier versauen. Mir hat mal ein Typ gesagt, als ich traurig war, dass wir uns nach der Urlaubsflirterei nicht mehr wiedersehen: ›Don't be sad that it's over. Be happy that it happened.‹«

»Puh, das klingt extrem ausgeglichen und im Einklang mit sich selbst. Bin ich mal so überhaupt gar nicht.«

»Ich weiß, muss ja auch nicht gleich klappen. Dauert ein Weilchen.«

Am nächsten Tag laufe ich durch die Stadt, shoppe, sitze in Cafés und gucke alle zwei Minuten auf mein Handy. Jurij meldet sich nicht. Auch nicht, als der Abend sich nähert. Ich will ihm nicht hinterherrennen. Aber er beschäftigt mich. Als mich Juli per WhatsApp fragt, wie es so mit Jurij ist, rufe ich sie an. Erzähle ihr von dem schönen gestrigen Tag und der Katerstimmung heute. Sie plädiert für Anrufen und Fragen.

»Juli hat vollkommen recht. Jetzt ruf ihn halt an«, drängt mich auch Tilda, als ich abends mit ihr den Abwasch mache und dabei kreuzunglücklich aussehe.

»Nein. Aus Prinzip nicht.« Ich bin bockig. Und enttäuscht. »Dieser Mann hat sich wochen-, gar monatelang um mich bemüht. Stundenlang haben wir gechattet. Er hat nicht unwesentlich zur Trennung von meinem Ex beigetragen. Und dann bekommt er, was er wollte, und bricht sofort den Kontakt ab? Von wegen ›Ich wollte dich die ganze Zeit küssen‹! Der wollte Sex. Aber warum betreibt er dafür so einen Aufwand?«

»Männer wollen immer noch jagen. Haben sie die Beute erst mal erlegt, ist es nur noch halb so spannend.«

»Oh, bitte! Wir sind doch nicht mehr in der Steinzeit.« Ich will nicht als Beute gesehen werden.

»Ich glaub, die Datingregeln haben sich noch immer nicht verändert. Emanzipation und Feminismus hin oder her.«

»Das heißt, der Mann hat immer noch die Kontrolle? Er entscheidet, was läuft und wann, und ich darf einfach nur warten? Puh, nee, das ist ja so gar nicht mein Ding.«

Aber eigentlich mache ich gerade genau das. Ich warte auf eine Nachricht von Jurij.

Sie kommt erst zwei Tage später, als ich schon wieder im Zug nach Hause sitze.

> Hi. Wollen wir heute Abend zusammen essen gehen?

> Zu spät. Bin gerade auf dem Weg nach Hause.

> Oh. Schade. Warum hast du dich nicht gemeldet?

Ich starre auf Jurijs letzte Nachricht. Also doch keine Jagd? Hat sich im Datinggeschäft doch etwas verändert?

Love me Tinder

E in Match, ein Match und noch ein Match.« Meine Stimme überschlägt sich fast. Erfolg auf ganzer Linie. »Das ist ja der absolute Wahnsinn hier, was für ein fabelhaftes Tinder-Revier. Das hätte ich ja gar nicht für möglich gehalten.« Tilda guckt mich irritiert an. Bis eben hing ich niedergeschlagen auf der Wohnzimmercouch. Jetzt zupfe ich an meiner Jogginghose und fahre mir durch die verwuschelten Haare. Anstatt Jurij anzurufen, habe ich die Tinder-App geöffnet. Dass er mir doch noch schreiben wird, wenn ich bereits wieder im Zug nach Hause sitze, ahne ich jetzt noch nicht. Von daher: Ablenkung, Bestätigung, Zeitvertreib – ich weiß auch nicht, was ich mir davon verspreche, vermutlich alle drei Dinge auf einmal.

»Wovon redest du?«, fragt Tilda. Sie starrt abwechselnd mich und mein Smartphone an, das ich ihr als Zeichen des Triumphs entgegenstrecke. »Ich habe gerade getindert und innerhalb von drei Minuten zehn neue Matches bekommen.«

»Du hast was?« Süß, diese Unwissenheit der Nicht-Singles. Tilda und ihr Mann sind seit zehn Jahren zusammen, davon drei Jahre verheiratet.

»Ach, ist das diese Dating-App, von der du neulich schon mal erzählt hast? Zeig mal her.« Ich hatte schon gleich nach der Ankunft bei Tilda mein Tinder-Radar eingeschaltet. Ja, ich wollte Jurij treffen. Aber ich bin ja schließlich Single und frei, kann tun und lassen, was ich will. Sein ausbleibender Anruf bestätigt mich darin.

»Na ja, viel zu sehen gibt es da nicht«, sage ich und lege das Telefon auf den Tisch. »Das Prinzip ist simpel: Du stellst ein, ob du Männlein oder Weiblein suchst, in welcher Altersspanne, in welchem Umkreis. Dann werden dir wie auf einem Kartenstapel Fotos – in meinem Fall von Jungs, die zwischen 28 und 42 sind und sich im Umkreis von 30 Kilometern aufhalten – gezeigt. Du entscheidest: ja oder nein, rechts wischen oder links wischen.«

»Aufgrund eines Fotos?« Tilda guckt mich an, als sei ich nicht mehr ganz dicht.

»Na ja, die meisten haben mehrere Fotos. Du kannst noch einen kleinen Text schreiben, und wenn sie kein Fake-Facebookprofil haben, dann sieht man die gemeinsamen Freunde und Interessen. Namen und Alter hast du auch noch«, sage ich.

»Das ist ja ganz schön oberflächlich. Toni, das passt nicht zu dir.«

»Ich heirate den doch nicht gleich!«

»Ja, aber du beurteilst nur aufgrund des Aussehens.«

»Mache ich das in der Kneipe anders? Da stehe ich auch an der Bar, scanne die Umgebung und gucke, ob mir jemand auffällt. Zu den Uninteressanten nehme ich keinen Augenkontakt auf.«

»Und warum überhaupt 28? Was willst du mit einem so jungen Typen?« Tilda grinst mich an.

»Och, einfach mal gucken, was da so kommt. Ich hatte schon erstaunlich viele Matches mit Jüngeren. So schlimm scheint der körperliche Verfall bei mir nicht zu sein.«

»Zur Not machen sie das Licht aus. Die wollen mit einer erfahrenen Frau ins Bett. Bilde dir da mal nicht allzu viel drauf ein.« Tildas Pragmatismus ist so herzerfrischend erdend.

Tilda hat mir mein Handy genommen und wischt wahllos mal links, mal rechts. Just in diesem Moment fliegt mein kreisrundes Foto von rechts auf den Bildschirm, das von Ron von links. In der Mitte treffen sie sich wie zwei Flipperkugeln, die Funken sprühen: »It's a Match«.

»Und was ist das jetzt?« Tilda guckt mich verwirrt an und hält mir das Handy entgegen. »Ron hat offensichtlich auch gerade getindert. Ich hatte ihn schon nach rechts geswiped, weil ich ihn ganz sympathisch finde, so mit Bart und Mütze, im Gegenlicht fotografiert, cool, lässig, entspannt. Er hat mich jetzt ebenfalls ausgewählt. Jetzt können wir ein Gespräch anfangen.«

»Vorher nicht?«

»Nein. Beide müssen sich füreinander entscheiden.«

»Und wenn du jetzt einen Typen toll findest, und der dich aber nicht?«

»Im günstigsten Fall merke ich das gar nicht, weil ich hier so schnell so viele Jungs durchgucke, dass ich ganz vergessen habe, wen ich nach rechts gewischt habe. Oder aber der Typ ist tagelang nicht bei Tinder oder hat ein anderes Beuteschema eingestellt. Auf jeden Fall kann ich ihn dann nicht anschreiben. Bisschen so, als ob du in einer Bar einen Kerl anglotzt, er aber durch dich durchguckt.«

»Aber hier, das mit Ron hat ja jetzt klick gemacht«, wirft Tilda ein. »Was passiert jetzt?«

»Entweder schreibe ich. Oder er. Oder keiner. Letzteres ist meistens der Fall.«

»Also Augenkontakt, ein Lächeln, aber keiner traut sich, den anderen anzusprechen?« Tilda überträgt die Situation auf einen Kneipenabend.

»Ja, so in etwa.«

»Was machst du denn mit Ron? Der sieht echt ganz nett aus.«

»Mir fällt gerade nichts ein. Ich warte erst mal.«

Wie so oft. Mein derzeitiger Tinder-Status: 47 Matches, die zehn neuen schon dazugerechnet, die wieder gelöschten nicht. Mit zwölf Match-Männern hatte ich bisher eine wie auch immer geartete Konversation. »Hi sweeetieeee« zählt noch nicht dazu. Manche Gespräche dauern drei, vier Fragen und Antworten, manche ziehen sich über Tage und Wochen. 15 Likes habe ich für das zuletzt hochgeladene Bild bekommen, von Männern, die ich noch nie getroffen habe. Denn: Getippt wird viel, getroffen kaum. Zwei Dates hatte ich in den vergangenen Wochen. Eins auf ein Kaffee-Kuchen-Gedeck, am späten Samstagnachmittag mit Hannes. Das war … ja, nett halt. Mit Christoph traf ich mich abends auf ein Bier. Wir tranken ein zweites, bei dem er mir bereits die Geschichte von seinem Kind und seiner schrecklichen Ex-Freundin erzählte. Christoph redete sich leider so in Rage, dass er vergaß, dass wir uns gar nicht kannten und ich das vielleicht gar nicht alles wissen wollte – oder am ersten Abend noch nicht wissen sollte. Ergo: Aus diesem ganzen Match-Heckmeck ist noch kein Kuss entstanden – und alles darüber hinaus erst recht nicht.

Als Tilda meine mehrwöchige Tinder-Bilanz hört, steht für sie fest, dass diese App wenig zielführend ist. »Na ja, das liegt womöglich auch daran, dass ich gar nicht weiß, was mein Ziel ist.«

»Also nach dem Ort, an dem man die große Liebe findet, klingt das irgendwie nicht.«

»Die will ich ja auch gar nicht. Jedenfalls nicht derzeit. Das hier, das ist ein Spiel, ein Zeitvertreib, ein Ego-Booster«, sage ich.

»Als ob du das nötig hättest, Toni«, entgegnet Tilda.

»Heute Abend schon, um zu vergessen, dass Jurij so ein Arsch ist.«

Ein Freund hatte mir schon kurz nach meiner Trennung geraten, mich mal auf FriendScout24 anzumelden. »Da kannst du dir mal richtig schön Selbstbewusstsein holen«, versprach er mir. Bei ihm sah das folgendermaßen aus: Drei Dates mit drei unterschiedlichen Frauen pro Woche, alle luden ihn gleich zu sich nach Hause ein, alle servierten ihm Essen (davon bekam ich stets Bilder), mit den meisten landete er mindestens einmal im Bett (davon schickte er glücklicherweise keine Bilder). »Wozu? Ich will weder Bettgeschichten, noch suche ich eine Beziehung!« An gebührenpflichtigen Partnervermittlungen war ich erst recht nicht interessiert. Wer ein Paar werden will, der soll das gern machen. Mir ist es vollkommen wurscht, wo ich meinen Traumprinzen kennenlerne. Aber – ich will ja gar keinen, selbst Jurij nicht, wenn ich genauer drüber nachdenke.

Die Liaison zwischen Tinder und mir hatte aus Langeweile begonnen. »Sind Sie wahnsinnig?« Der Arzt in der Notaufnahme war vermutlich ein paar Jahre jünger als ich. Professionell, wie er zu sein hat, siezte er mich trotzdem. Ich grinste. »Sie haben eine Entzündung und machen dennoch weiter Sport?«

»Es war ein winziger Pickel auf dem Fuß«, sagte ich entschuldigend. Gut, er wurde größer, rot, hart, drückte, irgendwann wanderte eine rote Linie vom Fuß über das Schienbein in Richtung Knie. Mit den Ansätzen einer Blutvergiftung setzte ich mich am Samstagnachmittag in die Notaufnahme, war vorher aber noch eine Runde gelaufen. Der Arzt, der für diesen sportlichen Leichtsinn kein Verständnis hatte, verordnete mir Sofaruhe und verschrieb mir Antibiotika. Ich hasse Ruhe! Aber ich gehorchte, kaufte mir einen Armvoll Zeitschriften und legte schmollend mein Bein hoch. Und dann war da dieser Artikel über Tinder. Ich hatte den Namen schon mal gehört, eine US-Skifahrerin hatte sich während der Olympischen Spiele in Sotschi beklagt, dass im Olympischen Dorf zu wenige Athleten Tinder nutzen würden. Bessere Werbung für das kleine Flirt-Programm hätten sich die Erfinder gar nicht ausdenken können. Das war der Anfang vom Siegeszug der App in Deutschland.

Und mit hochgelegtem Fuß und Antibiotika in den Blutbahnen lud ich mir Tinder aufs Smartphone. Was? Die wollen meine Facebookdaten? Hilft ja nichts … In Sekundenbruchteilen waren meine Bilder, Freunde und Interessen gesaugt. Auf die Idee, dafür ein eigenes Facebookkonto anzulegen, kam ich nicht. Dieser verdammte Wunsch nach Authentizität – Anfängerfehler.

Und was, wenn mich hier jemand kennt?, dachte ich, während ich ganz viel nach links und nur ein paar wenige Male nach rechts wischte. Noch bevor ich mir ausmalen konnte, wie ich reagieren würde, ploppte das erste Match auf – und gleich die erste Nachricht. Das ging ja fix …

> Hi, kennen wir uns nicht?

Um Gottes willen! So was sagte man noch nicht mal im realen Leben! Aber David hatte recht. Wir kannten uns, es war Ewigkeiten her, wir hatten beruflich vor Jahren mal Kontakt. Ach, das war ja ganz charmant, dass er sich das gemerkt hatte … Ein kurzer Plausch. Dann meldete er sich ab, er müsse Auto fahren. Ja, gut, ähhhh, pfff. Beendet man so Unterhaltungen? An diesem Abend wurden Tinder und ich keine Freunde. Ich löschte die App.

Keine 24 Stunden später war Tinder wieder geladen. Kerstin war zum Krankenbesuch gekommen. Ihr gestand ich, was ich am Vorabend getan hatte. »Ach komm, das probieren wir noch mal. Das ist voll lustig.« Sie hatte schon seit einigen Wochen Tinder-Erfahrung und war in der Lage, nicht alles auf die Goldwaage zu legen, was in dieser App zu sehen und lesen war. »Was ist das denn, bitte?« Ich war entsetzt. Kerstin schielte auf mein Handy. »Ha, großartig! Den hatte ich auch!« Ein Bild von einem Mann. Also vielmehr ein Bild von einem nackten Oberkörper in Jeans, ohne Kopf. Um den Waschbrettbauch wand sich eine gelbe Schlange. Quasi als Gürtelersatz.

»Wer macht denn bitte so was?«

»Der zeigt, dass er was mit Photoshop kann«, sagte Kerstin und verfiel in ein hysterisches Lachen. Bald kugelten wir uns vor Lachen und Fremdschämen: Immer, wenn man dachte, man hätte schon alles gesehen, kam der nächste Knaller: Socken in Unterhosen gestopft, halbnackt vor tiefergelegten Karren posierend, das eigene Hochzeitsbild – selbstverständlich mit Braut …

Ziemlich schnell entstand ein Muster: Wer was auf sich hält, zeigt mindestens ein Bild aus dem Urlaub in einem fernen – am besten südostasiatischen – Land von sich. Ein weiteres Muss: Extremsport. Hoch im Kurs stehen Kiten, Snowboarden und Tauchen. Fotos vor dem Fitnessstudio-Spiegel nur mit einem Handtuch um die Lenden – ja, die Frauen wollen ja nicht die Katze im Sack swipen. Gepost wird mit der Sportkarre – wahlweise auch Selfie in der Sportkarre, mit alkoholischen Getränken und natürlich Sonnenbrille. Das Aussortieren fiel mir leicht: mit Frauen, mit der Freundin, mit den Kindern, im Fußballstadion – raus. Eigentlich gab es immer einen guten Grund, nach links zu wischen und den Kandidaten in dem ewigen Kartenstapel verschwinden zu lassen.

> Hallo, schöne Frau, was verschlägt dich denn
> in meine Stadt?

Ron. Während ich Tilda von meinen Tinder-Anfängen erzählt hatte, hatte er den ersten Schritt getan. Das ist selten. Meistens waren bislang nur Gespräche entstanden, wenn ich den Anfang gemacht hatte.

»Und, was schreibst du jetzt?«, fragt mich Tilda neugierig.

»Die Wahrheit. Oder?« Ich kann mich nur schlecht verstellen und habe mir keinen falschen Namen und keine falsche Biografie zurechtgelegt. Bei manchen Unterhaltungen wünschte ich im Nachhinein, dass es so gewesen wäre: bei denen, die plump wurden, bei denen es um einen One-Night-Stand ging oder zumindest um ein verbales, sexuelles Austesten. Manchmal fühlte ich mich richtig schlecht und mies, weil das, was von der anderen Seite kam, so unter der Gürtellinie war. Bin ich denn Freiwild, nur weil ich auf einer Dating-App unterwegs bin? Ich halte mich nicht für verklemmt. Aber so mancher Kerl scheint Tinder als Pornoersatz zu verwenden.

Nichtsdestotrotz – ich kann seit Wochen nicht von Tinder lassen. Das Misstrauen wich der Neugier. Die Skepsis wurde durch das Amüsement gekippt. Die Rückschläge waren im Gegensatz zu den Euphorieschüben minimal. Das Ego wurde häufiger gestärkt, die Lachmuskeln trainiert, die Bestätigung wog um ein Vielfaches mehr als die tumben Sprüche des einen oder anderen.

> Ich besuche eine Freundin.

schreibe ich Ron.

> Wo seid ihr denn?

Es stellt sich heraus, dass Ron eigentlich gar nicht in meinem Einzugsgebiet hätte sein dürfen; denn er sitzt 100 Kilometer weit weg. »Ich glaube, manchmal spielt diese App mich aus«, sage ich. Angeblich soll hinter dem Programm ja kein Algorithmus stecken, aber ich habe schon gecheckt, dass die ersten Typen, die mir beim Öffnen des Programms gezeigt werden, mich geliked haben. Ist ja auch clever – am Anfang gleich ein paar Matches, man wird euphorisch und wischt und wischt und wischt. Bis der Kartenstapel leer ist. Aber für Nachschub ist gesorgt. Ständig melden sich neue Menschen an. Zwei Millionen Menschen swipen allein in Deutschland nach links und rechts. Tinder gibt es mittlerweile in 33 Sprachen und wird derzeit in 189 Ländern genutzt, und selbst in der Antarktis kann man Singles orten.

Ich, und mein Handy mit mir, bewege mich zudem ja ständig, es gibt also immer neue Jagdgebiete. »Neulich, als ich auf Dienstreise war, da kam ich aus dem Tindern gar nicht mehr raus«, erzähle ich Tilda. »Das waren so tolle Typen, und ich hatte ständig neue Matches. Sagenhaft!«

»Und? Hast du einen getroffen?«

»Nein, ich war ja nur zwei Tage da und war komplett verplant.«

Dass ich damals Jurij schon getroffen und getindert habe, obwohl ich noch in einer Beziehung war, verschweige ich. Auch Tilda muss nicht alles wissen.

»Aber wofür ist das dann gut?«

»Ach, Tilda. Man merkt echt, dass du aus dem Flirtmodus raus bist!«

»Ja, man kann doch aber auch weggehen und dann flirten.«

»Das eine machen, das andere nicht lassen.«

»Das heißt, du pellst dich jetzt noch aus der Jogginghose und ziehst noch mal los?«

»So ein Quatsch, ich werde jetzt nicht irgendwohin fahren oder heute Abend einen Kerl treffen. Wir wollten doch zusammen die Zeit verbringen.«

»Ich will dir und deinem Glück nicht im Weg stehen.«

»Als ob Ron mein Glück wäre.«

»Weiß man ja nicht.«

Das weiß man in der Tat nie. Mit Tinder schmeißt man sich auf den Singlemarkt und signalisiert: Seht her, ich bin zwar nicht zwanghaft auf der Suche, aber ich guck mal, was hier so passiert. Ein Freund hat so seine neue Partnerin gefunden. Er wollte nach der Trennung unbedingt und umgehend wieder eine Beziehung haben und wischte, was der Daumen hergab. Er hatte unglaublich viele Kaffee-Dates und konnte kaum mehr schlafen – nicht vor Aufregung, sondern aufgrund des vielen Koffeins. Sein Motto: »Wenn Quantität gegeben ist, dann ist irgendwann auch Qualität dabei.« Und für ihn war es das eines Tages auch. Ich verspreche mir von der App keine Gefühle, erst recht keine Liebe. Ich nehme es gerade als Trainingsplatz. Mal gucken, wie meine Flirtfähigkeiten so beschaffen sind.

> Was machst du denn heute Abend?

tippe ich zu Ron.

Während Tilda und ich auf eine Antwort warten, gucken wir weiter durch den Bilderstapel. Die Entscheidung fällt in Sekundenbruchteilen. Ist das erste Foto sympathisch, gibt es eine Chance auf das zweite und dritte. Wer nur eins hat – raus. Wer keine Beschreibung von sich hat und offensichtlich ein Fake-Facebookprofil angelegt hat – raus. Harte Tür beziehungsweise harter Daumen. Dafür, dass ich eigentlich gar nichts Ernstes will, sortiere ich streng aus.

»Warum der denn nicht? Der guckt doch so lieb«, wirft Tilda ein, als mein Daumen mal wieder nach links wischt.

»Ja, eben. Lieb will ich nicht.«

»Was ist mit dem? Der sieht ganz sportlich aus.«

»Ja, der darf mit rein.«

»Das geht hier ja echt nach dem Motto: Mein Hund, mein Sport, meine Strandfigur.« Ich glaube, Tilda ist sehr froh, dass sie ihren Mann sicher hat.

»Kind? Warum zeigen die gleich ihr Kind?« Sie ist irritiert.

»Das sind die, die wirklich auf der Suche sind und Tinder mit einer Partnervermittlung verwechseln«, mutmaße ich.

Tilda geht es so wie mir: Tinder wird sehr schnell zum Spiel. Und wir sind nicht die Einzigen, die gemeinsam swipen und dabei einen Heidenspaß haben. Wenn ich die Jungs in meinem Bekanntenkreis so sehe und ihre Sprüche über ihre Tinderellas höre … Denn im Pulk genutzt, wird Tinder noch oberflächlicher, als es eh schon ist. »Die, was willst du denn mit der?«, wurde unlängst ein Mädchen mit Schmollmund und Victory-Zeichen bei einem Kumpel kommentiert. »Ach, guck mal, was für dicke Dinger die hat« – eine andere. »Süß, ein Pferdemädchen.« – »Ah, heißer Arsch.« Erhellend, wie die Männerwelt denkt und redet. 30, 40 Jahre Kampf um Gleichberechtigung hatten es immerhin dazu gebracht, dass wir Mädels nicht anders waren, wenn wir uns gemeinsam über den Bildschirm beugten. Aber: Wie sich Frauen – und auch Männer – dort auf Bildern anbieten!

»Das hat ein bisschen was von Basar«, kommentiert Tilda. Kein Wunder, dass meine Date-Rate mies ist. Meine Bilder sind viel zu brav – lächelnd, angezogen, mehr lieb als sexy. Womöglich muss ich das noch mal optimieren.

Ich wurde ziemlich schnell abhängig von dem Flirt-Programm. Morgens nach dem Weckerklingeln griff ich als Erstes zum Handy. Nicht, um die Mails zu checken, sondern, um zu gucken, wer neu ist in meinem Tinder-Revier. Während der Arbeit swipte ich heimlich auf dem Klo und verbrachte sogar die eine oder andere Mittagspause freiwillig allein, um ein bisschen tindern zu können. Die Kollegen mussten ja nicht alles wissen. Apropos – wie geschockt war ich, als ich das erste Mal einen Bekannten sah, von dem ich ziemlich sicher wusste, dass er Frau und Baby hat. Wer von uns beiden hatte denn hier das Spiel nicht verstanden? Ich wurde so sauer. Warum hatte er es nötig, sein Ego auf einer Singleplattform zu stärken?

> Wollen wir uns auf halber Strecke treffen?

Ron schlägt tatsächlich ein Date vor. Und das nach ein paar wenigen Nachrichten. Erstaunlich. Bislang hatte ich deutlich weniger Erfolg. Sobald sich die Konversationen auf ein mögliches Treffen zubewegten, wurde gern gekniffen. War ich zu trottelig? Zu anspruchsvoll? Zu naiv? Nach den ersten Wochen ohne Dateoption hätte ich mich um ein Haar mal nachts um halb eins in einem Nobelhotel mit einem französischen Filmproduzenten getroffen, der natürlich nur in dieser Nacht in der Stadt war. Mein Verstand war glücklicherweise rechtzeitig wieder auf der Höhe.

So auch bei Ron. Dieser Abend gehört uns Mädels. Das schreibe ich ihm auch so.

> Schade.

kommt von ihm zurück. Er schreibt noch, dass er relativ häufig in meiner Stadt sei.

> Meld dich doch dann einfach mal.

antworte ich ihm und schicke ihm meine Telefonnummer. Vielleicht verläuft das hier irgendwie im Sand, vielleicht treffen wir uns tatsächlich mal auf einen Kaffee.

»Hat dir Tinder denn irgendwas gebracht?« Tilda versucht erst gar nicht, ihre Skepsis zu verstecken.

»Also, die beiden Dates waren eher mau. Aber es waren immerhin mal welche.«

»Ist das nicht total merkwürdig, jemanden zu treffen, den du überhaupt nicht kennst?« Tilda kennt ihren Mann noch aus dem Studium.

»Und wie! Ich war superaufgeregt, als ich zum ersten Date ging. Allein die Frage: Erkennen wir uns?! Und dann saß auch noch eine Freundin mit einem Bekannten just in diesem Café. Die beiden haben sich schön einen gefeixt, dass ich nervös auf der Bank hin- und herrutschte, bis der Typ dann endlich mal kam.«

»Und wie war es dann?«

»Nett. Wirklich. Wir konnten viel erzählen, hatten eine Wellenlänge. War überhaupt nicht blöd. Aber es fühlte sich schon ein bisschen wie ein Vorstellungsgespräch an. Man geht so durch den Lebenslauf, klopft Gemeinsamkeiten ab ...«

»Klar, du hast ja überhaupt keinen Ausgangspunkt. Das ist ganz anders, wenn du dich bei der Arbeit oder beim Sport kennenlernst.«

»Vermutlich ist es deshalb auch schwierig, dass es durch Tinder wirklich funkt. Es sei denn, du triffst jemanden, der eben auch die gleichen Interessen hat. Und dann ist es ja egal, ob man sich an der Bar seines Lieblingsclubs oder online getroffen hat.«

Einen engen Kontakt habe ich tatsächlich zu einem einzigen Typen. Kjell. Wir haben uns noch nie gesehen, noch nie gesprochen, nur geschrieben. Er war ein Match von der Dienstreise, war aber auch nur zu Besuch in der Stadt und wohnt eigentlich in Dänemark. Er hatte ein Lauffoto von sich eingestellt. Wir laufen die gleiche Schuhmarke. Das war mein Aufhänger für den ersten Kontakt. Erst schrieben wir immer nur eine Nachricht am Tag. Ich freute mich jedes Mal tierisch, wenn mein Handy anzeigte, dass Kjell mir eine neue Nachricht geschrieben hatte. Irgendwann wechselten wir zu Facebook und plauderten endlos, schickten Fotos und erzählten von unseren Single-Ängsten, -Sorgen und -Freuden. Kjell hätte ich ohne Tinder nie kennengelernt. Als wir an den Punkt kamen, an dem wir über unsere Arbeit sprachen, wurde er einsilbig. Er wusste, dass ich in einer PR-Agentur arbeite. Er sprach von Schichtdienst. Ich reimte mir zusammen: Er ist lieb, aufmerksam, engagiert, hat tätowierte Unterarme. In meinem Schubladendenken passte das hervorragend zu Krankenpfleger oder Erzieher. Kjell arbeitet tatsächlich in der Obst- und Gemüseabteilung eines Supermarktes. Es schien ihm peinlich zu sein. Ich fand das unnötig. Mich machte es vielmehr nachdenklich; denn wie viele Freunde und Bekannte hatte ich, die Nicht-Akademiker waren? Würde ich jemanden, der als Klempner, Busfahrer oder Pförtner arbeitet, lieben können? Hätten wir genug zu reden? Wo würde man sich kennenlernen? Wäre es für ihn okay, wenn ich mehr Geld verdiene? Ich kam mir allein bei den Gedanken ganz schön hochnäsig vor. Zumal das im Fall von Kjell drei Schritte zu viel waren. Ich wollte gern skypen, ihn auch besuchen. Er wollte nach Hamburg kommen, auch weil er hier Freunde hat. Aus alldem wurde nichts. Wir haben noch sporadisch Kontakt. Aber das Herz klopft nicht mehr, wenn eine Nachricht von ihm kommt. Mein Interesse nahm ab, weil ich merkte, dass ich nur ein Zeitvertreib bin.

Jetzt flackern meine Endorphine gerade wieder kurzzeitig auf: »It's a Match!«

»Schon wieder«, sagt Tilda erstaunt.

»Ich glaube ja, dass Kerle jede Frau liken, die auch nur ein bisschen vernünftig daherkommt. So können sie prima ihren Marktwert testen, sehen, wer sie toll findet. Deswegen schreiben auch die wenigsten. Die wollen nur ihr Ego streicheln.«

Während Tilda der Anfangsfaszination erliegt, rede ich mich in Rage, wische dabei mal nach links und mal nach rechts. Ich habe einige Monate gebraucht, aber dann kam der Punkt, an dem ich sah, dass Tinder mich zwar kein Geld, aber Nerven, Zeit und Akkulaufzeit kostete.

Ich musste da einfach raus! Viel zu viele Stunden habe ich mit der Dating-App schon verplempert, auf den Bildschirm meines Smartphones gestarrt, anstatt im realen Leben Kontakte zu knüpfen. Ich wollte das nicht mehr. Das Warten auf das Pling, bis eine Nachricht kam. Das Hoffen auf den ersten Schritt vom neuen Kontakt. Und diese Enttäuschung, wenn der Auserwählte mich nicht likte, wenn er gar nicht reagierte, sich nach drei, vier Nachrichten gar nicht mehr meldete, der Kontakt versandete oder er sich schon beim Schreiben als kompletter Vollhorst zu erkennen gab. »Nur noch Schrott drin«, urteilte eine Kollegin kürzlich. »Erst waren es nur die hippen Jungs, jetzt ist es der Mainstream.« Ich gab ihr recht, und ich ärgerte mich regelmäßig über die Zeitverschwendung, aber dann nahm der Wunsch nach Zerstreuung, Bestätigung und Zeitvertreib kurzzeitig wieder überhand.

»Ach nee, guck mal, wer auch auf Tinder ist.« Ich lasse Tilda auf den Bildschirm gucken. Jurij. Mit seinem charmanten Lächeln, diesem Witz in den Augen.

»Was macht der denn hier?« Ich bin ernsthaft entsetzt.

»Du wunderst dich nicht wirklich, nach allem, was du mit

ihm erlebt hast? Außerdem bist du doch auch dort unterwegs.«
Da hat sie auch wieder recht.

Die App zu löschen, wäre konsequent. Aber Konsequenz wird
in schlechten Zeiten bestraft – mit Einsamkeit. Ein erster Schritt
wäre das Ausstellen der Ortungsfunktion. Dann kann ich mit
den Matches weiter schreiben, aber bekomme keine neuen Karten, und mich sieht niemand mehr. Mal sehen, was passiert,
wenn ich Jurij like. Nichts. Kein »Bing«. Kein Match.

Leberwurst-Date und Regenschirm-Kuss

Florian kommt durch die Kneipentür – es reichen ein Blick und ein Satz, und ich weiß, dass der Abend langweilig werden wird. Er sieht genauso aus wie auf den Fotos: sympathisch, schönes Lachen, dunkle Augen, Vollbart, noch dazu trägt er seinen blauen Parka, der den Hipster-Look komplettiert. Er hat nichts Falsches gesagt. Aber Funkenflug ist abbestellt für diesen Teil der Theke, nach gerade mal einer Minute.

Woran liegt das? Baut man, wenn man sich online kennenlernt, sich schriftlich die Bälle zuspielt, zu hohe und zu konkrete Erwartungen auf? Aber noch ist ja gar nichts passiert. Worauf stütze ich mein Urteil, dass es hier und heute nicht knistern wird? Dabei waren die Unterhaltungen nach unserem Match wirklich nett. Ach nein, es war ja ein Crush.

Nachdem ich mich so über Tinder echauffiert hatte, brauchte ich eine Alternative. So ganz ohne Dating-Option wollte ich nicht sein. Also hatte ich mir auf Julis Tipp hin »Happn« aufs Handy geladen. Mit dieser App sehe ich, wer mir so den lieben langen Tag begegnet und ebenfalls auf der Suche ist. Die App ist wie ein umgehängtes »Hallo-ich-bin-Single-Schild«, nur ein bisschen dezenter. So sehe ich, ob der süße Typ in der S-Bahn ebenfalls ein Date sucht oder ob ich den Radfahrer, der mich auf dem Weg zur Arbeit rechts überholt hat, nicht nur anschnauzen, sondern auch ansprechen kann. Die App zeigt an, wer mir wann und wo begegnet ist. Name, Fotos und ein paar Zeilen zur Person geben die Grundinfos. Als Zeichen des Interesses verteilt man Herzchen. Gibt es ein Herzchen zurück, kann geschrieben werden. So weit, so simpel. Doch leider hakt die App ständig. Das

Ortungsprogramm hat mich zu Zeiten, an denen ich mich nicht vom Fleck bewegt habe, an Orten gesehen, an denen ich nicht war. Und natürlich schlagen die Sensoren auch an, wenn der Mann mit dem Bus an meinem Haus vorbeifährt, und der schicke Typ aus der Agentur nebenan wird mir täglich aufs Neue vorgeschlagen. Und dann der größte Bug: Die Typen reagieren nicht. Muss auch ein technisches Problem sein. Es ist ja völlig ausgeschlossen, dass ich so gar keine Herzchen von Männern bekomme, denen ich mein Interesse signalisiere. Auf Tinder hat es ständig gematched, dann wird das bei jeder anderen App ja wohl nicht so viel anders sein.

Wie dem auch sei. Bei Florian hat es geklappt. Wir haben ein paar Tage geschrieben, mit viel Wortwitz, mit gleichen Interessen. Ein Zeitpunkt für ein Treffen im Schanzenviertel, in dem wir beide wohnen, war schnell gefunden. Dass dann gleich beim Betreten des Raumes die Ernüchterung eintritt, schockiert mich ein wenig. Vielleicht liegt es daran, dass ich diese Kneipe nie vorgeschlagen hätte. Es ist keine Spelunke, alles liebevoll im Retro-Schick eingerichtet, aber ich gehe hier sonst nie hin, und ich weiß sofort, dass ich mich hier nicht sonderlich wohl fühle, auch wenn ich nicht sagen kann, woran es liegt. Ich rutsche auf dem roten Leder-Barhocker so rum, dass ich mich von der Theke abwende, Florian zu. Selbst eine Umarmung zur Begrüßung erscheint mir zu viel. Handgeben ist irgendwie auch komisch. Also wird es nur ein verlegenes, unentschiedenes »Hi«.

Wir bestellen Pils. Die aufgeregte Neugierde, die ich vor einer halben Stunde beim Schminken noch verspürt habe, ist verschwunden. Stattdessen suche ich die Lockerheit, die wir schriftlich hatten, in unserem Gespräch. Aber es bleibt an der Oberfläche. Er klopft die Standards ab: Was machst du beruflich? Was machst du, wenn du nicht arbeitest? Wie lange bist du schon Single? Ich fühle mich wie bei einem Bewerbungsgespräch. Wir haben gemeinsame Interessen und Themen, könnten lebhafte

Diskussionen führen, aber finden den Einstieg nicht. Aufstehen und gehen wäre angebracht. Sind wir beide zu höflich dafür?

Ich habe in meiner Zeit auf dem Singlemarkt zwei Dating-Apps ausprobiert, woraus sich zugegebenermaßen relativ wenige Dates ergeben haben. Das mit Florian ist gerade mal das dritte, plus zwei, drei, die nicht über eine App zustande kamen. Da wären schon noch ein paar andere Kandidaten dabei gewesen, aber zu oft verliefen die schriftlichen Gespräche zu schräg oder im Sande. Vielleicht ist es der falsche Zeitpunkt für mich. Viel zu früh in meinem Singleleben.

Wenn mich jemand fragt, was ich suche, kann ich keine konkrete Antwort geben. Die Liebe für den nächsten Lebensabschnitt ist es nicht. Mal abgesehen davon, dass ich mich für eine neue Beziehung noch gar nicht bereit fühle. Diese wahre, echte Liebe scheint kaum jemand bei Apps und im Netz zu vermuten. Vielmehr ist es eine Mischung aus Neugier, Spaß, Zeitvertreib, dem Wunsch nach Aufregung, Ablenkung und Bestätigung. Die Hoffnung auf einen spannenden Abend, eine Knutscherei, eine Affäre. Und trotzdem lade ich, wohl eher unbewusst, den Abend der Verabredung mit Erwartungen auf, als säße dort wirklich jemand, in den ich mich verlieben könnte.

Die Unterhaltung mit Florian plätschert so dahin. Wir sind beim Thema Sport angekommen. Er geht joggen, hatte er mir geschrieben.

»Wo läufst du denn?«, fragt mich Florian.

»Das kommt immer ganz darauf an, wie lange ich laufen soll. Mal an der Elbe, mal an der Alster, mal durch Planten un Blomen.«

»Wieso ›laufen soll‹?«

»Ich habe einen Trainingsplan.«

»Echt? Krass. Warum?«

»Weil ich ein Ziel habe, ich finde es einfacher, mich mit Hilfe eines Trainingsplans darauf vorzubereiten«, erzähle ich. »Ich weiß, welche Zeit ich laufen möchte, und mein Trainer weiß hoffentlich, wie er mich dazu bringt.«

»Oh, das klingt aber echt ambitioniert.« In Florians Stimme höre ich nicht nur Begeisterung und Neugier, sondern auch etwas Distanz. Er scheint abgeschreckt durch die Tatsache, dass ich eventuell schneller sein könnte oder mehr trainiere als er.

»Bist du so eine verbissene Sportlerin, total ehrgeizig?«

»Das klingt jetzt aber extrem negativ, nur weil ich ein Ziel habe.«

»Du hast einen Trainingsplan und gibst Geld dafür aus, dass du schneller wirst. Du kannst ja auch einfach nur aus Spaß laufen.«

»Das ist für mich Spaß.« Ich fühle mich angeklagt. Warum soll ich mich jetzt rechtfertigen? Er muss ja nicht alles toll finden, was ich mache. Aber so viel Stirnrunzeln und Skepsis in der ersten halben Stunde ist mir zu anstrengend. Für Florian ist das Thema beendet. Im nächsten Gesprächsabschnitt beim zweiten Bier soll es um unsere Jobs gehen. Er fragt, ich antworte. Ich frage, er antwortet. Interesse hört sich anders an. Ich rutsche auf dem Barhocker hin und her, fühle mich zunehmend unentspannt und ziehe mich auf meine Metaebene zurück. Ich bin wieder neugierig. Auf mich. Warum reagiere ich so? Warum passiert hier nichts? Er gähnt unverhohlen. Ich nehme es nicht persönlich. Dafür ist dieser Abend zu bedeutungslos. Ich gebe mir auch keine Mühe, es zu ändern. Ich bin gedanklich schon weiter. Wieder zu Hause, in meiner Küche, schmiere mir ein Leberwurstbrot und setze gerade an zum Hineinbeißen, da – »Wollen wir zahlen?« – reißt Florian mich aus meinen Stullen-Träumen. Wir teilen uns die Rechnung, verlassen die Kneipe und stehen etwas unschlüssig davor. Keine Umarmung, kein Händedruck. Wir verabschieden uns mit einem »Tja, na ja, dann mach's mal gut, wir können uns dann ja demnächst noch mal …«. Wir wissen beide, dass das reine Höflichkeit, aber nicht ernst gemeint ist. Als ich auf dem Heimweg um die erste Ecke gebogen bin, schreibe ich Juli eine WhatsApp:

> Mal wieder ein Reinfall. Happn hat nicht angebissen, wird jetzt gelöscht. Dieses Dating ist doch echt für'n …

Ich denke wieder an den Freund, der sagte, dass ich einfach immer weiter daten muss, damit ich dann mal jemanden treffe, mit dem ich knutschen möchte. Nach dem Abend mit Florian bin ich mir sehr, sehr sicher, dass das nicht meine Methode sein kann. Ich kann nicht am Fließband daten und immer wieder aus meinem Leben erzählen. Ich will niemanden von mir begeistern müssen, mich anpreisen, hinterfragen lassen. Es fühlte sich gerade an, als säße Florian mit einer Checkliste an der Theke, und ich kann mich nicht davon frei machen, dass ich nicht auch eine in meinem Kopf habe. Vermutlich wird die in den kommenden Monaten auch noch länger, je länger ich allein bin, je mehr Zeit ich habe, mir zu überlegen, was ich will und vor allem nicht will. Für Abende wie diesen brauche ich mehr Mut. Einfach nach dem ersten Bier gehen, gleich klarstellen, dass wir uns nicht wiedersehen werden. Das ist zwar nicht nett, aber ehrlich, und wir sind ja alle alt genug, um diese Ehrlichkeit verkraften zu können. Alles andere ist reine Zeitverschwendung.

Nach diesem Abend mit Florian verordne ich mir eine Dating-Pause. Bis ich irgendwie weiß, was ich will, oder zumindest wieder Lust auf neue Menschen habe. Ein bisschen Leerlauf und Langeweile scheinen mir gerade angemessen. Es ist ja nicht so, dass ich nicht genügend Freunde hätte. Außerdem sind Abende zu Hause auf dem Sofa eine Rarität, die ich sehr zu schätzen weiß. Einsam fühle ich mich dann nicht.

Leider hält sich mein Leben so selten an meine guten Vorsätze. Zwei Tage nach dem Leberwurst-Date, wie ich den Abend mit Florian nenne, um wenigstens etwas drüber lachen zu können, bin ich mit Max verabredet. Und ich habe keine Lust! Ich stehe vor dem Spiegel und tusche mir ohne jeglichen Elan die Wimpern. »So was Bescheuertes«, knurre ich mein Spiegelbild an. »Du willst keine Dates und brezelst dich auf. Du kommst gerade von der abendlichen Laufrunde, und die Schlubberhose wäre gerade das Kleidungsstück deiner Wahl und das Sofa der richtige Ort.«

Stattdessen habe ich noch 20 Minuten, bis ich mit Max am Tresen meiner Lieblingskneipe verabredet bin. Ich kenne ihn kaum, einmal getroffen (ebendort) und einmal geknutscht (20 Meter davon entfernt), nachdem er mir schon einen Bierdeckel mit seiner Nummer zugesteckt hatte. Ja, ich wollte ihn wiedersehen, aber ein ums andere Mal passte es nicht, sagte er ab, sagte ich ab. Die Erinnerung verblasste, und jetzt fehlt mir die Motivation.

Das Vorab-Date-Prozedere kürze ich heute ab. Wenn die Aufregung fehlt, ist das wohl ein untrügliches Anzeichen dafür, dass mir dieses Date gänzlich unwichtig ist. Aber jetzt abzusagen wäre auch nicht nett. Während ich mich gegen den engen Rock und die hochhackigen Schuhe entscheide und für die Jeans und die Sneaker, mache ich im Geiste eine Liste mit Dingen, die diesem Date von vornherein die Bedeutung nehmen.

1. Ich habe niemandem von diesem Date erzählt. Keine überlangen Telefonate, keine unzähligen WhatsApp-Gruppenchats, die darüber fachsimpeln, warum er sich ausgerechnet in dieser Bar, an diesem Tag treffen will, was es bedeutet, dass er einsilbig antwortet, und über welches Thema man als Erstes reden sollte. Wozu auch? Es muss ja nicht jeder informiert werden, wenn es nur ein bedeutungsloses Treffen ist.

2. Der Lidstrich sitzt beim ersten Versuch. Sonst zittern die Hände immer viel zu sehr dafür.
3. Die letzte Maniküre ist schon etwas her. Aber unlackierte Fingernägel sind doch so natürlich. Außerdem kommt es doch auf die inneren Werte an.
4. Heute Mittag war Knoblauch am Essen. Egal, so nah wollen wir uns ja nicht kommen. Zahnseide? Ach, diesmal überflüssig.
5. Der prüfende Blick in den Spiegel entdeckt heute *keine* überflüssigen Kilos an Bauch und Hüfte.
6. Meine Bettwäsche ist schon drei Wochen drauf? Egal, morgen lohnt der Wechsel noch viel mehr. Bei diesem Punkt muss ich laut auflachen. Ich bin im Albernheitsmodus angekommen. Dass Max dieses Bett sieht, ist mehr als nur unwahrscheinlich. Es gilt immer noch: männerfreie Zone.
7. Ich gucke zum 253. Mal auf das Handy und denke: Schade, er hat immer noch nicht abgesagt.
8. Ich trödele auf dem Weg zum Treffpunkt. Zehn Minuten später, damit muss er klarkommen. Und gut, dass ich morgen früh rausmuss, das werde ich gleich mal zu Anfang sagen, dann bleibt es bei einem Drink.

Ich umrunde die Theke in der Mitte der Kneipe dreimal, kein Platz mehr frei und auch kein Max zu sehen. Und dann steht er plötzlich vor mir. Er stand draußen, hatte mir eine WhatsApp geschrieben, die ich aber nicht gelesen hatte. Er strahlt mich an, und mein Desinteresse ist schlagartig verschwunden. Wie konnte ich nur … Seine Augen funkeln vor Freude, Witz und Spitzbübigkeit. Er ist drei Jahre jünger als ich, arbeitet als selbständiger Berater und hat eine Vorliebe für weit geöffnete Hemden. Männer mit glattrasierter Brust, die das auch zeigen, finde ich ja, nun ja, merkwürdig. Aber irgendwie passt es zu Max. Seine Haare sind strubbelig, seine Brille markant, er kleidet sich nicht zufällig, sondern bewusst einen kleinen Tick zu auffällig. Heute mit gestreiftem Hemd und Hosenträgern.

Wir beratschlagen, was zu tun ist. Hier ist es zu voll.

»Wohin gehen wir?«, fragt er mich.

»Es gibt ein paar Meter weiter die Straße hoch ein neues französisches Restaurant. Ich war dort neulich zum ersten Mal. Die Cocktails waren gut.«

»Ja, darauf habe ich Lust. Eine Flasche Wein, sitzen und reden.«

Genau das machen wir. Wir reden. Nicht so wie in einem Verhör oder Bewerbungsgespräch, sondern als ob wir uns schon ewig kennen würden. Sicher, es gibt auch mal Nachfragen à la »Wo bist du aufgewachsen?«, »Was hast du studiert?«, »Auf welchem Konzert warst du zuletzt?«. Und bestimmt merkt der Barmann auch, dass wir hier ein Date haben. Aber es ist echtes Interesse auf beiden Seiten, Interesse am Menschen und nicht an einem schnellen Date für einen Abend. Wir lachen viel, hören dem anderen zu, trinken unsere Drinks, und dann wird rund um uns schon aufgeräumt. Es ist viel zu spät geworden. Max zahlt. Ich erhebe kurz Einspruch, aber er lehnt ab.

Als wir aus dem Restaurant treten, regnet es in Strömen. Ich öffne meinen Schirm und versuche, ihn über unsere beiden Köpfe zu halten, ich muss mich dafür recken. Max lacht.

»Nicht nötig, mir macht der Regen nichts.« Ich will mich von ihm verabschieden, aber Max besteht darauf, dass er mich nach Hause bringt.

»Aber es sind doch nur ein paar hundert Meter, Max«, protestiere ich. »Ich schaffe das schon.« Er lässt nicht mit sich reden. Wir schlendern durch den Regen und reden. Bis wir vor meiner Haustür stehen. Ich würde am liebsten die gesamte Nacht durchquatschen. Will ich ihn mit nach oben nehmen? Nein, ich muss morgen früh raus. Und nein, meine Wohnung ist immer noch eine männerfreie Zone. Max und ich umarmen uns unterm Regenschirm. Als wir uns lösen, hält er mich an den Schultern fest, zieht mich zu sich und küsst mich. Oh, das fühlt sich aber gerade sehr richtig und sehr gut an. Der Kuss dauert nicht lang. Wir gucken uns an, kichern und setzen noch mal zu einem Kuss an. Ich muss unweigerlich grinsen. Wir stehen vor meiner Haustür, es regnet, und wir knutschen. Ein schönes Bild. Es ist das Bild, mit dem ich einschlafe.

Beschwingt radle ich am nächsten Morgen zur Arbeit. Vielleicht sollte ich das mit den Dates doch nicht ganz aufgeben. Aber in Zukunft auf Dates setzen, die nicht über virtuelle Begegnungen zustande kommen. Mir scheint, als würde ich mir durch das schriftliche Anbändeln ein zu konkretes Bild von dem Gegenüber machen, das ich dann beim Treffen im realen Leben auf seinen Wahrheitsgehalt abklopfe. Außerdem habe ich in den Dating-Apps zu oberflächlich ausgewählt. Ich weiß, genau so sind sie programmiert, nur so kann das funktionieren. Aber irgendwie scheint mir der Weg falsch zu sein, über das Optische auf das Interessante zu kommen. Lieber lasse ich mich vom Witz und Charme eines Max begeistern, der auch zusätzlich sehr nett anzusehen ist, und knutsche dann im Regen.

Einsam, zweisam, dreisam

Ich schlage die Augen auf und schließe sie gleich wieder. Aua! Mein Kopf … Er dröhnt und schmerzt. Ich glaube, ich bin tatsächlich von den Kopfschmerzen aufgewacht. Zweiter Versuch: Augen auf. Ich gucke an die Decke. Diese Lampe hängt nicht in meinem Schlafzimmer. Gut, ich liege also nicht in meinem Schlafzimmer, folglich auch nicht in meinem Bett. Das Kombinieren klappt noch, der Kopf scheint nicht ernsthaft beschädigt. Ich drehe ihn nach links und gucke Johannes ins Gesicht. Er schläft noch, süß. Langsam kommen die Erinnerungen an die Nacht zurück. Ich gucke nach rechts und zucke fast zusammen: Da liegt Richard. Oh weia! Schlagartig weiß ich, wo ich bin, wie ich hierherkam und was in der letzten Nacht passiert ist. Schnell die Augen wieder zu! Vielleicht ist das ja alles gar nicht geschehen, vielleicht ist das nur ein Traum. Keine Chance. Ich muss grinsen, und das Grinsen wird zu einem Lachen. Was für ein Bild! Drohnenperspektive an – Toni liegt umrahmt von zwei Toy Boys in zerwühlten Laken. Natürlich sind wir alle drei nackt und jetzt auch alle drei wach. Johannes stimmt in mein Gelächter mit ein.

»Guten Morgen, ihr beiden.« Er kichert es mehr, als dass er es sagt.

Richard guckt hingegen ziemlich zerknittert und zerstört aus der Wäsche. Er murmelt ein »Morgen« und befreit sich aus der Bettdecke, steht auf, schnappt sich seine Unterhose vom Boden und verlässt den Raum. Oh, da hat wohl jemand schlechte Laune oder ein schlechtes Gewissen. Ich fühle mich auch ziemlich zerstört und hatte sicherlich schon bessere Morgende. Aber ich schwanke irgendwo zwischen Ungläubigkeit, Erstaunen und ja, irgendwie auch Stolz. Ich hatte in der vergangenen Nacht den ersten Dreier meines Lebens. Mit zwei Männern. Jüngeren Männern. Das ist jetzt nichts, was ich meinen Patenkindern erzählen werde, aber … wow, ich bin von mir selbst überrascht.

Johannes kuschelt sich an mich, drückt mir einen Kuss auf die Wange und fragt: »Alles gut bei dir?«

»Ja, bis auf den Kopf.«

»Weißt du noch alles, was passiert ist?«

Eine berechtigte Frage, in der Tat. Aber langsam fügen sich die Puzzlestücke des vergangenen Abends zusammen. Ich hatte Kerstin, Nele, Juli und ein paar weitere Mädels zum Essen eingeladen. »Ich koche, ihr bringt die Getränke mit«, war meine Ansage gewesen. Als die ersten Mädels am frühen Abend klingelten, war der Flammkuchen noch nicht ganz fertig. Wir überbrückten die Zeit mit der ersten Flasche Prosecco. Nach und nach wurde der Stöckelschuh-Haufen vor meiner Tür größer. Ich hatte längst nicht genug Stühle, und auch die Sektgläser reichten nicht aus.

»Es ist echt super, dass du so zentral wohnst, Toni«, sagte Kerstin zwischen zwei Bissen. Meine Singlewohnung liegt in der Tat mitten im Szene- und Partyviertel. Anfangs wollte ich gar nicht den Stadtteil verlassen, in dem ich mit meinem Ex gewohnt hatte. »Möglichst wenig Veränderung«, war mein Motto gewesen. Jetzt feierte ich mich jeden Tag für den neuen Wohnort – nicht nur zentral und hip, sondern auch weit genug weg, um meinem Ex nicht beim Einkaufen zu begegnen. In den letzten Monaten hatte sich meine Wohnung als bestens geeigneter Treffpunkt für Mädelsabende oder Pre-Party-Abende herausgestellt. Sosehr ich die Ruhe und das Alleinsein genieße, liebe ich es von Zeit zu Zeit, die Bude so richtig schön voll zu haben, zu kochen, Gastgeberin zu sein.

Für den gestrigen Abend gab es keinen richtigen Anlass. Ganz ohne Hintergedanken war die Aktion aber auch nicht. Ich wollte mal wieder tanzen gehen, und zwar nicht irgendwo, sondern zu einer ganz bestimmten Partyreihe in einen ganz bestimmten Club.

»Warum willst du denn unbedingt ins East heute? Da gehst du doch sonst nie hin«, fragte mich Juli.

»Gute Frage, das ist doch viel zu schnöselig da«, warf Kerstin ein.

»Ich habe gehört, dass die DJs der ›Mädchendiskothek‹ super sein sollen. Passt doch auch als Motto perfekt zu unserem Abend.«

»Also, ich komme auf keinen Fall mit, muss morgen früh raus. Und meine Musik ist das eh nicht«, sagte Juli. Darauf hatte ich mich ohnehin eingestellt. Juli geht selten aus und tanzen. Man kann mit ihr herrlich kochen und essen gehen, besten Wein trinken und Cocktails schlürfen. Sie aber mal in einen Club zu bekommen, scheint ein Ding der Unmöglichkeit zu sein. Auch die zwei Mütter, die sich gerade noch über die Krabbelfortschritte ihres Nachwuchses austauschten, signalisierten, dass ihnen der Abend bei Flammkuchen und Saftschorle schon aufregend genug erschien. Sie hatten sich den Abend freigeschaufelt, dem jeweiligen Mann das Kind überlassen, aber waren sicher, dass sie im Laufe der Nacht noch mal aufstehen müssten. Gut, dass mein Freundinnenkreis so unterschiedlich ist. Zumindest bei Kerstin und Nele war ich mir sicher, dass sie mitkommen würden. Sie sind schon etwas länger Singles und würden diesen Zustand beide zu gern ändern. Auf sie ist daher Verlass, wenn man ausgehen möchte. Ich glaube zwar, dass die Chance, dass man Mr. Right beim Feiern kennenlernt, extrem gering ist, aber ohne diese Hoffnung wären viele Bars und Clubs an den Wochenenden wohl leer.

Mein Anreiz, heute tanzen gehen zu wollen, war ebenfalls ein Mann, sogar ein ganz bestimmter: Richard. Wir hatten uns nach unserer ersten Nacht noch ein paar Mal getroffen. Aber der Kontakt ging immer von mir aus und verebbte dann komplett. Es war mehr als deutlich, dass der junge Mann nicht an einer Affäre interessiert war. Aber ich wollte nicht aufgeben, die Chance nicht verpassen, ihn zu seinem Glück zwingen. Ich wusste, dass Richard mit Freunden auf dieser Party auftauchen würde.

Als wir zu dritt ins East stöckelten und mit unseren Drinks an der Bar standen, sah Kerstin Richard und Johannes auf der Tanzfläche. Sie drehte sich zu mir um.

»Warum hast du denn nicht gleich gesagt, dass du seinetwegen hierherwillst?«

»Wollte ich doch gar nicht«, sagte ich und versuchte, so erstaunt wie möglich zu klingen. Aber ich kann einfach nicht schauspielern. Kerstin grinste nur wissend.

»Na, ist ja auch nicht so schlimm. Wir sind hier, die Musik ist okay, schauen wir mal, was die Männer hier so können.« Wir blieben noch eine Weile an der Bar stehen und beobachteten das Geschehen. Ich guckte vor allem Richard an. Ich fand ihn immer noch hinreißend. Heute mal nicht im Holzfällerhemd, sondern im glattgebügelten, aber die Ärmel waren wieder hochgekrempelt, so dass man das Tattoo an seinem Unterarm sah. Der Mann konnte einfach alles tragen. Sein Freund Johannes erblickte uns als Erster, steuerte auf uns zu.

»Na, Mädels, wie sieht's aus? Alles fit bei euch?« Johannes kannte ich noch weniger als Richard. Ich ahnte, dass er nichts unversucht ließ, um einen Kuss oder gar mehr abzugreifen. Ich wusste nicht so recht, ob ich ihn witzig oder überdreht finden sollte, charmant oder zu selbstherrlich. Er legte den Arm um meine Schulter und suchte Blickkontakt.

»Und, Toni? Genießt du dein Singleleben?« Johannes wusste ganz genau, dass ich zwei Nächte mit Richard verbracht hatte. Und wenn Richard genervt von meinen Kontaktversuchen war, dann wusste Johannes auch das. Die beiden waren in den seltensten Fällen allein anzutreffen. Seine Hand ruhte auf meiner Schulter, und er machte keine Anstalten, sie da wieder wegzunehmen. Auch nicht, als Richard an die Bar kam und uns begrüßte. Ich konnte von Richards Gesicht nicht ablesen, ob er es merkwürdig fand, dass ich hier war, oder ob er den geringen Abstand zwischen Johannes und mir überhaupt sah. Er stellte sich an meine andere Seite.

»Sind deine Absätze heute tanzfest?«, sagte Richard und neigte den Kopf ein wenig mehr zu mir. Meine Nackenhaare traten wieder in Aktion.

»Das werden wir gleich sehen«, entgegnete ich. »Kommt jemand mit tanzen?«

So entkam ich geschickt der Umarmung von Johannes und der Verlegenheit, die Richard bei mir auslöste. Ich wusste nicht, ob er gerade andere Frauen datete oder sogar eine Freundin hatte. Unser Kontakt hatte sich in den letzten Wochen auf WhatsApp beschränkt, ab und an liefen wir uns im Viertel über den Weg. Johannes war mir auf die Tanzfläche gefolgt und suchte wieder die Nähe.

Johannes sagte irgendetwas zu mir. Ich verstand ihn nicht. Wie auch! Wir waren hier in einem Club, nicht in einem Café. Ich guckte ihn fragend an. Johannes interpretierte es als Interesse und näherte sich wieder meinem Ohr.

»Mit geht es heute nicht besonders gut. Meine Freundin hat mich gerade verlassen. Sie ist ausgezogen, mit zwei Taschen, erst gestern.«

»Oh, das tut mir leid«, antwortete ich. Das war ganz ehrlich gemeint, auch wenn ich Johannes nicht sehr gut kannte und seine Freundin noch nie gesehen hatte. Ich wusste gar nicht, dass er überhaupt mit einer Frau zusammengewohnt hatte. Ich hatte ihn stets nur mit seinen Jungs gesehen.

»Ach, ist vielleicht besser so. Die war eh so megaehrgeizig und verkrampft, blöde Schlampe.«

»Na, na, na, mal nicht gleich ausfallend werden.« Das geknick-
te Ego von Männern lässt sich offenbar nur durch negative Gedanken und Kraftausdrücke wieder aufbauen. Eine Phase der
Trauer gibt es selten, zumindest nicht öffentlich. Über die Ex
wird abfällig geredet, als seien die Monate vor der Trennung reine
Zeitverschwendung gewesen. Vor drei Wochen mag sie noch die
schönste Frau auf Erden gewesen sein – wenn das Selbstbewusstsein des Mannes angekratzt ist, wird sie auf einmal in ganz anderem Licht gesehen.

»Ist doch wahr. Die würde hier nie so abgehen und feiern wie
du«, schrie Johannes gegen die Musik an und legte wieder einen
Arm um mich. Diesmal jedoch nicht auf Schulterhöhe, sondern
deutlich tiefer. Großzügig gesehen, war es der untere Rücken.
Johannes' Art war irgendetwas zwischen charmant und nervig,
ein wohldosierter Draufgänger. Ich war mir sehr wohl im Klaren
darüber, dass ich das angeknackste Ego wieder aufbauen sollte.
Aber es gab wirklich schlimmere Typen, die mich anbaggern
könnten. Zumal es ja nicht schaden konnte, wenn ich mich mit
Richards Freund gut verstand. Wir tanzten eine ganze Weile,
auch Kerstin und Nele. Richard war verschwunden. Lied für
Lied wurde die Musik weniger melodisch, zunehmend elektroni-
scher. Anfangs konnte ich das noch gut ignorieren, aber irgendwann mochte ich gar nicht mehr dazu tanzen. Ich ging an die Bar
und bestellte ein großes Wasser, guckte mir das Geschehen vom
Rand an und merkte, dass ich ziemlich betrunken war. Auch
Kerstin und Nele traten den Rückzug an. Johannes feierte weiter
und wanzte sich an die nächsten Mädels ran. Der Typ war echt
wahllos.

»Die Musik ist echt fürchterlich. Meine Füße tun weh, ich hau
ab. Viel Glück mit Richard. Vielleicht musst du aber auch mit
Johannes vorliebnehmen. Der scheint willig zu sein«, sagte Kerstin und marschierte in Richtung Garderobe.

Nele folgte ihr. Die beiden wollten zwar flirten, aber nur mit dem Richtigen, nicht mit einem liebeskummertollen Johannes. Ich blieb, hoffte auf Richard und darauf, dass mit dem nächsten Lied die Musik wieder besser werden würde. Wurde sie leider nicht. Aber dafür kam Richard, mit zwei Gin Tonics in der Hand.

»Hier, der war eigentlich für Johannes, aber der ist beschäftigt und hat eh schon genug.« Auch ich hatte schon mehr als genug, nahm das Glas aber dankend. Wir standen nebeneinander und beobachteten Johannes, wie er baggerte und flirtete, umarmte und knutschte.

»Jeder trauert auf seine Art«, kommentierte ich die Szene.

»Ach, hat er dir schon erzählt, dass seine Freundin ausgezogen ist?«, fragte Richard. »Ja, ein Kind von Traurigkeit ist er wirklich nicht. Ich weiß aber auch nicht, wie ernst ihm die Beziehung war. Auch wenn er ständig von Hochzeit und Kindern gesprochen hat.«

»Na, danach sieht das hier aber nicht aus«, sagte ich amüsiert. Die beiden waren noch unter 30. Warum dachten sie schon über Ehe und Kinder nach, wo sie noch so viele Flausen im Kopf hatten? Der gesellschaftliche Anspruch schien auch in ihren Köpfen umherzugeistern. Eine Beziehung ist das Maß der Dinge. Man bindet sich schnell und ist ebenso fix wieder aus der Partnerschaft draußen. »Fest« und »dauerhaft« sind dehnbare Begriffe geworden. Heute noch die große Liebe, morgen ist sie schon wieder eine Schlampe. Und dennoch ist das Ziel die Ehe, auch wenn wir an unseren Eltern sehen, dass der Trauschein mitnichten das Papier für eine sorgenfreie Zeit ist.

Mein Fokus für den Abend war alles andere als langfristig angelegt. Ich wollte mit Richard nach Hause gehen. Ohne zu wissen, was er davon hielt und wie ich das anstellen sollte. Denn im Gegensatz zu Johannes machte Richard so gar keine Annäherungsversuche. Johannes hatte von seiner aktuellen Tanz- und Kusspartnerin gelassen und wankte auf uns zu.

»Was hältst du davon, wenn wir gehen, Johannes?«, fragte Richard ihn.

»Ich komme mit«, warf ich ein, noch bevor Johannes etwas sagen konnte. Der grinste schief.

Wir gingen zur Garderobe, schnappten uns die Jacken und zogen uns vor dem Club an.

»Oh, ist das kalt.« Johannes nahm mich in den Arm und täuschte ein Zittern vor. »Du musst mich wärmen, bis wir zu Hause sind.«

»Ähm, ich muss aber in die andere Richtung.«

»Nein, wir trinken noch einen Absacker bei Richard.« Richard wohnte nur ein paar Straßen weiter. Ich guckte ihn fragend an. Einzuwenden hatte ich dagegen absolut nichts. Johannes arbeitete für mich. Richard zuckte mit der Schulter.

»Dann kannst du mir helfen, ihn nach Hause zu bringen.«

»Glaub mal, ich bin nicht weniger betrunken«, sagte ich und hakte Johannes an der einen Seite unter. Der ließ sich das nur allzu gern gefallen.

»Nüchtern bin ich beileibe auch nicht mehr«, sagte Richard und nahm den anderen Arm von Johannes. Als Trio waren wir stabil und schafften es ohne Probleme zu Richard.

»Ich schlafe heute bei Richard«, sagte Johannes, als wir die Treppen hochgingen. »Allein will ich in meiner Wohnung gerade nicht sein.« Oh, da kam dann doch die sensible Ader zum Vorschein.

Für mich war damit klar, dass ich nach dem Absacker noch mal raus in die Kälte musste. Das hatte ich mir ja eigentlich anders vorgestellt. Na, es konnte ja nicht jeder Abend glorreich verlaufen. Eigentlich wollte ich auch keinen Alkohol mehr trinken. Ich hatte genug. Aber mein Widerspruch verhallte ungehört. Wir standen in Richards Küche und prosteten uns mit Jägermeister zu. Bäh, gut fühlte sich das nicht an. Mir war schwummerig. Als Richard die Küche verließ, um auf Toilette zu gehen, schenkte Johannes uns zwei weitere Schnäpse ein. Wir stießen an, legten den Kopf in den Nacken, kippten. Ich hatte gerade mal meinen Kopf wieder in die Ausgangsposition gebracht, als ich Johannes' Lippen auf meinen spürte. Ich machte einfach mit. Es war wie ein Reflex. Es passierte, ohne dass ich darüber nachdachte. Der Kuss wurde intensiver, und als Richard wieder in der Küche stand, war es bereits in eine wilde Knutscherei inklusive Fummeln ausgeartet. Ich habe keine Ahnung, wie das passieren konnte!

»Oh, lasst euch nicht stören«, kommentierte Richard die Szene. »Ihr wisst ja beide, wo das Schlafzimmer ist.« Ich weiß noch, dass ich bei diesem Satz ziemlich grinsen musste. Im nächsten Moment, an den ich mich jetzt, wenige Stunden später, erinnern kann, stand ich splitterfasernackt im Schlafzimmer, auch Johannes hatte nur noch eine Unterhose an. Als sei es das Normalste der Welt, legte ich mich aufs Bett. Johannes zog seine Boxershorts aus, öffnete die oberste Schublade des Nachttischs und holte ein Kondom aus der Pappschachtel. Er schien sich hier wirklich gut auszukennen.

Ich bemerkte nicht, wie Richard das Zimmer betrat. Ich wusste nicht, ob er schon eine Weile zugeguckt hatte; denn ich saß auf Johannes, mit dem Rücken zur Tür. Richard legte seine Hand auf meine rechte Schulter. Ich hielt inne, guckte ihn an, erschrak und fand die Situation gleichzeitig äußerst scharf.

»Euch darf man aber auch nicht allein lassen«, sagte er, grinste und nahm sich ebenfalls ein Kondom aus dem Nachttisch.

»Musst du ja auch nicht«, sagte ich. Auch Johannes gab seine Zustimmung, dass Richard blieb. Wir waren alle drei nicht mehr nüchtern, sonst wäre es wohl auch nie so weit gekommen. Aber wir wussten, was wir taten. Auch, wenn es für uns alle drei das erste Mal war, dass wir einen Dreier hatten. Niemand hatte das geplant, und niemand dachte daran, wie sich das am nächsten Morgen anfühlen würde. Ich bewegte mich weiter auf Johannes, während Richard sich auszog. Sein Penis war schon steif. Kein Wunder, von außen betrachtet wirkte diese Situation sicher wie in einem Porno. Richard kletterte aufs Bett, kniete sich hinter mich und drang in meinen Po ein. Vorsichtig und fast zögerlich. »Alles gut, Toni?«, fragte Richard. Ich war noch nie so erregt wie in diesem Moment und nickte nur. »Ich will dir nicht weh tun«, sagte er. »Ich sag früh genug Bescheid.«

Ein bisschen zwickt Analsex immer, aber ich war so entspannt, dass Richard problemlos reinkam. Als ich realisierte, dass ich gerade zwei Schwänze in mir habe, musste ich grinsen. Unter mir stöhnte Johannes, wie geil das hier gerade ist. Ich konnte ihm nur recht geben. Ich konnte mich gar nicht entscheiden, welchen Schwanz ich intensiver spürte. »Kannst du trotzdem deine Unterschenkel nicht an meine klammern?«, sagte Richard, an Johannes gewandt. »Die sind so unsexy haarig.«

Die Situation war grotesk, aber witzig. Bei Fremden würde ich das wohl kaum zulassen. Johannes griff nach meinen wippenden Brüsten. »Deine Titten wollte ich schon immer mal anfassen.« Mich machte es in diesem Moment an, aber die Bemerkung wird mir noch lange im Kopf bleiben. Richard bewegte sich immer schneller, stieß härter, krallte sich an meinen Schultern fest, es tat weh, aber gleichzeitig fand ich es geil. Er stöhnte laut auf, als er kam, zog seinen Penis sofort aus mir raus, kletterte aus dem Bett und verschwand aus dem Zimmer. Johannes bekam davon nichts mit, er lag und genoss mit geschlossenen Augen. Ich schwitzte, hielt meinen Orgasmus zurück, weil ich Angst hatte, dass ich, zurück in der Realität, mich unwohl fühlen könnte. Johannes ließ von meinen Brüsten ab, packte mich an den Oberarmen und drehte mich auf den Rücken. »Zum Finale will ich dich ficken.« Als Johannes tief in mich eindrang, bekam ich sofort meinen Orgasmus. »Es macht mich so geil, wenn ich dich so erregt sehe.« Ich winkelte meine Beine an, damit er noch tiefer in mich eindringen konnte. Er wurde lauter und schneller, stöhnte und keuchte und sackte dann fast auf mir zusammen. »Oh weia, weia, weia, wie geil ist das hier.«

Jetzt, am Tag danach, mit Katerkopfschmerzen in den zerwühlten Laken, verwirrt mich diese Szene. Ich weiß, dass ich es genossen habe, dass mich zwei Jungs gleichzeitig gefickt haben. Ich war wie im Rausch, habe laut gestöhnt, jeden Stoß genossen und einen wahnsinnigen Orgasmus gehabt. Aber jetzt frage ich mich, ob ich das so fühlen durfte und darf. Ist das nicht eigentlich eine erniedrigende Position für mich? Analsex ist für mich kein Tabu. Es hat mir schon mit meinem Ex Spaß gemacht. Ich habe keine Ahnung, wie meine Freundinnen damit umgehen. Auch wenn ich relativ offen mit einigen Mädels über Sex rede – darüber habe ich noch nie gesprochen. Mit meinen Bettpartnern, auch wenn das eine überschaubare Anzahl ist, hingegen schon. Dabei wurde mir klar, dass es keine Selbstverständlichkeit ist, dass Frauen Spaß an Analverkehr haben. Ich muss entspannt sein und sehr erregt, aber dann habe ich allergrößten Spaß daran, von hinten genommen zu werden, egal ob vaginal oder anal. Aber irgendwer scheint mir mal erzählt zu haben, dass das frauenverachtend sei, dass ich mich so nicht gehenlassen dürfe. Sonst würde ich mich jetzt kaum so damit beschäftigen. Das ist wohl feministisches Gedankengut, das in meinem Kopf herumgeistert. Ich ärgere mich darüber. Denn eigentlich kann ich Alltags- und Bettgeschehen sehr gut trennen. Mann und Frau sollten – egal ob als Paar oder als Kollegen – gleichberechtigt sein, gar keine Frage. Das fängt bei gleichen Chancen bei der Berufswahl an, geht über den gleichen Lohn bis hin zur Aufteilung der Haushaltstätigkeiten. Dass wir diese Ebene noch lange nicht erreicht haben, ist mir auch klar. Persönlich habe ich zwar den ersten wichtigen Schritt auf der Karriereleiter gemacht, aber klar merke ich, dass man mir als Frau ab und an weniger zutraut, und vermutlich würde ein gleichaltriger Kerl in meiner Position auch mehr verdienen. Wie dem auch sei – nur, weil ich im Alltag eine gestandene Frau bin und sein will, muss ich nicht auch im Bett die Kontrolle haben. Hier gebe ich sie gern ab und mich hin. Ich fühle mich im Grunde genommen nicht erniedrigt, nur weil ich unten liege oder von hinten genommen werde. Aber warum denke ich dann überhaupt darüber nach, wenn ein nackter, junger Mann sich gerade an mich kuschelt und der andere hoffentlich gerade Kaffee für drei kocht?

Richard kommt zurück, ein Handtuch um die Hüfte. Ich stütze mich auf die Unterarme und gucke ihn an. Er schnappt sich ein T-Shirt und eine Jogginghose von einem Stuhl neben dem Bett. Er guckt mich nicht an, auch Johannes nicht, und verlässt wieder das Zimmer.

»Mmmh, Richard scheint nicht die beste Laune zu haben«, sage ich zu Johannes.

»Er wird etwas irritiert sein.«

»Von mir?«

»Von uns. Ich glaube, das war für uns alle drei das erste Mal. Es ist so passiert. Es war geil, aber ein bisschen komisch ist es schon, wenn du mit deinem besten Freund im Bett warst.«

»Ihr beide seid ja nicht übereinander hergefallen«, sage ich und lasse mich zurück in die Kissen fallen. Ich würde gern noch eine Runde schlafen, und um ehrlich zu sein, würde ich auch gern noch mal mit Johannes schlafen. Es interessiert mich gerade kein bisschen, dass er gestern noch bemüht war, sein zerbröckeltes Ego wieder auf zwei Beine zu stellen. Ich habe jetzt Lust, und da nehme ich dann gern das Greifbare. Johannes macht aber gerade Anstalten, aufzustehen.

»Ich guck mal, wie die Lage so ist und ob wir einen Kaffee bekommen oder uns schleunigst aus dem Staub machen sollten.«

Nach einer kleinen Ewigkeit ist es Richard, der den Kopf zur Tür reinsteckt.

»Willst du mit uns frühstücken? Der Kaffee ist durch. Kopf-
schmerztabletten liegen bereit.« Er scheint seine Fassung wiedergefunden zu haben. Das Frühstück fällt dennoch kurz und
schweigend aus. Das kann aber auch an der Müdigkeit liegen, die
uns alle überfallen hat.

So ganz kann ich mein Gedankenkarussell nicht abstellen.
Was denken die beiden wohl von mir? Dass ich das nur gemacht
habe, weil ich betrunken war? Dass ich so etwas häufiger mache?
Dass ich eine Frau bin, mit der man alles im Bett machen kann?
Ich stelle diese Fragen nicht. Nicht jetzt, nicht heute. Ich muss
erst mal selbst die letzten Stunden zusammenfügen und verarbei-
ten. Als ich gehe, ist mir mulmig, mein Puls rast. Das wird am
Kaffee liegen, rede ich mir ein. Ich fühle mich unwohl, will unter
meine Dusche und in mein Bett. Ich schreibe Juli eine Whats-
App über die Stunden der Nacht, die sie verpasst hat. Wenn die
Leute, die in der U-Bahn um mich herum sitzen, wüssten, was
ich letzte Nacht gemacht habe … Ich muss unweigerlich grinsen.
Da ist es wieder, das kleine bisschen Stolz.

Kinder, Kinder, Kinder

Haben Sie schon mal übers Eizellen-Einfrieren nachgedacht?«
Bitte, was??? Die Frage meiner Frauenärztin kommt ziemlich unvermittelt. Es ist 8.20 Uhr an einem trüben Wintermor-
gen, und ich sitze bei ihr zur Routinekontrolle. Na gut, vielleicht
ein bisschen mehr. Denn ich warte schon seit zwei Monaten auf
meine Regel.

Meine Nacht mit Johannes und Richard liegt etwas länger zurück, und ich hatte am Tag nach dem denkwürdigen Dreier meine Menstruationsblutung bekommen. Seitdem herrscht Flaute
im Bett. Außerdem habe ich bei jedem Sex, den ich in meinem
Singleleben hatte, ein Kondom verwendet. Eine Schwangerschaft konnte ich also mit ziemlicher Sicherheit ausschließen,
zyklisch unmöglich, und der Geist der Jungfrau Maria wird nicht
in mich gefahren sein. Dennoch hatte ich einige schlaflose Nächte nach dem ersten Monat, rechnete ein ums andere Mal und
sehnte mich geradezu nach diesem Ziehen im Unterleib. Als das
auch nach zwei Monaten ausblieb, ging ich in die Apotheke. Die
Apothekerin schaute mich verschwörerisch an, als sie mir den
Schwangerschaftstest über die Theke schob.

»Ich drück Ihnen die Daumen, dass es geklappt hat«, sagte sie
und lächelte mild.

»Beten Sie lieber, dass der zweite Strich auf dem Pinkelstreifen
niemals auftaucht«, entgegnete ich. Ihr Lächeln gefror. Ich konnte über diese Situation auch nicht lachen. Juli konnte das, als wir
erst gestern wieder über die Warterei und die möglichen Ursachen sprachen.

»Stell dir mal vor, du sitzt Johannes und Richard gegenüber:
›Einer von euch beiden wird demnächst Papa.‹«

»Wenn ich schwanger sein sollte, dann kann es nur von einem der beiden sein.«

»Na, es werden schon keine Zwillinge mit unterschiedlichen Vätern.« Juli fand die Situation urkomisch.

»Ha, ha. Schon klar. Ich meine, es kommt kein anderer Mann in Frage.« Der Nachmittagssex mit Jurij liegt so lange zurück, dass sich schon langsam eine kleine Kugel am Bauch bilden würde. Aber das, was da zu viel ist, ist eher meinem Schokoladen- und Kekskonsum zu verdanken als diesem denkwürdigen Sex.

»Das ist null Komma null lustig, Juli! Stell dir das mal vor. Ich! Ein Kind! Wie absurd!«

Mal ganz abgesehen von der sehr schrägen Konstellation, wenn aus einem Dreier Nachwuchs entstehen würde, war ich meilenweit von einem Kinderwunsch entfernt. Wenn ich es mir so recht überlege, war der auch nie wirklich vorhanden. Als ich meinen allerersten Freund in der Schulzeit hatte, habe ich bestimmt über Hochzeit und Babys nachgedacht. Nicht jetzt sofort, aber irgendwann nach der Ausbildung, weil man das eben so macht. Ich kann es aber nicht beschwören, und im Nachhinein passt diese Vorstellung so überhaupt nicht zu mir. Auch in meinen 20ern, auch nach dem Studium, ob mit oder ohne Partner, war das Verlangen nach Fortpflanzung nicht da. Oder verleugne ich aus heutiger Sicht etwas?

Als ich mit Ende 20 mit meinem Ex zusammenkam, schloss er von Anfang an Kinder kategorisch aus. Das war für mich mehr als in Ordnung. Mir war klar, dass ich mich von ihm trennen müsste, wenn ich doch Nachwuchs haben wollen würde. Eine Bekannte sagte mir mal, wenn ich mit ihm keine Kinder zeugen wollen würde, sei er wohl nicht der Richtige. Mein Ex, damals waren wir gerade mal ein Jahr zusammen, stand neben mir, als sie das sagte, und wir beide mussten sehr lachen. Wir vertraten – und vertreten – beide die Ansicht, dass eine Partnerschaft und das Leben auch gut sind, wenn man nicht Eltern wird.

Ich sehe mich einfach nicht als Mutter. Dieses Bild von Toni mit dem Kinderwagen im Park gibt es nicht in meinem Hirn. Gegenüber Kindern fühle ich mich unbeholfen, egal ob sie drei Monate oder drei Jahre alt sind. Der Sohn einer Freundin ist mein Patenkind. Ich mag ihn, finde ihn super. Aber einen engen Bezug zu ihm entwickle ich einfach nicht. Das mag daran liegen, dass ich ihn viel zu selten sehe, was wiederum daran liegen könnte, dass ich keinen Bezug zu ihm entwickle. Ein Teufelskreis.

Eine Kollegin spürte seit Anfang 30 einen so starken Kinderwunsch, dass sie ständig auf der Suche war. Nicht nach einem Partner, sondern nach einem Kindsvater. Notfalls hätte sie sich auch von einem Kurzzeit-Lover schwängern lassen. Ich hätte vermutlich sogar innerhalb meiner Partnerschaft abgetrieben, wenn ich trotz Pille schwanger geworden wäre. Ich weiß, das kann man nie sagen, ohne in der Situation gewesen zu sein. Und viele Frauen, die sich unbedingt ein Kind wünschen, aber nicht schwanger werden können, würden mir für diese Aussage liebend gern den Kopf abreißen. Aber ich bin der Überzeugung, dass man sich nur für ein Kind entscheiden sollte, wenn man es sich wirklich wünscht.

Ich kann es mir schlichtweg nicht vorstellen, den Fokus von meiner Person auf einen kleinen Wurm zu lenken, der zumindest in den ersten Monaten 24 Stunden am Tag von mir abhängig ist. Wenn ich meinen Freundinnen glaube, dass sie noch nicht mal in Ruhe auf die Toilette gehen oder duschen können, geschweige denn mehr als drei Stunden am Stück schlafen, sind das auch nur weitere Punkte auf der Kontra-Liste. Alle Beschwichtigungen, dass die Hormone schon dafür sorgen, dass man das alles gern auf sich nimmt und man unter jeden Umständen sein Kind für das schönste, süßeste und niedlichste Wesen auf der Welt hält, sind für mich Ammenmärchen. Zumal: Ich will auf gar keinen Fall zum Muttertier werden, dessen Gedanken nur noch um das Kind kreisen. Und das hat bislang noch jede Frau in meinem

Bekanntenkreis geschafft. Es ist wohl ganz offensichtlich eine notwendige Wandlung.

Die wenigsten Frauen sprechen darüber, wie sich ihr Körper während der Schwangerschaft verändert, wie qualvoll die Geburt ist, zumindest sein kann, wie sie sich in den ersten Wochen nach der Geburt fühlen und wie mühsam es ist, wieder die körperliche Fitness früherer Tage zu erlangen. Das sagt niemand, und das will auch niemand hören. Mutter zu werden wird hierzulande glorifiziert. Jede Frau hat es zu wollen. Falls nicht – und man auch noch den Mut besitzt, das offen auszusprechen –, wird man zwar nicht geteert und gefedert, aber mit Vorwürfen überzogen. Ich kann aber jedem dieser Vorwürfe eine meiner Überzeugungen entgegensetzen.

- Du bist egoistisch. – Ja, bin ich! Und nicht nur, wenn es um Kinder geht.
- Du bist karrieregeil. – Teilweise! In Deutschland muss man sich ja immer noch zwischen Kindern und Beruf entscheiden. Kehrt eine Mutter in eine Führungsposition zurück, ist das stets Grund genug für ein mehrseitiges Porträt in der örtlichen Presse. Ein untrügerisches Zeichen dafür, dass es eine Besonderheit ist.
- Du sorgst nicht für den Fortbestand der Gesellschaft. – Stimmt! Aber das muss auch nicht jeder machen. Die Menschheit wird nicht aussterben, weil Toni sich verweigert. Und ich kann der Gesellschaft auf anderen Wegen sehr viel zurückgeben. Zum einen, weil ich deutlich mehr Steuern zahle als Eltern, sie aber deutlich weniger beanspruche, da ich niemanden in Kita, Schule oder Universität schicke. Zum anderen, indem ich mich auf anderen Gebieten engagiere, zum Beispiel im Ehrenamt; denn Kinderlose haben ja etwas mehr Zeit.
- Du denkst wohl überhaupt nicht an deine Rente. – Doch!

Aber ich sorge selbst vor und verlasse mich nicht auf Versicherungen des Staates.

Gern vorgebracht werden auch emotionale Argumente:

- Du wirst im Alter einsam sein. – Ja, kann sein. Aber schützen Kinder wirklich vor Einsamkeit? Das ist doch ein frommer Wunsch, dass die Kinder die Eltern pflegen, sie regelmäßig besuchen und ihnen nicht nur finanziell, sondern auch emotional all das zurückgeben, was sie am Anfang ihres Lebens von den Eltern erhalten haben.
- Du solltest dich mal fragen, warum du keine Kinder möchtest. Liegt es an deiner eigenen Kindheit? – Nein. Auf gar keinen Fall. Ich hatte eine sehr gute Kindheit und kann mich überhaupt nicht beklagen. Meinen Eltern ist kein Vorwurf zu machen. Im Gegenteil, sie sind mit gutem Beispiel vorangegangen. Vielleicht zu gut; denn ich glaube kaum, dass ich meine Kinder so selbstlos und voller Liebe erziehen könnte. Ich weiß, dass meine Mutter gerne Oma werden möchte, dass sie hofft, dass meine Entscheidung nicht endgültig ist und dass sie manchmal glaubt, dass sie mich zu selbständig erzogen hat.
- Du wirst deine Entscheidung bitter bereuen, wenn es zu spät ist. – Gut möglich, allerdings zum jetzigen Zeitpunkt schwer zu überprüfen. Ebenso wie die entgegengesetzte These, dass Ehepaare, die Kinder haben, ohne Kinder ebenso glücklich wären oder sogar glücklicher.

Herr im Himmel! Jede Frau hat ihre Gründe, warum sie gern ein Kind großziehen möchte. Meist sind es persönliche, die aber gern zum Politikum werden. Ebenso persönlich ist die Entscheidung gegen Kinder. Wobei ich es noch nie erlebt habe, dass jemand sich rechtfertigen musste, weil er sich FÜR ein Kind entschieden hat. Und mal ganz nebenbei: Werden Männer ausgefragt, warum sie (noch) keine Kinder haben? Deutlich seltener. Und das liegt sicherlich nicht nur an der biologischen Möglichkeit, dass sie auch noch im hohen Alter zeugen könnten.

Kinderkriegen mag eure Erfüllung sein. Meine ist es nicht. Meine biologische Uhr tickt einfach nicht. Zumindest habe ich sie bis zum heutigen Morgen nicht gehört oder sehr gut unter drei Kopfkissen versteckt.

»Ich vermute, dass mein Zyklus stressbedingt verwirrt ist«, sage ich zu meiner Ärztin. In den letzten Monaten war es in der Agentur ziemlich anstrengend. Viele Überstunden, lange Meetings, ein paar Reisen, dazu mein unstetes Singleleben, der anspruchsvolle Trainingsplan.

»Kann sein«, sagt Frau Doktor. »Aber in Ihrem Alter kann das auch andere Ursachen haben.« Wie bitte? Was? Urplötzlich bin ich hellwach. Ich! Mitte 30! In der Blüte meines Lebens! Körperlich fit wie eine 20-Jährige, na gut, 25-Jährige.

Frau Doktor lächelt milde, guckt mich fast schon mitleidig an. »Das könnten bereits die Wechseljahre sein.« Wir haben ein gutes Verhältnis. Sie weiß, dass ich robust bin. Sie darf so was sagen. Aber urplötzlich bin ich mittendrin. Mir wird heiß und kalt. Offensichtlich bemerkt sie meinen verstörten Blick.

»Aber Sie wollten doch nie Kinder«, sagt sie und guckt irritiert.

»Na ja, also ja. Stimmt. Der Kinderwunsch war bei mir nie sonderlich ausgeprägt, vielmehr gar nicht vorhanden. Aber wenn Sie mir jetzt so meine eigene Endlichkeit vor Augen führen …« Ich werde kurz nachdenklich – und genau an dem Punkt kommt der Vorschlag, einige der noch verbliebenen Eizellen einzufrieren. Meine Ärztin ist keine, die eine Frau in die Schwangerschaft drängen will. Im Gegenteil.

»Nur für den Fall, dass sich in einigen Jahren ein Partner findet, mit dem Sie doch Kinder haben möchten. Ich habe so häufig

Frauen mit Ende 30, Anfang 40 vor mir sitzen, die sich wundern, warum es nicht klappt. Ich möchte Sie vor dieser Frustration bewahren. Wenn Sie sich entschieden haben, ist das super, besser als jemand, der ein Kind bekommt, weil er sich durch die äußeren Umstände gezwungen fühlt. Aber manchmal ändert ja ein neuer Partner die Einstellung radikal.«

Ich verdrehe die Augen. Dieses Argument kenne ich schon. Ebenso wie die Aussage: »Du wärst bestimmt eine gute Mutter.« Das hat erst neulich wieder ein Kollege zu mir gesagt, als ich Kuchen mit zur Arbeit brachte. Wie kann man nur vom Können in der Küche auf Erziehungskünste schließen? Ich kann an einem verregneten Sonntag drei Stunden lang Hefeteig durchkneten, formen und gehen lassen. Mütter müssen in 30 Minuten Muffins für den nächsten Kindergeburtstag hexen, nach Möglichkeit glutenfrei und mit einem kunstvoll drapierten, zuckersüßen Topping, das das Thema der Party aufgreift. Jeden Tag nach Kita- und Schulschluss ein Abendessen zu servieren, ist auch definitiv eine achtenswertere Leistung, als einmal in der Woche über den Markt zu schlendern und anschließend drei Gänge zu kochen. Also: Respekt auf allen Ebenen für Eltern. Aber bitte ebenso viel Respekt für Kinderlose.

Während sich meine Ärztin per Ultraschall auf Ursachenforschung für die ausbleibende Menstruation macht, starre ich an das Mobile an der Decke und grübele. Nur mal so hypothetisch: Ich lasse mir Eizellen oder einen Teil eines Eierstocks entnehmen und das Vermehrungsmaterial über Jahre hinweg für den Gegenwert eines Kleinwagens schockfrosten. Irgendwann zwischen 40 und 50 kommt Mr. Right, und mir wird alles wieder eingepflanzt. Niemand kann mir garantieren, dass der medizinische Versuch der Befruchtung dann gelingt.

Und wenn Mr. Right nicht kommt? Spüle ich den ganzen Glibber hochfrustriert, traumatisiert und um Tausende Euro erleichtert ins Klo?

»Vielleicht wollen Sie dann auch allein ein Kind großziehen. Die Möglichkeit gibt es ja auch. Deutlich schwieriger ist eine Adoption in Deutschland, wenn man Single ist«, unterbricht meine Ärztin meine Gedanken. Freiwillig alleinerziehend? »Nein, so groß kann mein Kinderwunsch nun wirklich nicht werden.« Da bin ich mir sehr sicher. Über solche Verdrängungskräfte verfüge ich nun wirklich nicht. Social Freezing kommt für mich nicht in Frage. Arbeitgeber wie Apple oder Facebook haben in den USA angefangen, ihren Angestellten diese Konservierung zu bezahlen. Sie fürchten, ihre jungen, leistungsstarken, motivierten Mitarbeiterinnen an die Mutterschaft zu verlieren. Haben Sorge, dass die Mamas entweder ihre Jobs aufgeben oder nur noch in Teilzeit arbeiten wollen. Da erscheint es doch äußerst praktisch, wenn man die Zeit der theoretischen Mutterschaft etwas dehnen kann. Schwanger werden, wenn es besser passt. Wenn mehr Zeit ist. Wenn man alles erlebt und erreicht hat. Der Nachwuchs wird so planbar wie der Rest des Lebens.

»Gibt es einen perfekten Zeitpunkt für ein Kind?«, frage ich meine Ärztin.

»Biologisch schon. Über diesen Punkt sind Sie aber schon längst hinaus.« Sie ist einfach schonungslos und ehrlich. Das bedeutet aber auch, dass das Material, das ich noch in mir trage, ohnehin schon dem Verfallsdatum recht nah gekommen ist. Erstklassige Bedingungen sehen anders aus.

»Vielleicht ist es gut zu wissen, dass man einen festen Vertrag hat, Elterngeld bekommt und die Wohnung groß genug für den Laufstall sein wird. Aber es sind auch sehr viele Kinder schon groß und glücklich geworden, die während des Studiums der Mutter oder der Arbeitslosigkeit des Vaters geboren wurden«, sagt meine Ärztin, während sie mit dem Ultraschall-Stab in meinem Unterleib nach dem Rechten schaut. Sie muss es wissen, hat ja schon genügend Kinder sich entwickeln sehen.

»Gucken Sie mal. Da sind noch genügend Eier, stattliche Größe, sieht alles prima aus auf den ersten Blick. Wären Sie in den Wechseljahren, wären da nur noch wenige und nur kleine«, sagt meine Ärztin. Sie klingt erleichtert. Beinahe jubelt sie. Ich finde es irgendwie tröstlich, dass ich noch nicht alt bin. Mit 34 schon in den Wechseljahren, das hätte nach Verfall geklungen. Mein Ego wäre sehr angekratzt gewesen, wenn die Schweißausbrüche nicht mehr ausschließlich auf körperliche Aktivität und peinliche Situationen beschränkt wären.

»Aber denken Sie trotzdem mal über das Einfrieren nach.«

»Hab ich schon. Das ist nichts für mich.«

Ich will weder der Natur ins Handwerk pfuschen noch dem Lauf der Dinge. Was passiert, passiert. Mein Leben ist ein vollständiges, auch ohne Kind.

Ein Seitensprung

Ich kann das nicht«, sagt er mit einer Stimme, die entschuldigend und unschuldig klingt, und guckt mich mit seinen dunkelbraunen Augen an. Karsten wirkt ein wenig verloren und hilflos, wie er da an meinem Küchentisch hockt. Seine braunen, dünnen Haare fallen ihm in die Stirn. Er schüttelt sie mit einer Kopfbewegung weg, streicht mit den Fingern hinterher. Es ist eine dieser Bewegungen, die jeder Mensch unbewusst macht. Karsten hat sie schon vor mehr als 15 Jahren gemacht, als wir uns kennenlernten. Er arbeitete in einem der Cafés auf dem Campus unserer Studentenstadt. Irgendwann kannte man sich – erst vom Sehen, dann wusste man den Namen des anderen, plauderte ein wenig. Wir liefen uns auch in den Bars und Clubs über den Weg, trafen uns mal auf einer Party. Ich mochte ihn, er war verwegen-faszinierend, ein paar Jahre älter, er hörte Musik, die erst Monate später jeder kannte, las gute Bücher, und mit ihm waren selbst kurze Unterhaltungen nachts um zwei Uhr mehr als dämlicher Smalltalk an einer Bar.

»Wenn dir gesagt wird, dass du ein Zeitfenster zwischen Sonntagabend und Montagmorgen hast … Ja, was soll ich denn da machen, wenn ich keine Lust habe … Ich will nicht so auf Kommando – Klamotten aus, übereinander herfallen. Sonntagabends will ich entspannt auf dem Sofa liegen. Dann finde ich den ›Tatort‹ schon aufregend genug. Aufregender als Sex. Und morgens? Ich kann halt morgens nicht.« Karsten spricht übers Kinderkriegen, vielmehr über den Zeugungsvorgang. Nicht mit mir, sondern mit seiner Frau. Und es ist mehr als merkwürdig, dass er das bei mir loswerden möchte. Denn er sitzt nicht in meiner

Küche, um sich über seine Eheinterna auszuweinen. Er ist vor wenigen Minuten gekommen, um die Nacht mit mir zu verbringen. Er ist auf Dienstreise in Hamburg, morgen muss er weiter. Ich weiß nicht, was er seiner Frau erzählt. Es reicht mir, wenn er mir von ihr erzählt. Mich stört das nicht, ich wundere mich lediglich. Es ist offenkundig, dass er gerade ein paar Dinge loswerden muss. In diesem Moment bin ich nicht die Geliebte, sondern eine Vertraute, die er nicht gut, aber schon lange kennt.

»Ich weiß gar nicht, ob ich das will. Wir lassen es gerade drauf ankommen.« Bislang habe ich noch mit dem Rücken zu ihm gestanden, innerlich kopfschüttelnd, einen Hefeteig auf der Arbeitsplatte knetend. Jetzt drehe ich mich um, an den Händen den zähen Teig.

»Sag mal, hast du sie noch alle?«

»Ja, ich weiß, es ist unpassend, dass ich das gerade dir erzähle. Aber wir kennen uns schon so lange. Du verstehst mich. Mit dir kann ich über alles reden.«

»Darum geht's überhaupt nicht.« Ich bin lauter, als ich es beabsichtigt habe. »Du kannst doch nicht einfach mal so dein Sperma verteilen und dann gucken, ob's klappt oder nicht. Ein Kind ist doch kein Spielzeug. Das ist eine lebenslange Verantwortung. Und wenn du deine Frau laufend betrügst – warum willst du ein Kind mit ihr?«

Ich komme mir vor, als ob ich mit einem 18-Jährigen spreche und nicht mit einem 40-Jährigen. Moralapostel zu spielen, ist nicht mein Ding, aber so viel Gedankenlosigkeit macht mich wütend. Ich drehe mich wieder um und knete weiter, schüttle den Kopf jetzt deutlich sichtbar.

Er steht auf, stellt sich hinter mich und massiert mir den Nacken, so wie ich den Teig. Die Berührung seiner Hände entspannt und erregt mich gleichzeitig. Ich genieße den Hautkontakt. In solchen Momenten merke ich, dass ich zärtliche Nähe vermisse. Das merke ich allerdings auch, wenn ich mir ab und an eine Massage gönne. Vielleicht sollte ich das häufiger tun, anstatt verheirateten Männern meinen Nacken entgegenzustrecken. »Jetzt mal im Ernst, Karsten. Du kannst morgens sehr wohl. Ich weiß das.« Er lacht. »Wenn du es mit ihr nicht kannst … schon mal drüber nachgedacht, dass du gar nicht willst? Dass das alles nur eine Ausrede ist, um kein Kind in die Welt zu setzen? Hast du mit ihr schon mal darüber gesprochen? Wenn man es darauf ankommen lässt, passiert es früher oder später. Meistens früher. Es kann gutgehen, und du findest das Familienvaterleben super, gehst darin plötzlich mehr auf, als du jemals gedacht hast. Aber was, wenn nicht? Dann nervst du dich, deine Frau, das Kind bekommt so etwas auch mit – und wieder ein Kind mehr, das nur bei einem Elternteil aufwächst. Muss ja nicht schlimm sein. Aber meiner Meinung nach sollte man sich schon bewusst für ein Kind entscheiden und sich nicht nur darauf einlassen, weil es der Partner will.«

Schön den Klugscheißer raushängen lassen. Als ob ich da aus Erfahrung sprechen könnte. Aber in diesem Fall liegt es auf der Hand.

Ich fange an, den Hefeteig auf einem Backblech auszurollen. Karsten lässt von meinem Nacken ab und hält das auf der Arbeitsplatte umherrutschende Blech fest. Dabei bleibt er hinter mir stehen, greift links und rechts an mir vorbei ans Blech, drückt mich dabei gegen die Arbeitsplatte. Seine Nase wühlt in meinem Haar. Mein Hinterkopf erhält ein paar Küsse. Während ich mit dem Nudelholz versuche, den Teig in die Ecken zu rollen, merke ich deutlich, dass er erregt ist. Ich ignoriere es.

Nach dem Studium verloren Karsten und ich uns aus den Augen, zogen in verschiedene Städte. Und standen uns eines Nachts auf einer Tanzfläche in Hamburg gegenüber. Wir hatten noch nie geknutscht. Aber jetzt. Einfach so, ohne vorher Worte zu verlieren. Es war dunkel, eng, heiß, stickig, verraucht und irgendwie magisch. Ich war gerade ein paar Wochen Single.

Ich muss schmunzeln, als ich daran denke, denn mir fällt die Parallele zu Richard auf. Offenbar verläuft selbst mein unstetes Leben nach einem Muster.

Nach durchtanzter Nacht nahm ich Karsten mit nach Hause. »Davon habe ich schon während unserer gemeinsamen Studentenzeit geträumt«, sagte Karsten am nächsten Morgen. »Ich fand dich so sexy, so attraktiv. Damals auf der Party bei Oskar und Paul.«

Ich konnte mich nicht an diese Party erinnern. Diese Nacht war dennoch der Anfang einer Affäre gewesen, mal war er in meiner Stadt, mal ich in seiner. Wir schrieben lange Mails. Ich war verknallt. Aber mehr wollte ich nicht, ich kam ja gerade aus einer Beziehung. Er schickte mir häufig Bücher und CDs. Unsere Affäre empfand ich als locker und ungezwungen. Da war zu viel für eine Freundschaft, aber zu wenig für eine Beziehung. Bis er eines Sonntagmorgens in seiner Stadt befand, als wir gerade über einen Flohmarkt schlenderten: »Du willst mehr als ich. Das sehe ich in deinen Augen.« Er war das gesamte Wochenende angespannt gewesen. Hatte den Sex verweigert mit der Begründung, er wolle nicht mein Spielzeug sein. Das war mehr als absurd. Denn bislang hatten wir immer gleich viel Lust auf Sex gehabt. Leugnen war zwecklos. Er hatte entschieden. Das ist jetzt fast zehn Jahre her, aber ich sehe mich noch vor seiner Tür stehen. Heulend, enttäuscht und stinksauer. Wir verloren uns abermals aus den Augen.

Inzwischen habe ich mich aus der Backblech-Umarmung befreien können. Frischkäse, Milch, Salz und Pfeffer verrührt, Rosmarin vom Minibusch gezupft. Karsten beobachtet mich, wie ich die Creme auf dem Hefeteig verstreiche. »Kann ich dir eigentlich irgendwas helfen?«

»Zwiebeln schälen und in Scheiben schneiden?« Ich blicke Karsten fragend an. Ich kenne seine Küchentalente nicht.

»Du konntest schon früher gut kochen.«

Oh, jetzt wird wieder die Vergangenheit glorifiziert … »Damals auf der Party bei Oskar und Paul …«

»Karsten, ganz ehrlich. Das ist mehr als zehn Jahre her.«

»Ja, aber für mich hat es da mit uns angefangen.«

Was ist das denn »mit uns«? Wir sehen uns viel zu selten, als dass ich von Affäre sprechen würde. Warum habe ich ja gesagt, als er fragte, ob ich Zeit hätte, er sei in der Stadt? Sollte wirklich er es sein, der meine männerfreie Zone entweiht? Juli hatte mich gefragt, warum ich das machen würde. Ich weiß es nicht. Vielleicht ist es Neugierde. Es schmeichelt mir. Mal wieder Sex. Immerhin ist er ein alter Freund. Gut fürs Ego … Und zum Zwiebelschneiden eignet er sich auch ganz gut. Ich habe in der Zeit Äpfel in Spalten geschnitten. Brate jetzt beides an, verteile es auf der Creme, streue Ziegenkäse und Walnüsse darüber.

Ich schiebe erst Karsten zur Seite und dann das Blech in den Ofen. »Komm, wir gehen ins Wohnzimmer. Der braucht jetzt 15, 20 Minuten«, sage ich, nehme zwei Gläser aus dem Schrank, den Weißwein aus dem Kühlschrank. Er setzt sich aufs Sofa, schenkt Wein in die Gläser, die ich auf dem kleinen Beistelltisch abgestellt hab. Ich suche Musik aus – was ich extrem schwierig finde. Erstens kennt er viel mehr als ich, zweitens will ich es weder zu romantisch-schnulzig noch zu laut und aufgeregt.

Als ich zum Sofa komme, umfasst er mich links und rechts an den Hüften und zieht mich zu sich runter. Ich versuche, stehen zu bleiben, aber verliere das Gleichgewicht. Ich lande auf ihm, mein Mund auf seinem Mund. Ich mag seine Küsse, auch wenn sie immer ein bisschen nach seiner letzten Zigarette schmecken. Karsten ist gierig, gar übermotiviert, zärtlich geht anders. Wir haben uns ein paar Monate nicht mehr gesehen, aber ich bin mir ziemlich sicher, dass sein letzter Sex nicht schon Wochen her ist.

Seine Hände schieben sich unter meinen Wollpulli, ziehen das Shirt aus der Hose, gleiten über den Bauch nach oben, umfassen meine Brüste. »Oh, ich mag deine Titten so gern.« Ich finde ja, ich habe die normalsten Brüste der Welt. Unspektakuläre B-Körbchen, sie baumeln nicht, ja, sie sind fest und fassen sich gut an. Aber es verwundert mich doch, dass Männer so auf meinen Busen stehen, und Karstens Schwanz schon wieder steif wird. Ich bin noch so überhaupt nicht in Stimmung, und ich weiß auch nicht, ob das heute was wird.

Ich mag Karsten, ich verbringe gern Zeit mit ihm, und wir haben eine gemeinsame Vergangenheit, was ihn von den Dating-App-Jungs unterscheidet. Allerdings: Karsten möchte keinen regelmäßigen Kontakt, Kontakt nur dann, wenn ein Treffen ansteht, Verpflichtungen und eine engere Bindung fände er lästig. Er hat das nie ausgesprochen, sondern handhabt das einfach so. Er mag mich, er verbringt gern Zeit mit mir, und er möchte Sex.

Wir haben schon seit Jahren wieder Kontakt. Es begann, als ich mit meinem Ex zusammenzog. Beim Einräumen des Bücherregals fiel mir eine Postkarte aus einem der Bücher entgegen. Ich konnte die Sauklaue erst nicht entziffern, erkannte dann, dass es Karstens Handschrift war. Ja, richtig, das Buch hatte er mir geschenkt – Joachim Lottmann, *Die Jugend von heute*. Auf der Karte stand: »Liebste, wie gefällt dir das T-Shirt? Ich weiß auch nicht, welche Musik auf dem Dancefloor läuft, aber sie muss laut sein. Dein Karsten.« Ich suchte ihn bei Facebook – gab es während unserer Studentenzeit noch nicht. Ich fand ihn und sah, dass er vor wenigen Wochen geheiratet hatte. Ich in der neuen Wohnung, er in einem neuen Lebensabschnitt. Ich schrieb ihn an, sagte hallo, erzählte aus meinem Leben und bekam schnell Antwort. Er muss seine Frau ungefähr zu dem Zeitpunkt kennengelernt haben, als ich meinen Ex traf. »Er ist jetzt schon einen Schritt weiter«, dachte ich. Ich war gerade zusammengezogen und mir in dem

Moment schon sicher, dass ich meinen Ex nicht heiraten wollen würde. Die Ehe war kein Konstrukt für mich. Ich fand es bemerkenswert, dass Karsten geheiratet hatte. So wie ich ihn kannte, passte das nicht zu ihm. Er sehe die Ehe nicht als Gefängnis, erklärte er mir. Was er damit sagen wollte, merkte ich erst später. Wir hielten den Kontakt, aber sahen uns nicht. Erst, als er im vergangenen Frühling mitbekam, dass ich beruflich in seiner Stadt war, fragte er mich, ob wir uns nicht mal wieder sehen wollten und an die alten Zeiten anknüpfen könnten. Das sei doch immer so gut gewesen.

»Bist du nicht mehr verheiratet?«, fragte ich ihn.

»Doch, aber das macht doch nichts.«

»Dir oder ihr?«, entgegnete ich.

Die Antwort blieb er mir damals schuldig, ist es eigentlich noch heute. Karsten buhlte monatelang um ein erstes Treffen, das ich erst nach der Trennung zuließ. Wir trafen uns auf einem Konzert, und er erwartete, dass ich mit ihm ins Hotel gehen würde. Ich lehnte ab. Ich hatte Schiss. Wie würde es sein, nach Jahren wieder mit einem anderen Mann zu schlafen? Damals wie jetzt drehte ich meinen Kopf weg, als Karsten zum Kuss ansetzte. Vor dem Club landete sein Kuss auf meiner Wange.

Jetzt öffnet Karsten die Augen, seine Hände halten inne, umfassen aber immer noch meine Brüste.

»Der Flammkuchen müsste fertig sein«, sage ich, befreie mich aus seiner Umklammerung, rutsche von seinem Schoß und vom Sofa und wanke in die Küche. Mehr als fertig. Der Ziegenkäse ist kurz vor knusprig. »Hast du überhaupt noch Hunger?«, rufe ich rüber. Warum gebe ich mir überhaupt Mühe? Ich hätte ihm auch ein Brot schmieren können. Er will Sex und kein Essen. Das bekommt er sicherlich zu Hause.

»Auf jeden Fall! Das riecht fantastisch und sieht sehr gut aus.« Karsten ist mir in die Küche gefolgt und steht wieder dicht hinter mir, spielt mit seinen Fingern in meinen Haaren, küsst mir die nackten Schultern, geht von hinten mit den Händen unter den Pullover. »Mmh, du hast ihn wieder zugemacht?«

»Entschuldige, ich esse ganz gern ohne baumelnde Brüste.«

Karsten ist es gewohnt, Körbe und Absagen von mir zu bekommen. Er ist gut im Nehmen. Nach dem ersten Wiedersehen und dem verhunzten Kuss vorm Club ließ er nicht locker. Mal schrieb er mir von einer anscheinend langweiligen Familienfeier und überlegte, ob er am nächsten Tag über Hamburg in seine Stadt fahren könnte. Mal war er auf einem Seminar vor den Toren meiner Stadt und fantasierte, dass ich jetzt bei ihm sei, mich abends in sein Zimmer schleichen würde und wir die Nacht zusammen verbringen würden. Mal war er auf einem Konzert in Hamburg und meldete sich nachts um zwei Uhr. Ich blockte stets ab. Er ließ nicht locker. Das schmeichelte mir, aber es entsetzte mich auch. Anderen hätte ich bei so viel Plumpheit längst Grenzen gesetzt! Ich ließ es ihm nur durchgehen, weil wir uns schon so lange kannten. Mir lag zu viel an ihm, um den Kontakt abzubrechen.

»Sehr lecker, der Boden ist ziemlich kross«, sagt Karsten nach dem ersten Bissen in den Flammkuchen.

»Wenn du die Köchin ablenkst«, entgegne ich. Beim Kochen verstehe ich keinen Spaß.

Für mich ist es undenkbar, mit Karsten eine Affäre anzufangen. Wir haben nie darüber gesprochen, was das hier ist. Es ist gerade mal der zweite Abend, an dem wir uns mit der beidseitigen Absicht treffen, die Nacht miteinander zu verbringen. Dass wir uns mehrmals im Monat sehen, regelmäßig Kontakt haben, er mir sehnsüchtige SMS und Mails schreibt, während er sich bei seiner Frau auf dem Sofa langweilt – also das volle Geliebtenklischee –, das kann ich mir nicht vorstellen. Das würde nicht zu ihm passen. Und ich würde mich als Geliebte auch nicht wirklich gut machen. Dass er seine Frau verlässt, steht überhaupt nicht zur Debatte – trotz seiner Eskapaden.

Mir ist es ein Rätsel, wie Karsten das mit sich ausmacht. Wir haben offenbar unterschiedliche Auffassungen von den Rahmenbedingungen einer Ehe. Klar muss man sie nicht als Gefängnis sehen und den Kontakt zum anderen Geschlecht komplett einstellen. Aber für mich ist ein Eheversprechen ein Treueschwur. Und ich halte es schlichtweg für unrealistisch, dass man einem Menschen einen Großteil seines Lebens treu sein kann. Aber wenn ich sehe, wie viele Menschen in meinem Bekanntenkreis heiraten oder das zumindest als Lebenshighlight anstreben, stehe ich mit meiner Meinung relativ allein da. Und auch, wenn ich mit der Ehe nichts anfangen kann, dann ist sie mir dennoch in gewisser Weise heilig, also, ich respektiere ihre Grenzen – und bin immer wieder überrascht und entsetzt, wie wenig das manche Verheiratete tun.

Das war auch lange ein Grund, warum ich Karsten nicht treffen wollte. Es lag zum einen an meinem Abnabelungsprozess von meinem Ex – raus aus der Wohnung, kein schlechtes Gewissen mehr haben, wenn ich mich mit anderen Männern traf – all das dauerte seine Zeit. Als der Schritt im Kopf passiert war, lag es daran, dass meine Moralvorstellungen mich hemmten. Kann ich reinen Gewissens Sex mit einem Mann haben, von dem ich weiß, dass er eine Beziehung hat, sogar verheiratet ist? Wie viel Schuld habe ich daran, dass möglicherweise eine Ehe zerbricht? Ist die Beziehung womöglich schon am Ende? Oder überhaupt nicht, weil beide es so wollen und eine offene Ehe führen und es für beide vollkommen in Ordnung ist? Ich habe Karsten danach nie gefragt. Aber ich habe den Eindruck, dass er seine Seitensprünge verheimlicht. Ich gucke ihn prüfend an, während er von seinem Flammkuchen abbeißt. Er wirkt, als wäre er mit sich im Reinen.

»Weiß deine Frau eigentlich, dass du hier bist?« Karsten guckt mich leicht irritiert an, fängt sich aber schnell.

»Natürlich nicht.«

»Na ja, hätte doch sein können, nachdem du gesagt hast, dass du die Ehe nicht als Gefängnis siehst, habe ich angenommen, dass das eine gemeinsame Definition ist.« Das leicht Boshafte in meiner Stimme ist Absicht. Ich muss mir und ihm zeigen, dass ich nicht ausblende, dass er verheiratet ist. Ich will überhaupt keine romantische Stimmung aufkommen lassen. Es ist reiner Selbstschutz, so gut kenne ich mich mittlerweile. Seiner Frau gegenüber habe ich noch kein schlechtes Gewissen. Ich trage nicht die Verantwortung für Karsten und seine Entscheidung. Vor dem moralischen Gericht vieler meiner Freundinnen hält diese Argumentation nicht stand. Viele finden es absolut verwerflich, sich mit einem Kerl, der in einer Beziehung steckt, einzulassen. Allein aus Solidarität mit der Frau oder Freundin dürfe man das nicht. Ich muss lachen, wenn ich diese Argumentation höre. Dahinter steckt doch lediglich der Wunschgedanke: »Wenn ich keinen vergebenen Typen anfasse und jede sich so verhält, fasst auch niemand meinen Freund an.« Träumt weiter, Mädels. Frauensolidarität – pfff. Die gibt es nicht. Nicht, wenn es um einen Kerl geht oder gar nur um Sex. Julis Meinung dazu ist klar: »Sei dir sicher, dass du nicht darunter leidest, dass du dich nicht verliebst – und dann viel Spaß.«

Vor zwei Monaten fragte ich Karsten, wann er mal wieder in Hamburg sei.

»Ich könnte übermorgen da sein.« Karstens Antwort kam schnell. Ich sagte nicht nein. Ich wollte meine Grenzen austesten. Wir zogen einen Abend durch Bars und Kneipen. Er zahlte Essen, Bier und Cocktails, hörte zu, fragte nach. Es war ein schöner Abend, mehr als nur ein Treffen zum Sex. Ich brachte ihn zu seinem Hotel, und er fragte mich, ob ich mir sein Zimmer angucken wollen würde. »Hast du denn eine Briefmarkensammlung dabei?«, fragte ich. Im Hotelzimmer stand ich unsouverän an der Tür rum. So ganz konnte ich den Kopf nicht ausstellen. Karsten zog mich von der Tür in Richtung Bett, nahm meinen Kopf in seine Hände und küsste mich. Lange. Innig. Er schmeckte nach Bier und Nikotin. Verrucht. Unanständig. Irgendwie nach Party, jung und studentisch. Keine Verantwortung, eine betrunkene Nacht. So wirkte Karsten auch. Er erfüllte das Klischee »hungriger Ehemann« voll und ganz.

Während ich noch mit der Situation fremdelte, hatte er schon meinen Gürtel geöffnet, den Hosenknopf. Seine Hand glitt in meinen Slip, fuhr um die Hüfte, auf den Hintern, drückte zu. Es war vertraut und ungewohnt gleichzeitig. Mir war klar, dass es nicht meine Reize waren, sondern weibliche, vielleicht noch ein wenig das Verbotene, was ihn so erregte. Karsten fummelte an meinem Reißverschluss herum, schob die Hose über den Hintern, den Slip gleich mit. Jetzt war es egal, dass das ein Hotel und er verheiratet war. Ich setzte mich aufs Bett, zog mir den Pullover aus, öffnete den BH, schmiss beides neben mich auf den Boden und lehnte mich zurück, stützte mich auf den Unterarmen auf dem Bett ab, auffordernd. Karsten stellte sich ans Bett, fixierte mich mit seinen braunen Augen, öffnete seinen Gürtel, seine Hose, zog sie samt Unterhose aus.

Ich musste schmunzeln. Nach all diesen Jahren … Wie würde es sich anfühlen? Karsten war die erste Affäre, die ich wiederaufleben ließ. Mit der rechten Hand griff Karsten nach seinem Rucksack, zog ein Paket Kondome heraus. Ich schloss die Augen. Lauschte erwartungsvoll. Das Aufreißen der Folie, das Abrollen des Gummis über den Schwanz. Karsten beugte sich über mich. »Ich habe mich so darauf gefreut, dich endlich wieder zu ficken.« Ich genoss jede seiner Bewegungen, dachte überhaupt nichts mehr. Nicht mehr an seine Frau, nicht mehr an meine Bedenken. Wie verdammt gut sich das anfühlte.

Karsten wurde schneller, härter, stöhnte. Ich merkte, dass es schnell vorbei sein würde. Dass ich für mich selbst sorgen müsste, wenn ich auf meine Kosten kommen wollte, denn Karsten war zu sehr mit sich beschäftigt. Ich umfasste mit der linken Hand meine linke Brust, die rechte Hand wanderte über meinen Bauch, streichelte mich. Ich weiß, was ich tun muss, um schnell zu kommen. Und ich wollte kommen, ich wollte diese Vibrationen im Körper spüren, diese Muskelzuckungen, die so glücklich machen, so entspannen. Karsten wurde schneller, lauter. »Ja, fass dich an.« Jetzt machte das, was mich anmachen soll, auch noch ihn an. Verdammt. Das war anders gedacht. Egal. Ich konnte darauf keine Rücksicht nehmen. Ich kam, mein Becken hob und senkte sich, ich stöhnte laut, nicht künstlich, es musste einfach raus, egal, was die anderen Hotelgäste dachten. Karsten hatte mittlerweile die Augen geschlossen, bewegte sich rhythmisch und war ganz bei sich, zog dann unerwartet den Schwanz aus mir, streifte das Gummi ab, kniete sich über mich und holte sich einen runter. Ich wollte ihm noch anbieten, ihm einen zu blasen. Aber zu spät. Er kam auf meinen Bauch. Stöhnte erleichtert, öffnete die Augen und strahlte.

Er legte sich neben mich, guckte mich an, seufzte erleichtert. »Wie vor zehn Jahren«, sagte er. Genau das ist das Problem, dachte ich. Zumindest hatte sich bei mir innerhalb meiner letzten Beziehung und in den Monaten des Singledaseins der Sex geändert. Bei Karsten offenbar seit zehn Jahren nicht. Aber so wie man sich nach Ende des Studiums persönlich entwickelt, so sollte man doch auch im Bett Neues ausprobieren. Ein fieser Gedanke, ich sprach ihn nicht aus, stand auf, suchte meine Unterwäsche, mein T-Shirt, begann, mich anzuziehen. »Ich fände es schön, wenn du bleibst«, sagte er.

Ich guckte ihn ungläubig an. »Du willst morgen neben mir aufwachen?«

Ich blieb. Wunderte mich, wollte das aber nicht thematisieren, zog mich wieder aus, legte mich auf eine Bettseite. Karsten robbte sich von hinten an mich heran, wühlte sich unter meine Bettdecke, kuschelte sich an mich, küsste meinen Nacken, umarmte mich. Es fühlte sich wieder sehr vertraut an, ich genoss es und schlummerte ein und wachte nur wenige Stunden später von Küssen und streichelnden Fingern auf. Daher weiß ich, dass er sehr wohl morgens Sex haben kann. Beim Abschied war keine Rede davon, wann wir uns wiedersehen würden. Ich fragte nicht, er sagte nichts.

Tja, und jetzt, ein paar Wochen später, hockt er auf meinem Sofa. Ich bin unentschlossen. Sollte ich ihn nicht lieber im Wohnzimmer übernachten lassen? Ich mag Karsten. Es tut so gut, dass mich jemand in den Arm nimmt, mir den Nacken krault, fragt und zuhört, erzählt und lacht, in alten Zeiten schwelgt und einfach da ist. Karsten hat seinen Teller auf dem Tisch abgestellt, sich in die eine Ecke des Sofas gesetzt und mich in seinen Schoß gezogen. Ich durfte noch mein Stück aufessen, aber jetzt wird aus dem Kuscheln Küssen, immer leidenschaftlicher. Und die Idee mit dem Sofa kommt mir plötzlich dämlich vor.

Wir gehen ins Schlafzimmer. Der Sex ist nicht besser oder schlechter als neulich im Hotelzimmer. Ich kann nicht komplett abschalten, beobachte und denke zu viel. Ich weiß nicht, ob es daran liegt, dass er verheiratet ist, dass dies hier ein Seitensprung ist. Für so moralisch halte ich mein Unterbewusstsein nicht. Aber mir fehlt Gefühl. Oder ist es einfach nur so, dass der Reiz verflogen ist? Ich weiß, dass ich Karsten haben kann. Ich weiß, dass mich der Sex zufriedenstellt. Mir reicht das aber nicht. Karsten genügt es offenbar. Er ist zu sehr auf sich, ich zu sehr auf mich fixiert.

Ich brauche Fantasien, um in die Nähe eines Orgasmus zu kommen. Ich stelle mir vor, wie Karsten meine Hände über meinem Kopf fesselt. Ich mag die Vorstellung, wehrlos zu sein. Die

Verantwortung, die aktive Rolle abzugeben. Um dem Gedanken ein bisschen Nachdruck zu verleihen, breite ich die Arme aus, kralle mich ins Laken. Karsten reagiert: Er legt seine Hände auf meine ausgestreckten Arme, übt Druck aus, hält mich fester als notwendig. Es verfehlt seine Wirkung nicht. Seine Finger sind nicht besonders stark und männlich, aber er hat mich im Griff. Karsten beobachtet mich. Ich mag nicht reden, signalisiere ihm durch mein Stöhnen, dass er alles richtig macht. Ich merke, dass ich nicht mehr weit vom Orgasmus entfernt bin, und will ihn auch nicht hinauszögern. Ich lasse die Wellen einfach kommen, spüre, wie sie sich im Körper ausbreiten, wie die Anspannung weicht, dem erfüllenden Gefühl Platz macht. Mein Post-Orgasmus-Gefühl ist innerhalb von Sekunden verschwunden. Und ich bin froh, dass Karsten nicht mehr allzu lange braucht. Das ist vermutlich der Unterschied zwischen Sex und Sex mit Gefühl, um es nicht gleich Liebe zu nennen: Der Akt ist vorbei, beide sind entspannt, aber jeder für sich. Ich finde es nicht unangenehm, dass Karsten sich an mich kuschelt, dass er meine Brüste streichelt und mir noch einen Kuss gibt. Aber früher war ich dabei verknallt und verzückt, habe vermutlich verliebt geguckt. Jetzt möchte ich nur schlafen.

Am nächsten Morgen lasse ich Karsten in meinem Bett zurück, als ich zur Arbeit fahre. Es ist ein komisches Gefühl, dass da noch jemand in meiner Wohnung ist, wenn ich gehe.

Abends wird er weg sein. Kein Zettel, keine SMS. Nur ein verschlossener Sechser-Pack Kondome auf meiner Kommode im Schlafzimmer. Das nennt man wohl Entsorgung von Beweismaterial. Ich nehme die Packung in die Hand. Irgendwie habe ich das Gefühl, dass ich diese Kondome nicht mit Karsten benutzen werde.

Ich hätte meine männerfreie Zone verteidigen sollen.

Happy Birthday to me

Geburtstagsvortag, 22.50 Uhr

Morgen ist es so weit. Also eigentlich in wenigen Stunden. Man könnte auch schon in Minuten rechnen. Ich werde älter. Das lässt sich nicht ändern. Mein erster Geburtstag als Single. Niemand wird morgen früh neben mir aufwachen, mich küssen und mir ein »Herzlichen Glückwunsch« ins Ohr hauchen. Und ich finde das just in diesem Moment dramatisch, erschreckend, beängstigend. Ich fühle mich einsam.

Für viele ist der 30. Geburtstag eine Schallmauer. Wer an dem Tag noch nicht verheiratet ist oder zumindest etwas in Aussicht hat, muss öffentlichkeitswirksam irgendwelche Treppen fegen, die immer wieder mit Konfetti oder Kronkorken bestreut werden, und zwar so lange, bis ein Dahergelaufener sich erbarmt und die alte Jungfer küsst. Mag sein, dass ich spaßbefreit bin, aber ich halte solche Bräuche für groben Unfug. Zumal sie im Kern eine Vorstellung transportieren, die ich für nicht mehr zeitgemäß halte.

Den 30. fand ich dann auch überhaupt nicht schlimm, nichts war vorbei, das Leben wunderbar. 31 zu werden brachte dann irgendwie mehr Schmerzen mit sich. Keine Ahnung, warum. Irgendwie hatte ich das Gefühl, der Alterungsprozess war jetzt gar nicht mehr aufzuhalten.

Und morgen, also gleich, dann 35. Verdammt! Das ist Mitte 30, das klingt alt, das klingt so nach »Mitte des Lebens«, wenn es denn gut läuft. Ich bin allein und fühle mich auch gerade so. Draußen ist es stockdunkel. Drinnen totenstill. Ich sitze auf mei-

nem Sofa im Schein der Stehlampe und starre auf mein Bücherregal. Ich fühle mich in Bilanz-ziehen-Stimmung, ein bisschen
wie an Silvester. Aber dieses Fazit würde nicht positiv ausfallen,
eher depressiv, und bei Tageslicht betrachtet, würde das meinem
Leben überhaupt nicht gerecht werden. Super Kindheit, liebe Familie, tolle Freunde, witzige Studienzeit, viele Reisen, quietschfi-
del, bislang kaum Rückschläge im Berufsleben, und die Aussichten sind äußerst rosig. Bin ich jetzt ernsthaft melancholisch, weil
ich keinen Mann an meiner Seite habe? Betrüge ich mich jeden
Tag aufs Neue, wenn ich meinem Spiegelbild sage, dass ich als
Single totalsuperduperglücklich bin? Würde ich anders auf das
anstehende Lebensjahr blicken, wenn jetzt ein Typ auf meiner
Couch sitzen würde?

Nein. Nicht ernsthaft. Denn mein Lebensglück hing nie und
wird nie von einem Mann an meiner Seite abhängen. Dafür bin
ich schon selbst verantwortlich. Natürlich sind manche Stunden
zu zweit schöner, bestimmte Situationen leichter. Andere Entscheidungen dafür schwerer und einige Momente anstrengender.

Es ist nun mal so, wie es ist: Ich bin Single, und heute Abend
wird sich das nicht mehr ändern. Morgen habe ich frei, und ich
habe einen Haufen Menschen eingeladen. Tag der off'nen Tür,
jeder darf kommen, wann er will, mein Backofen wird glühen,
erst für Kuchen, dann für Pizza. Sektkorken werden knallen,
Bierflaschen ploppen. Ich werde wieder die perfekte Hausfrau
und Gastgeberin sein. Es wird schön sein und nicht einsam. Aber
jetzt will ich einfach nur ins Bett und schnell einschlafen, damit
ich nicht um 24 Uhr merke, wie ich älter werde. Vielleicht ist es
dann nur halb so schlimm. Wenn ich dann morgen früh aufwache, ist es eh zu spät zum Jammern, dann muss ich mit der Lage
fertig werden und Hefeteig ansetzen.

Zähne putzen, ausziehen, unter die Decke kuscheln, einschlafen. Der Part war schnell erledigt. Nur hatte ich vergessen, das Handy auf lautlos zu stellen. Ich wache vom WhatsApp-Ton auf.

> Ich hoffe, du stößt gleich mit Champagner auf dich und dein neues Lebensjahr an. Freu mich auf morgen.

Juli. Na toll. Ich schreibe ihr, dass ich Mitternacht eigentlich verschlafen wollte, damit ich nicht merke, wie ich älter werde.

> Ha, ha. Du hast sie doch nicht mehr alle! Das tut doch nicht weh!

> Du hast gut reden! Du hast das schon hinter dir.

> Ach, komm schon. So viel hast du dir ja noch nie aus deinem Geburtstag gemacht.

> Ja, stimmt. Aber gleich liegt hier keiner und gratuliert mir zärtlich mit einem Kuss. Das ist neu.

> Dein Ex hat sich jetzt auch nicht wirklich ein Bein für dich ausgerissen.

Da muss ich Juli recht geben. Natürlich gab es liebe Glückwünsche, aber ein großes Freudenfest wurde an meinem Geburtstag von seiner Seite nicht veranstaltet. Er fand seinen eigenen Geburtstag nicht wichtig, also war es meiner auch nicht. Simple Logik. Nach drei, vier Jahren in unserer Beziehung beschlossen wir, dass wir uns nichts mehr schenken wollten. Wir? Von mir kann die Idee eigentlich nicht gewesen sein, denn ich liebe es, zu schenken und Geschenke zu bekommen. Ich brauche keine Tage oder Anlässe, um jemandem zu zeigen, dass ich ihn mag, an ihn denke. Es ist so einfach. Aber je häufiger ich das betonte, desto mehr verweigerte er sich der kleinen Gesten. Blumen kaufte ich mir stets selbst. Ich schenkte unbeirrt weiter, wenn ich etwas sah, was zu ihm passte. Es ging mir nie um das Rückgeschenk, eher um die Wertschätzung meiner Geschenke.

> Jetzt steh auf. Geh zum Kühlschrank. Öffne eine Flasche und feiere dich selbst.

Juli hat Recht. Jammern hilft nicht. Alkohol zwar auch nicht, aber Würde. Also schlage ich die Decke zurück, ziehe ein schwarzes Negligé aus der Unterwäscheschublade (wenn schon, denn schon) und tapse in die Küche. Aus Mangel an fehlenden Gardinen vor dem Küchenfenster hoffe ich, dass meine Nachbarin gegenüber nicht für eine nächtliche Rauchpause auf den Balkon muss. Im Kühlschrank lagern die Crémant-Flaschen für die Gäste. Eine weniger wird schon nicht so schlimm sein. Plopp! Dazu ein schönes Sektglas und zurück unter die Bettdecke. Fünf Minuten noch. Vortrinken bringt bestimmt Unglück, also warte ich geduldig, mache ein Selfie und schicke es Juli.

> Auftrag ausgeführt. Auf mich, die 35 und das Singleleben.
> 🎉 👍 👍 👍 🍸 🍸 🍸
> Morgen Abend stoßen wir dann richtig an.

Ach, schon gut, dass man sich auch mitten in der Nacht auf Freunde verlassen kann. Dank Smartphone ist man nie so richtig einsam. Wenn man jemanden braucht, ist eigentlich immer jemand anschreibbar. Und wenn niemand verfügbar ist, bläst man es in das weite Internet per Facebook oder Twitter hinaus. Da hört mich dann schon jemand.

Geburtstag, 0 Uhr

Ka-Tsching! Zwölf Uhr. Ein Prosit der Gemütlichkeit! Auf dich, meine Liebe! Ich erhebe das Glas in die Halbdunkelheit des Schlafzimmers. Hier liegt noch nicht mal ein Kuscheltier, das Anteil nehmen könnte. Aber jetzt finde ich es überhaupt nicht schlimm. Die 35 tut kein Stück weh, der Crémant perlt. Gut, dass ich auf Juli gehört habe. Ich habe noch nicht mal den ersten Schluck getrunken, da piept das Handy bereits. Glückwünsche. Stellt sich da jemand ernsthaft den Wecker, um mir zu gratulieren? Kinder, ihr solltet alle längst schlafen. Es ist schön, dass Juli an mich denkt und Freunde, die noch wach sind oder dort wohnen, wo man schon wieder wach ist. Ich schenke mir noch ein zweites Glas ein und bedanke mich artig bei den Gratulanten. Den Rest der Flasche stelle ich wieder in den Kühlschrank, kuschel mich in meine Kissen und breite mich noch ein wenig mehr in meinem Bett aus. Halb voll! Pah! Es wäre doch gelacht, wenn ich die 160 Zentimeter nicht auch allein ausfüllen könnte.

Geburtstag, 7 Uhr

Der Wecker klingelt. Durch die dünnen Gardinen lässt sich erahnen, dass die Sonne es geschafft hat. Ich strecke mich einmal quer übers Bett, ziehe die Gardine zur Seite. Tatsächlich: Blauer Himmel, zwar noch kühl, aber schon spürbar Frühling. Aufstehen, duschen, anziehen, ab in die Küche. Ich will Hefeteig ansetzen. In der Kühlschranktür sehe ich die geöffnete Crémant-Flasche. Am Geburtstag darf man schon vorm Frühstück ein Schlückchen, entscheide ich. Während ich Butter schmelzen lasse und Hefe zerbröckele, nippe ich am perlenden Getränk. Es geht direkt ins Blut beziehungsweise in den Kopf. Puh, den Pegel dann konsequent zu halten, wird anstrengend werden. Also lieber Kaffee und Müsli, denke ich, als der Teig unter dem Geschirrhandtuch in seiner Schüssel ruht. Zum Frühstück gibt es den ersten Blick auf weitere WhatsApp-Nachrichten, Mails und Facebook-Gratulationen. Ich like, bedanke mich und antworte. Sicher, ein Halbsatz im sozialen Netzwerk, das auch noch auf den Geburtstag hinweist, sobald man sich einloggt, ist jetzt kein Wunderwerk. Aber dennoch freue ich mich über die vielen kleinen Nachrichten. Menschen denken an mich, wenn auch nur für 30 Sekunden.

Kurz vor neun Uhr ruft mein Vater an und gratuliert mir knapp, aber herzlich aus dem Büro. Ich gieße mir zur Sicherheit noch ein weiteres Glas Crémant ein, da ich ahne, wer sich als Nächstes melden wird. Meine Mutter. Und natürlich wird sie unweigerlich auf mein Alter zu sprechen kommen. Was bietet sich an einem Geburtstag mehr an? Vielleicht kann ich das mit ein wenig Schaumwein besser parieren.

»Herzlichen Glückwunsch, Toni. Wie geht's dir? Arbeitest du heute gar nicht?«

»Danke, Mama. Nein, ich habe mir freigenommen und Freunde eingeladen.«

»Und dann bist du schon wach? Warum bist du nicht irgendwo hingefahren?«

»Allein?«

»Ja, oder mit einer Freundin oder einem Freund.«

»Nö, ich wollte lieber feiern und Menschen um mich herum haben.«

»Geht es dir wirklich gut, Toni?«

»Ja, warum denn nicht, Mama?«

»Na, sonst machst du doch auch alles allein.«

»Ja, aber irgendwie hatte ich Angst, dass ich mich an meinem Geburtstag allein fühlen würde. So der erste als Single ...«

»Na, komm schon, dein Ex hat sich an deinem Geburtstag

auch nie freigenommen, um mit dir zu feiern.« Meine Mutter war heute erstaunlicherweise auf meiner Seite. Ein Geschenk.

»Hast du ihn eingeladen?«

»Ja, ich hab ihn schon ein paar Wochen nicht mehr gesehen. Freu mich sogar auf ihn. Es wäre irgendwie komisch, wenn er nicht kommen würde. Ich glaube auch nicht, dass ich sonderlich schwermütig werde. Momentan habe ich das ganz gut im Griff.«

»Und sonst so? Was machen die Männer?« Da ist sie wieder, diese Frage. Auch, wenn meine Mutter sehr liberal und entspannt ist, kann ich ihr wohl kaum von meinem Dreier mit Johannes und Richard erzählen. Auch, dass ich immer noch Jurij ein wenig nachhänge, will ich ihr gegenüber nicht zugeben. Sie hatte das von Anfang an für ziemlichen Quatsch gehalten, dass ich in seine Stadt fuhr. Ich erzähle von dem missglückten Happn-Date, bei dem ich an Leberwurstbrote hatte denken müssen, und von Max, den ich eigentlich gar nicht treffen wollte, dann aber einen sehr vergnüglichen Abend hatte.

»Und wie ging's da weiter?« Jetzt war die Neugierde meiner Mutter geweckt.

»Gar nicht.«

»Wie, gar nicht? Der lädt dich doch nicht ein, am nächsten Tag noch mal zum Kaffee, holt dich eine Woche später vom Büro ab und verschwindet dann in der Versenkung!«

»Doch. Genau so. Ich habe keine Ahnung. Ich habe ihm jetzt noch mal eine letzte Chance gegeben und ihn für heute Nachmittag eingeladen. Aber er hat sich nicht gemeldet, und ich weiß schon jetzt, dass er nicht kommen und nicht absagen wird. Habe ich so im Gefühl.«

»Weißt du, Toni, dann hat er es auch nicht verdient – weder dich noch deinen Kuchen.«

»Guter Hinweis, Mama. Ich muss hier mal weitermachen, sonst gerät mein Backplan durcheinander.« Man soll ja immer aufhören, wenn es am schönsten ist. Das gilt auch für Telefonate mit der eigenen Mutter. Eh man sichs versieht, schwingt die Stimmung um, und es geht wieder gegen mich. Nein, heute nicht. Heute bitte nur Friede, Freude, Eierkuchen. Apropos, zurück zum Teig. Vielleicht noch ein Schlückchen? Ja, bitte, danke.

Geburtstag, 12.35 Uhr

Es klingelt. Irgendwie habe ich mich noch immer nicht an den Ton gewöhnen können. Wer das wohl sein mag? Ich hatte zwar zum »Open Door Day« eingeladen, aber bewusst erst ab 15 Uhr. Sonst würde ich nie drei Kuchen und Pizzateig fertigbekommen. Kann also nur der Postbote sein. Ob ich den auf einen Sekt einladen darf?

Es ist nicht der Postbote, sondern Dennis.

»Ich wollte dich als Erster drücken, beglückwünschen und beschenken«, sagt er, noch während er die Treppe hochhechtet. Wow! Was für eine Ehre. Vielleicht war seine Frage, ob es einen anderen Mann in meinem Leben gebe, doch nicht so uneigennützig. Wobei, wir hatten in den vergangenen Wochen so wenig Kontakt … Hätte er Interesse, hätte er schon genügend Zeit gehabt, um sich ins Zeug zu werfen.

»Ich bin doch der Erste?«, fragt er und guckt neckisch. Was er wohl sagen würde, wenn ich einen nächtlichen Gratulanten gehabt hätte.

»Ähhh, ja, also zumindest physisch.«

»Telefon und WhatsApp zählen nicht. Facebook erst recht nicht. Unpersönlicher geht es ja nicht«, sagt er und hält mir einen riesigen Tulpenstrauß vor die Nase. 50 Stück, in Gelb. Ich weiß, dass es die beim Blumenladen ein paar Straßen weiter relativ günstig gibt, aber ich bin dennoch sprachlos. Blumen! Wie lange ist es her, dass mir jemand Blumen geschenkt hat? Ich strahle Dennis an.

»Wow, komm rein. Ich glaub, ich habe gar nicht so eine große Vase. Was möchtest du trinken? Kaffee? Tee? Ich habe auch schon Crémant auf. Oh, vielen Dank. Das ist großartig.« Ich überschlage mich fast vor Freude.

»Kein Alkohol, ich bin auf dem Weg zurück zur Arbeit. War grad in der Mittagspause. Ich wollte nur mal kurz reingucken, nachher ist hier ja die Hölle los. Mensch, das riecht aber schon gut.«

»Leider noch nicht ganz fertig, der Cheesecake muss noch ziehen und kalt werden. Der Hefeteig für die Zimtschnecken geht noch.«

Dennis und ich plaudern ein wenig über Sport, Arbeit, dies und das. Ich verteile die Tulpen währenddessen auf drei Vasen. Viele Blumen dürfen dann heute nicht mehr kommen. Nach 15 Minuten ist Dennis wieder weg. Ich backe weiter im Programm und grinse – jetzt auch ganz ohne Alkoholeinfluss – vor mich hin. Der Tag läuft gut. Besser als erwartet.

Geburtstag, 15.45 Uhr

Ab jetzt ist Leben in der Bude. Mein Wohnzimmer ähnelt einem Kindergarten, dabei sind gerade mal vier Mütter mit ihrem Nachwuchs samt Decken, Spielzeug und Wickeltaschen gekommen. Drei weitere haben abgesagt, weil sie oder die Kinder krank sind oder die Babysitter im Stau stehen. Ein weiteres Mal bin ich froh, dass ich mich nicht um diese Probleme kümmern muss. »Dafür habe ich andere«, denke ich. Aber die werden heute weitestgehend verdrängt. Ich gucke belustigt auf das Ensemble aus krabbelnden Kindern, serviere Kaffee in nur halbvollen Tassen, damit die Mütter Aktionsmöglichkeiten haben und schnell aufspringen können, wenn der nächste Wurm mein Bücherregal angreift. Ich finde das alles herrlich amüsant. Kunststück, ich habe es ja auch nur einmal im Jahr und muss nur einmal am Abend wieder aufräumen. Während ich weiter in der Küche wirbele, machen sich die Mütter untereinander bekannt, man hat schnell gemeinsame Themen – und doch geht jede anders mit ihrem Kind um. Ich finde das interessant zu beobachten. Dass ich selbst mal an ihrer Stelle sitze, kann ich mir auch heute nicht vorstellen. Und wenn die biologische Uhr mit 35 noch nicht tickt, dann ist sie bei mir wohl einfach nicht eingebaut.

Geburtstag, 18.20 Uhr

Schichtwechsel. Drei Väter kommen vorbei. Der eine holt seine Frau samt Kind ab, der andere nur das Kind, der dritte kommt und klatscht kurz mit seiner Frau ab. »Die Kleine muss zu Hause essen.« Ich kann es sogar verstehen, denn mittlerweile ist meine Wohnung wirklich voll, also so richtig voll. Im Hausflur stapeln sich Schuhe, mein Bett ist ein Jackenlager, ich komme zwischen Herd, abwaschen und Pizza-Belegen ganz schön ins Schwitzen. Alle wollen helfen, aber irgendwie möchte ich alles allein machen. Es macht Spaß, wenn ich für meine Freunde da sein kann. Es sind auch alle da. Bis auf einen. Meinen Ex. Na, er kommt immer zu spät, warum sollte sich das geändert haben, tröste ich mich.

Geburtstag, 22.10 Uhr

Er ist noch immer nicht da, und damit auf dem besten Wege, mir diesen bislang so schönen Tag zu versauen. Juli merkt, dass etwas mit mir nicht stimmt.

»Was ist los?«

»Er ist nicht da. Er hat sich nicht gemeldet, den ganzen Tag noch nicht. Hat er mich vergessen?« Juli nimmt mich in den Arm.

131

»Ach, komm. Du weißt doch, wie er ist, immer zu spät, und Geburtstage sind ihm nicht wichtig. Lass dir deine gute Laune nicht vermiesen und denk an deinen Pegel. Hier, trink noch einen Crémant.«

»Nein, ich hatte genug heute, und Alkohol verstärkt meine Melancholie-Tendenz.«

Es ist fast 22.30 Uhr, als es drei Mal kurz hintereinander an der Tür klingelt. Da ist er. Ich stehe ungeduldig an der Türschwelle und blicke ihm entgegen. Küsschen links, Küsschen rechts, herzlichen Glückwunsch. Ja, ich gebe zu, ich hatte auf Blumen gehofft oder ein persönliches Geschenk. Er hat sich am Gruppengeschenk beteiligt. Das reicht ja. Ich freue mich, ihn zu sehen, und merke, wie sich mein Fokus auf ihn lenkt. Ein halbes Jahr wohne ich jetzt allein. Wir haben uns zwischendurch ab und an gesehen, selten allein, mal gezofft, aber überwiegend sind wir sehr gesittet miteinander umgegangen. Ein Gedanke wächst in mir: Vielleicht könnten wir einen zweiten Versuch starten? Ich versuche, ihn schnell wegzuwischen, indem ich Teller zusammenstelle und in die Küche trage.

»Na, was löst er bei dir aus?« Dennis scheint mich beobachtet zu haben. Ich zucke mit den Schultern.

»Ich weiß es nicht. Zu viele unterschiedliche Gefühle, die ich nicht greifen kann.«

»Schlag dir einen neuen Anlauf aus dem Kopf, Toni. Du verklärst die Vergangenheit, die noch nicht sehr lang her ist. Denk mal in Ruhe darüber nach, warum du dich getrennt hast und wie reiflich du diesen Entschluss bedacht hast. Nur, weil du Mitte 30 bist und nach ein paar Monaten noch Single, brauchst du ihn nicht wieder aufzuwärmen.«

Eigentlich nicht mehr Geburtstag, 0.45 Uhr

Es ist wieder still in der Wohnung, und ich blicke auf das herrliche Chaos. Ich habe den gesamten Tag über kein Unbehagen verspürt. Ein bisschen Trübsal in der Stunde mit dem Ex. Aber Dennis' Anregungen haben mir geholfen. Jetzt vermisse ich niemanden. Ich stehe allein in der Küche und wasche ab. Ja, es ist etwas schade, dass mir zum Ausklang niemand einen Geburtstagskuss aufdrückt. Aber ich hatte einen ausgefüllten Tag mitsamt Momenten der Nachdenklichkeit. Ich habe das Gefühl, dass es nicht tragisch ist, keinen Partner zu haben, wenn man Freunde hat. Es wird sicherlich noch den einen oder anderen Moment geben, den ich allein schwerer ertrage, und vielleicht wird der zweite Singlegeburtstag ganz scheußlich – aber das ist ja noch zwölf Monate hin.

Die Nummer auf der Pommespappe

Kurz nach meinem Geburtstag wird es Frühling. Manchmal auch schon ein paar Tage früher. Aber in diesem Jahr hat die Wärme Anlaufschwierigkeiten. Das Grau und dieses kalte Nass ziehen sich in den Mai hinein. Die Osterglocken kamen zu spät, die Krokusse, die sich im Park rausgewagt hatten, erfroren kümmerlich. Es passt zu meiner Stimmungslage. Mir ist nicht nach Frühlingsgefühlen. Eigentlich hatte ich erwartet, dass ich in meinem ersten Frühling als Single durchdrehen würde vor lauter Hormonen. Klamotten aus! Es wird Sommer! Nichts dergleichen. Von mir aus kann es Winter bleiben und ich bleichgesichtig.

Nach ein paar Frühlingstagen wandelt sich die Stimmung bei mir zögerlich, aber kontinuierlich. Plötzlich werden die Menschen alle so schön! Sie legen ihr Winterfell ab, gehen wieder raus, zeigen sich und strahlen mit den ersten warmen Sonnenstrahlen um die Wette. Ich kann mich dem nicht entziehen. Mehrfach verhindere ich Rad-Auffahrunfälle nur im letzten Moment. Ich konzentriere mich zu sehr auf bärtige Passanten anstatt auf entgegenkommende Radler oder Schlaglöcher. Ich will auch wieder raus – flanieren, tanzen, mich zeigen, gucken.

Auch heute ist einer dieser ersten warmen Frühlingstage. Eigentlich perfekt für ein Getränk draußen. Leider muss ich lange arbeiten, ein Außendreh für einen Kunden. Zumindest kann ich währenddessen in der Sonne stehen, an einer Brause nippen und gut aussehen. Immer und immer wieder müssen die Einstellungen wiederholt werden. Das dauert … Es ist schon nach 20 Uhr, und eigentlich wäre es an der Zeit, nach Hause zu fahren. Aber ich bin gerade in der Nähe von Julis Wohnung und tippe eine Nachricht an sie.

> Wie sieht's aus? Noch ein Getränk an diesem lauen Sommerabend ;-)?

> Bin nicht zu Hause, sondern bei dir ums Eck. Komm du doch hierher, sitze mit Nele und ein paar Freunden im Beachclub.

Für Sand zwischen den Zehen ist es nun wirklich noch viel zu kalt, aber egal. Hin da, raus jetzt.

Ich hocke mich zu der Mädelsrunde in einen der Liegestühle. Es ist eine wahre Hühnerrunde, fröhlich, kichernd, etwas überdreht. Was nach dem ersten Prosecco nicht wirklich besser wird. Nele findet den Typen hinter der Bar heiß, traut sich aber nicht, ihn anzusprechen. Irgendwie sind wir doch alle immer noch Teenies. Mit 16 glaubt man, dass man mit Mitte 20 verheiratet sein und mit dem Mann seiner Träume ein Haus bauen wird. Mit Mitte 20 ahnt man, dass mit Anfang 30 alles in festen Bahnen verlaufen wird. Und dann ist man 35 und stellt fest, dass man noch immer Angst hat, einen Kerl nach seiner Telefonnummer zu fragen. Gut, andere lassen sich in diesem Alter schon wieder scheiden. Die Probleme sind also nicht mehr überall dieselben, aber jeder hat welche. Irgendwie beruhigend.

Als die nächste Getränkerunde fällig wird, schnappe ich mir Nele und gehe mit ihr zur Bar. Ich bin zwar selbst nicht gut im Flirten, aber ich kann andere gut beraten.

»So, Nele, ich guck mir den Kerl jetzt mal an, und dann organisieren wir dir seine Nummer.«

»Der wird doch bestimmt dutzendfach am Tag gefragt.«

»Na und? Aber nie von so einer heißen Braut, wie du es bist.«

»Pfff, guck dich doch mal um. Alle jünger hier.«

»Eben, was sollte der mit so einem jungen Hüpfer anfangen wollen.«

Na gut. Der Auserwählte ist selbst nicht gerade alt. Vermutlich noch unter 30. Dafür groß und auf den ersten Blick durchtrainiert. Ein Cap hängt lässig auf langen Haaren. Das dünne Sweatshirt ist am Hals so ausgeleiert, dass man seine Tattoos auf der Schulter erahnen kann. Okay, diese Typen wollen nicht das, was Nele will. Sie will einen festen Freund, Treue, eine Familie, ein Kind. Aber nehmen wir das doch einfach mal als Trainingsgebiet. Irgendwo muss man ja anfangen.

»Nele, ich bestelle die Proseccos, du die Schnäpse. Frag ihn, ob er dir tragen hilft.«

»Das kann ich doch nicht machen, Toni«, zischt sie zurück.

»Klar kannst du. Sonst mache ich das.«

Als wir an der Reihe sind, bestelle ich vier Proseccos, Nele schiebt ihre Bestellung hinterher.

»Coole Kombi«, antwortet der Typ. Ich trete Nele mit meiner Schuhspitze in die Wade. Doch anstatt nach Tragehilfe zu fragen, sagt sie nur: »Autsch.«

»Wir haben was zu feiern«, sage ich schnell.

»Echt, was denn?«, fragt er. Ja, gute Frage … Was denn …

»Ähm, die ersten Frühlingstage«, sage ich. Ein Kracher ist das nicht, aber mir fällt auf die Schnelle nichts anderes ein.

»Na, dann viel Spaß. Prost, Mädels.« Unterhaltung gekappt.

Wir balancieren die Gläser durch den Sand zurück zur Gruppe.

»Die nächste Runde muss jemand anders mit Nele holen. Ich tauge als Wingwoman ganz offensichtlich nicht.«

»Na, so toll ist der jetzt nun auch nicht«, sagt Nele.

»Äh, äh, äh, jetzt keinen Rückzieher machen. Das ist jetzt ein Training, basta.«

»Trainier du doch, Toni, wenn du unbedingt willst.« Eigentlich hat sie recht. Warum nicht einfach mal so zum Spaß …

Hemmungen abbauen, es kann ja nicht viel passieren. Gar nicht erst die großen Hürden entstehen lassen.

Wir sitzen noch eine ganze Weile in den Liegestühlen. Es ist mittlerweile stockdunkel und schon ziemlich kühl. Rings um uns herum brennen Fackeln, ein paar Meter entfernt ein Lagerfeuer. Die Musik ist entspannt. Die bunten Lampions wackeln minimal im Wind. Das könnte ein guter Sommer werden. Jetzt habe ich plötzlich große Lust drauf. Gegen 23 Uhr sammeln wir unsere Gläser ein und tragen sie zur Bar.

»Letzte Chance, Nele«, sage ich. »Juli, vielleicht könntest du ja diesmal assistieren.« An der Bar ist nicht mehr viel los. Nele und Juli verwickeln den Langhaarigen tatsächlich in ein Gespräch. Ich halte mich abseits und blödele mit den anderen Mädels rum. Plötzlich stehen zwei Typen neben uns und mischen sich ins Gespräch ein.

»Was macht ihr denn noch hier? Müsst ihr morgen nicht arbeiten?«, fragt der eine.

»Nö, erste Stunde fällt aus«, sage ich und kichere los.

»Bist du Lehrerin?«

»Wieso? Sehe ich schon so alt aus?« Irgendwie glaube ich gerade selbst nicht, was ich sage. Der Typ grinst.

»Kann ich mal deinen Ausweis sehen?«

»Wieso? Bist du Polizist?«

»Nein, aber du gleich festgenommen.« Oh weia, der hält ja mit. Da Juli und Nele offensichtlich länger brauchen, setze ich mich auf eine der Bierbänke. Gegenüber nimmt der witzige Polizist Platz. Er packt einen Schokomuffin aus seiner Papiermanschette aus und sagt: »Sorry, komme gerade vom Sport, habe tierischen Hunger.«

Mmh, es ist 23 Uhr, es ist dunkel, das kann ja nur im Fitnessstudio sein, überlege ich.

»Ziemlich naheliegend, sich dann noch an einem Muffin zu vergreifen«, sage ich flapsig.

»Es gab nichts anderes. Die Küche hatte schon zu.«

»Was machst du denn sportlich?«

»Wir spielen Handball«, sagt er. Ja, das passt. Er ist ziemlich groß und breitschultrig. Die Haare sind raspelkurz. So kurz, dass ich nicht mal erkenne, ob sie blond oder braun sind. Das kann aber auch an der Dunkelheit liegen. Seine Augen hat er hinter einer großen Hornbrille versteckt.

»Und du? Machst du auch Sport?«

»Ich laufe.«

»Also, du joggst ab und zu mal um die Alster.«

»Ich würde es nicht joggen nennen, aber meistens an der Alster.«

»Oh, Madame ist ambitioniert.« Und raus! Jetzt nervt er mich schon. Warum verschreckt man Männer ständig, wenn man sportlich ist? Wollen sie nicht alle diese schlanken Hüpfer mit Knackarsch? Glauben die, das kommt von allein? Oder vom Salatblattknabbern? Gut, ich werde nie gertenschlank werden, da kann ich noch so sehr an Möhrchen lutschen. Mein Körper ist einfach nicht so beschaffen, und ich liebe Essen viel zu sehr, als dass ich mich einschränken wollen würde.

»Toni, wie sieht's aus, kommst du mit uns mit?« Juli ist immer da, wenn man sie braucht.

»Auf jeden Fall!«, rufe ich rüber. Ich kann nicht genau sagen, wieso, aber aus einer Laune heraus greife ich mir eine leere Pommespappe, die auf dem Tisch liegt, kritzele meine Nummer drauf, darunter meinen Namen und schiebe sie dem Handballer hin.

»Hier, falls du mal joggen gehen willst.« Ich drehe mich um und gehe zielstrebig auf Nele und Juli zu.

»Und? Wart ihr erfolgreich?«, frage ich. Nele hält triumphierend einen Zettel mit einer Nummer hoch.

»Na, dann hoffen wir mal, dass es auch seine ist«, sage ich. Wir ziehen kichernd von dannen. »Mädels, wisst ihr, wie es richtig geht? Selbst die Nummer ausgeben, ungefragt. Habe ich gerade gemacht. Taddaaaaa!«

»Bei wem denn?«, fragt Juli.

»Da kamen so zwei Typen, der eine setzte sich zu mir. Keine Ahnung, wie er heißt.«

»Und du gibst ihm deine Nummer?« Nele klingt entsetzt.

»Ja, aus Spaß. Der meldet sich doch eh nie.« Ich lache hysterisch. Was für ein Abend! Kann man öfter machen.

Am nächsten Morgen stehe ich im Bad und föhne meine Haare. Ich sehe noch ein wenig zerknittert aus. Länger schlafen, also früher ins Bett gehen, wäre eine Option. Aber in den nächsten Wochen wird das wohl schwer werden. Der Frühling muss genutzt werden. Mein Handy piept.

> Hi Toni, hier ist Tobias.

Wer ist denn Tobias? Die Nummer ist nicht in meinem Adressbuch gespeichert. Der nächste Piepton bringt Auflösung.

> Der Handballer von gestern Abend aus dem
> Beachclub. Ich frage mich gerade, ob ich dich
> jetzt zum Laufen treffen will oder auf ein normales Date.
> Wie sieht es bei dir Freitagnachmittag aus?

Oh, das ist ja mal eine Überraschung. Ein Date? Der kommt ja auf Ideen … Ich antworte sofort.

> Dann lass uns laufen gehen. Aber ich arbeite am Freitag
> mindestens bis 19 Uhr. Lieber am Samstagmorgen.

> Ich sollte dir vielleicht noch sagen,
> dass ich für einen Halbmarathon trainiere,
> also auch läuferisch nicht so ganz unfit bin.

> Super, das passt doch prima.

> Wo wohnst du denn?

> In der Schanze.

> Ich in Winterhude.

> Na, dann liegt die Alster doch in der Mitte.

> Ich überlege mir mal was.

Was gibt es denn da zu überlegen? Die Alster ist perfekt. Wir machen einen Treffpunkt aus und laufen einmal drum herum. Durch das Getippe ist mein Zeitplan ins Wanken gekommen, und ich muss mich beeilen. Um neun Uhr ist das erste Meeting in der Agentur. Also geht es heute ohne Frühstück los.

Am nächsten Tag kommt wieder eine Nachricht von Tobias.

> Hi, hast du heute Abend schon was vor?

Moment mal, wir sind doch für Samstag verabredet. Wir haben Mittwoch … Warum gibt der so Gas?

> Leider ja, sorry.

Mehr schreibe ich nicht. Der soll sich mal nichts einbilden. Am Abend schicke ich aber noch mal eine Nachricht hinterher.

> Tut mir leid, dass ich heute so kurz angebunden war, ich hatte viel zu tun.

Ich muss ja nicht gleich die Zicke raushängen lassen. Vielleicht ist er ein netter Trainingspartner, zum Laufen oder zum Flirten oder sogar beides.

Am Samstagmorgen bin ich ein bisschen aufgeregt und überlege, was ich anziehen, ob ich mich schminken soll. Vor dem Lauf! Mach ich sonst nie. Aber ein bisschen Mascara kann ja nicht schaden, dann sehen die Augen ein bisschen wacher aus. Wir treffen uns am Cliff. Bis dahin brauche ich 15 Minuten, ich bin spät dran. Wenigstens ist schönes Wetter.

»Hi.« Tobias strahlt übers ganze Gesicht, nimmt seine Sonnenbrille ab und will mich umarmen.

»Vorsicht, bin schon etwas verschwitzt.«

»Nimm mal deine Brille ab, damit ich dir in die Augen gucken kann.« Ich tue wie geheißen, komme mir dabei aber ein bisschen dämlich vor.

»Ist tatsächlich die Gleiche wie am Montag«, sagt Tobias. Als ob er mir in der Dunkelheit in die Augen hätte gucken können.

»Wir laufen übrigens nicht um die Alster«, verkündet er. Wir laufen den Leinpfad hoch und am Alsterlauf entlang. Oho, der Mann hat sich etwas überlegt, wie angekündigt. Wir laufen in einem sehr gemütlichen Tempo los. Man könnte es wirklich joggen nennen. Aber mir soll es recht sein. So können wir in Ruhe quatschen, und ich kann herausfinden, ob ich mich mit dem Mann auch außerhalb des Sports mal treffen wollen würde. Er fragt viel und hat selbst interessante Sachen zu sagen. Es ist nicht nur dieses oberflächliche Blabla, sondern er erzählt mir gleich viel von seiner Familie. Dass sein Vater früh gestorben ist, sein Bruder in Paris lebt, das Verhältnis zu seiner Mutter sehr eng ist. Er erzählt von seinen Hobbys und von den Reisen, die er plant. Wir bleiben an einer Bank stehen und setzen uns. Nicht, weil einer von uns beiden nicht mehr kann, sondern weil wir uns beide auf das Gespräch konzentrieren wollen. Selbst, wenn keiner von uns beiden spricht, ist es nicht unangenehm. Wir gucken dann beide aufs Wasser, auf vorbeiziehende Enten, Ruderer und beobachten Stand-up-Paddler, die ganz offensichtlich das erste Mal auf den Brettern stehen.

»Hast du das schon mal gemacht?«, frage ich.

»Nein, aber würde ich gern mal. Und du?«

»Ich auch noch nicht. Steht aber ganz oben auf meiner Bucket List für diesen Sommer.«

»Wollen wir das zusammen machen?«

»Gern, aber vielleicht warten wir damit noch ein paar Wochen. Bis das Wasser wärmer ist. Denn ich sehe mich da schon drin liegen.«

Es geht mir alles ein wenig zu schnell. Ich mag Tobias, er ist nett und witzig. Aber was will er? Will er mich abschleppen? Will er eine Beziehung? Und was will ich? Ich hatte doch erst noch am Montag im Beachclub zu Juli gesagt, dass ich mich unter gar keinen Umständen in diesem Frühling oder Sommer verlieben will. Ich will frei sein, mein Singleleben erst mal in vollen Zügen genießen. »Außerdem will ich mal allein in den Urlaub fahren, so wie du das immer machst«, hatte ich zu Juli gesagt. In den vergangenen Jahren war ich nie allein unterwegs gewesen. Zwar auch nicht mehr zu zweit mit meinem Ex, aber immer in einer größeren Gruppe. Ich will mich auch hier auf neue Pfade wagen. Noch habe ich nichts gebucht. Ich bin auch noch unentschlossen, wohin und wie. Ich weiß nur, dass ich mich keiner Gruppe anschließen werde. Allein beim Gedanken an eine Singlereise schüttelt es mich. Unweigerlich tauchen Bilder in meinem Kopf auf, von Menschen mit olivfarbenen Trekkinghosen und Multifunktionsjacken. Abends sitzt man am Lagerfeuer zusammen und erzählt sich seine Lebens- beziehungsweise Leidensgeschichte.

»Ist dir kalt?« Mein Schütteln war wohl nicht nur gedanklich.

»Ein bisschen. Wollen wir mal wieder zurücklaufen?«

Nach mehr als zwei Stunden, wovon wir nur die Hälfte gelaufen sind, trennen sich unsere Laufwege. Wir verabschieden uns mit einer Umarmung.

»Wiederholen wir das?« Tobias klingt fast ein bisschen hoffend.

»Sehr gern. Gern auch ohne sportliche Betätigung«, sage ich. Ich kann mir tatsächlich auch einen Abend mit ihm vorstellen, auch wenn ich nicht weiß, was danach kommen soll. Irgendwie fühlt sich das hier nach mehr als einem One-Night-Stand an.

»Heute Abend gleich?« Oh, jetzt gibt er aber richtig Gas.

»Geht nicht, ich bin mit zwei Kolleginnen zum Essen verabredet. Wir müssen unsere Prämien für das letzte Projekt in Essen und Trinken umwandeln. Wie wäre es mit Montag oder Dienstag?«

»Okay, dann Montagabend.«

Wir schweigen natürlich nicht bis Montag. Noch am Abend schicken wir WhatsApp-Nachrichten und Bilder hin und her. Er vom Grillen mit Freunden aus dem Park, ich von meinem tiefen Rückenausschnitt.

Am Sonntag bin ich mit Juli unterwegs. Wir halten unsere Nasen in die Sonne, trinken Kaffee, ich erzähle ihr von der Laufrunde mit Tobias.

»Hehe. Toni und Tobi. Das klingt doch irgendwie witzig«, sagt sie.

»Hör auf, ich will doch gar keine Beziehung. Außerdem muss ich den erst mal kennenlernen. Vielleicht will er mich nur ein bisschen daten und eine Bettgeschichte.«

»Dafür gibt er sich aber enorm viel Mühe. Das könnte er bestimmt einfacher haben«, sagt Juli. Ja, da hat sie recht. Aber es macht mir ein wenig Angst. In diesem Moment kommt eine WhatsApp von Tobias.

> Hi, was machst du? Lust auf einen Drink in der Sonntagssonne?

»Boah, der drängelt mir schon ein bisschen zu sehr«, sage ich und antworte nicht. Erst mal nicht. Später schreibe ich, dass ich noch arbeiten muss. Das stimmt sogar ein bisschen. Eine Präsentation für einen Pitch muss bis morgen Mittag fertig sein. Ich würde das sicherlich auch am Montagvormittag schaffen, aber sicher ist sicher, und ein entspannter Wochenstart ist auch nicht verkehrt.

»Lass ihn ruhig ein bisschen zappeln. Das macht dich interessanter«, sagt Juli. »Außerdem können wir dann noch einen Kaffee zusammen trinken. Aber ich finde, du solltest das einfach mal laufen lassen. Du musst ihn ja nicht gleich heiraten. Und komm mir jetzt nicht wieder mit deinem Allein-Urlaub. Das kannst du auch machen, wenn du in einer Beziehung bist.«

Da hat Juli natürlich recht. Warum macht man das eigentlich nie, wenn man in einer Beziehung ist? Ich hätte das mal tun sollen.

»Also, wenn er sich morgen noch mal Mühe gibt und nicht nur ein Bier in einer x-beliebigen Kneipe trinken möchte, glaube ich auch, dass er etwas mehr will als einfach nur einen One-Night-Stand mit verlängertem Anlauf.«

Ich kann nicht ganz leugnen, dass ich am Montagmorgen hibbelig durch die Agentur laufe.

»Bist du so nervös vor dem Pitch?«, fragt mich eine Kollegin irgendwann, als ich zum 83. Mal aufs Klo renne.

»Ja, irgendwie bin ich unruhig«, antworte ich.

»Oder bist du verliebt?« Bin ich so leicht zu durchschauen?

»Quatsch, wie kommst du denn darauf?«

»Du strahlst so. Deine Augen funkeln. So habe ich dich lange nicht gesehen.«

»Muss an meiner neuen Mascara liegen«, sage ich und beuge mich schnell über die Ausdrucke auf meinem Schreibtisch, damit sie nicht sieht, wie ich rot werde.

Der Pitch zieht an mir vorbei, routiniert spule ich meine Präsentation ab. Hin und wieder schiele ich verstohlen auf mein

Handy, ob Tobias sich gemeldet hat. Noch weiß ich nicht, wann und wo wir uns treffen.

Was hältst du von einem Abend am Elbstrand?

Ich stocke kurz in meinem Präsentationsredeschwall, verliere den Faden, täusche einen Hustenanfall vor und trinke erst mal einen großen Schluck Wasser. Der fährt das ganz große Programm auf. Um Gottes willen! Darauf bin ich nicht vorbereitet. Ich gucke schnell an mir runter – Etuikleid, Feinstrumpfhose, Stöckelschühchen. Bingo.

Absturz von Wolke sieben

Tobias wartet schon, als ich aus dem Bus springe. Er lacht beim Anblick meines Outfits.

»Sorry, ich habe es nicht mehr nach Hause geschafft. Aber ich habe immerhin eine Jacke dabei.« Tobias ist hingegen vorbereitet. Unter seinem linken Arm klemmt eine Decke, in der rechten Hand hat er einen Korb. Er legt beides aus den Händen, um mich in die Arme zu schließen. Mmmm, frisch geduscht hat er auch. Gut, dass in meiner Schreibtischschublade wenigstens noch Deo zu finden war.

Wir spazieren in Richtung Strand. Mit Blick auf die Hafenkräne am gegenüberliegenden Ufer breitet Tobias den Inhalt des Korbes auf der Decke aus.

»Magst du Schafskäse? Ich habe Salat gemacht.« Wow, ich bin ganz gerührt von so viel Engagement. Tobias hat zudem clever gepackt: zwei Gläser, zweimal Limo, zweimal Bier-Limo-Mischung. Er will mich also nicht abfüllen, und wenn es nach zwei Getränken langweilig wird, kann man sagen: »Tja, leider ausgetrunken. War schön, und tschüss.«

Aber es wird nicht langweilig. Wir erzählen, fragen, hören zu, gucken auf die Elbe, trinken Limo. Und während die Sonne langsam irgendwo hinter Blankenese untergeht, knistert es gewaltig zwischen uns. Wir rücken näher aneinander, denn es wird ja kühl. Ich versuche irgendwie, trotz Rock und Strumpfhose, adrett und bequem zu sitzen. Beine ausgestreckt, überschlagen, angewinkelt, mal nach links abgeknickt, mal nach rechts, auf die Unterschenkel gehockt – Schneidersitz geht gar nicht. Nach dem 23. Positionswechsel meinerseits sagt Tobias: »Komm mal her.« Und zieht mich in seinen Schoß. Ich kann mich an seine breite

Brust lehnen, die Beine ausstrecken, sein Kinn ruht auf meiner Schulter, seine muskulösen Arme umschließen mich. Ich fühle mich geborgen und gewärmt. Ein ungewohntes Gefühl, das ich nicht ganz zulassen kann. Ich ahne, dass wir uns innerhalb der nächsten halben Stunde küssen werden. Meine innere Stimme legt ihre rationale Platte auf: »Willst du das wirklich?«, »Vielleicht will der nur mal schnell, eben so, ins Bett …«, »Du willst dich doch eigentlich nicht verlieben«, »Denk an deinen Rucksackurlaub«, »Was ist mit deinen Freiheiten?«. Ich werde still und lausche meiner inneren Stimme.

Tobias findet ihren Ausschaltknopf. Er lehnt sich ein wenig vor, dreht seinen Kopf, guckt mich an und wartet, bis ich in seine Richtung schaue. Ich kann gerade noch denken: »Okay, es sind keine 30 Minuten, sondern gerade mal fünf.« Dann treffen seine Lippen meine. Sie sind weich und zärtlich, und ich kann mich nicht daran erinnern, dass ein erster Kuss je so intensiv, so passend, so perfekt war. Ich knutsche gern. Wer bei mir vorankommen will, muss die Kuss-Hürde nehmen. Denn wer nicht küssen kann, legt vermutlich auch nicht allzu viel Wert auf andere Zärtlichkeiten und ist nur auf seinen Vorteil (lies: Orgasmus) bedacht.

Als wir uns schließlich voneinander lösen, muss ich an meinen ersten Freund denken. Wir küssten uns erstmals im Flur der örtlichen Turnhalle. Ich war 16, er 19. Für ihn war es offenbar der allererste Kuss. Denn als ich mit meiner Zunge zwischen seine Lippen fuhr, war er sichtlich verwirrt. »Findest du noch ein Stück Big Mac?«, fragte er nach dem Zungenkuss. Wir waren vorher bei McDonald's gewesen. Wäre ich nicht 16, naiv und gutmütig gewesen, das wäre das Ende der Knutscherei gewesen. Es war der Anfang einer sechsjährigen Beziehung. Bei dem Gedanken muss ich grinsen. Ich gucke auf die Elbe, er drückt mich noch etwas fester, um mich dann um 90 Grad zu drehen. Meine Beine liegen quer über seinen. Wir knutschen wieder. In den nächsten 30 Minuten reden wir nicht mehr viel, sondern wechseln ständig die Kuss-Position. Meine Lippen prickeln, und ich würde am liebsten einfach Arm in Arm mit ihm hier einschlafen. Ich wundere mich selbst über diesen Romantikschub.

Die mitgebrachten Limos sind längst leer getrunken, und offenbar möchte auch Tobias diesen Abend noch nicht beenden. Wir packen die Decke und die Salatschüssel in den Korb, stapfen durch den Sand zur »Strandperle«. Tobias sucht einen Platz auf den Steinen am Ufer, ich gehe an den Tresen und bestelle zwei Bier, entdecke die Schokomuffins und nehme einen davon.

»Hier, für deinen abendlichen Hunger«, sage ich und reiche ihm den Muffin.

»Fantastisch, ich hatte gerade überlegt, dass ich noch etwas Süßes möchte. Du kannst wohl schon meine Gedanken lesen.«

Es ist ein bisschen unheimlich, so nah, so vertraut, so schnell. Juli hat gesagt, ich solle es einfach mal laufen lassen. Nicht zu viel denken und erwarten. Die hat gut reden! Nach so einer Knutscherei steigen die Erwartungen ins Unermessliche. Es fällt uns beiden schwer, den Abend zu beenden, uns zu trennen. Wir wissen, dass wir uns eine Weile nicht sehen werden, da Tobias beruflich viel unterwegs ist. Er ist freier Kameramann und wird für Aufträge in ganz Deutschland und Europa gebucht. Aber irgendwie beruhigt mich das auch ein bisschen; denn das Tempo der letzten Tage hat mich überrumpelt. Ich habe nichts dagegen einzuwenden, dass es jetzt etwas gemächlicher weitergeht. Wenn es denn weitergeht. Man weiß ja nie … Ich bleibe skeptisch.

Die Skepsis verschwindet auch in den nächsten zwei Wochen nicht so ganz. Auch, wenn ich keinen Grund habe. Wir schreiben mehrmals täglich. Er ruft sogar an. Seine Mutter lässt mich grüßen (huch!), und Tobias schlägt vor, dass wir doch mal gemeinsam seinen Bruder in Paris besuchen oder irgendwo anders hinfahren könnten. Ich kann es nicht so recht fassen, dass da tatsächlich jemand ist, der sich um mich bemüht, der mich mag, der an mich denkt. Kann mir denn so viel Gutes passieren? So kurz nach der Trennung? Bin ich überhaupt schon bereit für eine neue Beziehung?

Ich muss es wohl einfach ausprobieren. Ich besorge Karten für das Elbjazz-Festival. Nicht, dass ich der große Jazz-Fan wäre, aber überall im Hafen finden Konzerte statt, in den Docks von Blohm + Voss ebenso wie in der St. Katharinenkirche oder auf dem Museumsschiff MS Stubnitz. Seit unserem Elbstrand-Abend ist der Hafen für mich mit Tobias verknüpft. Wir treffen uns am Alten Elbtunnel, laufen Hand in Hand unter der Elbe lang. Wir haben viel zu erzählen, auch wenn wir täglich Kontakt hatten. Und noch mehr müssen wir küssen. Alle paar Meter bleiben wir stehen. Ich suche Kantsteine, Stufen und Treppenabsätze, um nicht eine Halsstarre zu bekommen. Tobias ist um einiges größer als ich.

Von dem ersten Konzert bekommen wir nicht viel mit, wir kuscheln und knutschen. In der Pause stehen wir an einer Gebäudewand, etwas abseits, es dämmert schon. Der Kuss artet aus. Tobias' Hände suchen sich ihren Weg unter meine Jacke, unter den dicken Pulli, unter das T-Shirt. Ich lasse es zu und will ihn auch spüren. Seine Haut, seine Wärme, will ihm nah sein. Ich unterdrücke ein Stöhnen nur mit Mühe. Wäre es Sommer, würde ich mich glatt ins Gras zerren lassen. Aber in dieser Frühlingsnacht am Hafen ist es windig und kalt. »Kind, denk an deine Niere«, würde meine Mutter wohl sagen. »Nehmt euch ein Zimmer«, zischt jemand im Vorbeigehen. Tobias und ich müssen lachen. Bevor wir wegen Erregung öffentlichen Ärgernisses vom Gelände fliegen, sortieren wir uns und unsere Kleidung, nehmen einander an die Hand und sind wieder brave Musikfans. Die funkelnden Lichter im Hafen, der starke Arm von Tobias um meine Schulter, die unaufgeregte Musik – es ist fürchterlich romantisch und gleichzeitig entspannend. Ich döse ein wenig weg.

»He, nicht einschlafen, was sollen denn die Leute denken, wenn du auf meine Schulter sabberst, du Kulturbanause.« Tobias stupst mich an. Ich räuspere mich, setze mich gerade hin und sortiere mein Haar. Ich muss losprusten. Sofort kommt aus allen Richtungen ein »Pssst« und »Schschscht«.

»Komm, wir sind zu frisch verliebt für diesen Ort«, raune ich Tobias ins Ohr. Wir stehen auf und drängeln uns durch die Stuhlreihen. Das sorgt für neuen Unmut. Eigentlich ist mir so etwas total unangenehm, aber heute irgendwie egal. Der Rückweg durch den Elbtunnel dauert mindestens eine Stunde. Küssen hält auf. An den Landungsbrücken trennen sich unsere Wege. Ich ahne, dass Tobias darauf wartet, dass ich ihn frage, ob er noch mit zu mir kommt. Aber ich spreche das Thema nicht an. Trotz all der Lust will ich nichts überstürzen. Ich bin gerade mal fünf Schritte von ihm entfernt, da schreibe ich ihm eine WhatsApp:

> Kann gar nicht abwarten, dich morgen wiederzusehen.

Diesmal schlendern wir schon am Nachmittag auf die andere Elbseite zum Jazzfestival. Wir sitzen im Gras, trinken Limo, schauen auf die Stadt. Tobias fragt mich über meinen Ex aus. Ich hatte ihn beiläufig erwähnt.

»Ist das wirklich ernsthaft aus? Oder habt ihr noch was miteinander?«

»Nur noch Freundschaft, und das wird auch so bleiben«, sage ich. Ich merke, dass es ihn irritiert, dass ich mit meinem Ex noch Kontakt habe und den auch auf jeden Fall halten will. Na, da muss er mit klarkommen.

»Ich habe keine Ahnung, wie es ist, wenn er wieder eine Freundin hat oder ich einen neuen Partner. Aber momentan verstehen wir uns gut, sehen uns ab und zu, und wir haben eben einen großen gemeinsamen Freundeskreis. Ich hasse ihn nicht, ich mag ihn immer noch.«

Die Trennung von seiner Freundin verlief offenbar nicht so glimpflich. Während Tobias mich nach Details fragt, mag er keine Einzelheiten erzählen, bleibt vage, und ich bohre nicht nach. Ich ärgere mich ein bisschen, dass ich so viel von mir preisgegeben habe, er sich aber verschließt. Und ich merke, wie er mich mit ihr vergleicht, meine Gewohnheiten und Routinen abklopft. Sie sind damals auch viel zusammen gelaufen. Sie hat auch an Wettkämpfen teilgenommen.

»Sie war immer schneller als ich«, erzählt Tobias, und ich merke ihm an, dass er nicht stolz darauf war, sondern dass er damit ein Problem hatte und vermutlich immer noch hat.

»Sie war ehrgeizig, und ihr Training war ihr wichtiger als ich.« Oh weia, das nahm offensichtlich kein gutes Ende.

»Du bist doch aber auch ehrgeizig, trainierst viel, bist mit deiner Mannschaft unterwegs«, entgegne ich.

»Ja, aber es muss irgendwie schon passen, wenn dann jeder nur noch Sachen für sich macht, wird es schwierig.«

Komisch, gestern hatte er noch betont, wie wichtig es ihm ist, dass er genug Zeit für seine Hobbys, seine Freunde und sich allein hat – was mir ja mehr als gelegen käme. Mit einem Freund, der jeden Tag auf der Matte steht und nach drei Wochen bei mir einziehen will, könnte ich nichts anfangen. Ich brauche meine Freiheiten, und ich bin noch immer nicht sicher, ob ich diese auch wirklich aufgeben möchte. Andererseits finde ich es großartig, dass Tobias die Dinge offen anspricht. Das fühlt sich erwachsen an. Die Musik ist an diesem Abend nur Untermalung. Wir reden viel, und die Schwere des Gesprächs verflüchtigt sich mit der untergehenden Sonne.

Als wir diesmal durch den Tunnel zurück ans andere Ufer der Elbe gehen, steht am Eingang ein Hippie-Mädchen, das jedem Passanten einen Glitterstrich auf die Wange malt. Es passt zu der magischen Stimmung, die herrscht, wenn die gelben Lichter die

Werftanlagen erhellen. Es ist klar, dass Tobias mit zu mir kommt, ohne dass wir es aussprechen. Wir steigen einfach in die gleiche Bahn.

Tobias ist neugierig auf meine Wohnung. Er geht in alle Räume, guckt sich um, kommentiert mein langes Bücherregal (»Scheinst ja viel zu lesen«) und meine kaum vorhandene CD-Sammlung (»Streamst auch nur noch, hm?«). Er lässt sich auf mein Sofa fallen, legt sich hin und deutet mir an, dass ich mich danebenlegen soll. Natürlich passen wir kaum auf die Sitzfläche und müssen uns sehr eng aneinanderpressen. Tobias hält mich mit starkem Griff fest, damit ich nicht runterrolle, während wir uns küssen. Er zieht mich langsam auf sich drauf. Ich merke, wie sich sein Schwanz gegen meinen Unterleib presst. Wir haben zwar kein Licht an, aber ich befürchte dennoch, dass wir den Nachbarn gerade eine gute Show bieten. Ist es jetzt spießig, aufzustehen und die Gardinen zuzuziehen? Ich mache es einfach.

»Wenn du schon stehst, kannst du dich auch gleich ausziehen«, sagt Tobias und grinst. Er verschränkt die Arme hinter dem Kopf.

Ich stelle mir vor, dass er abwartend guckt, genau kann ich das nicht erkennen. Durch die Gardinen kommt das Licht der Straßenlaterne gegenüber nur minimal herein. Das macht es mir einfach, die von irgendwoher auftauchende Scheu abzulegen – und mit ihr meinen Cardigan, mein Sweatshirt, mein Hemdchen. In BH und Hose stehe ich vor dem Sofa.

»Ausziehen. Alles«, sagt Tobias barsch. Er liegt immer noch komplett angezogen da, rührt sich nicht. Sein grober Ton verschreckt mich nicht, im Gegenteil. Er macht mich an. Bislang habe ich seine Stimme nur sehr sanft gehört. Ich lasse mich ungern herumkommandieren, aber irgendwie gefällt mir das gerade. Ich öffne sehr langsam meinen Gürtel, jeden einzelnen Hosenknopf, und wende den Blick auch nicht ab, als ich die Hose von den Beinen streife. Es ist zu dunkel, um seine Reaktionen zu erkennen, aber ich will nicht verschüchtert wirken. Meinen Slip lasse ich an.

»Erst mal bist du jetzt dran«, sage ich. Er setzt sich ohne Widerworte auf und zieht sein T-Shirt über den Kopf. Mit einer winkenden Bewegung fordert er mich auf, sich auf seinen Schoß zu setzen. Ich bin ziemlich froh über die Dunkelheit, denn in der Position wölbt sich natürlich eine Speckfalte über den Slip. Aber Tobias scheint das nicht zu interessieren. Er holt meine Brüste aus dem BH, küsst die ohnehin schon harten Nippel.

»Wow, du bist leicht zu erregen.« Spinnt der? Wir knutschen seit zwei Tagen, er leckt an meinen Brustwarzen, soll mich das etwa kaltlassen? Mal ganz abgesehen davon, dass ich seine Erregung mehr als deutlich spüre.

»Du aber auch, komm, zieh die Hose aus, wir gehen ins Schlafzimmer«, entgegne ich.

»Nein, ich will dich hier auf dem Sofa.«

Ich stehe trotzdem auf, gehe ins Schlafzimmer, um ein Kondom zu holen. In der Zeit zieht Tobias seine Hose aus. Als ich ihm das Kondom in die Hand drücke, schüttelt er den Kopf.

»Ich mag das nicht.«

»Und ich mach es nicht ohne«, sage ich. Fängt der jetzt ernsthaft eine Diskussion an?

»Vertraust du mir nicht? Glaubst du, ich habe jeden Abend eine andere?«

»Darum geht es nicht«, sage ich, obwohl es natürlich auch darum geht. »Ich verhüte nicht.«

»Ich zieh früh genug raus, keine Sorge. Komm her, Baby, zier dich nicht.«

Eine halbe Stunde später frage ich mich, was denn da bitte in mich gefahren ist. Habe ich mich tatsächlich mit so einem abgenudelten Spruch überreden lassen? Du hast dich verhalten wie eine blutige Anfängerin, denke ich, während ich versuche, nicht vom Sofa zu rutschen. Ich habe mich komplett überrumpeln lassen, einfach mitgemacht. So hart hat mich noch kein Mann angefasst. Aber ich muss auch sagen, dass mir das extrem gut gefällt. Ich bin von mir selbst ein wenig überrascht, vielleicht auch schockiert. Die Kondom-Diskussion vergesse ich darüber fast. Ich rüttle sanft an Tobias' breiten Schultern, er ist weggedöst.

»Hej, aufwachen, wir gehen jetzt endlich mal ins Bett.« Wir tapsen ins Schlafzimmer, kuscheln uns unter die große Decke.

»Toll, eine übergroße Decke, wollte ich auch schon immer mal haben«, nuschelt er verschlafen. Er zieht mich zu sich ran, nimmt mich in den Arm, drückt, streichelt mir sanft über den Rücken.

»Ich hoffe, ich war nicht zu hart. Ich liebe es etwas härter im Bett.«

»Nein, ist neu für mich, aber gern wieder.« Das lässt er sich nicht zweimal sagen.

Auch der nächste Morgen beginnt mit Sex. Ich wache auf, weil Tobias' Finger in meiner Vagina sind. Ich liege auf der Seite, er hinter mir. Sein harter Schwanz drückt sich an meinen unteren Rücken. »Guten Morgen, Sexgott«, murmle ich.

»Schschsch, Toni, weiterschlafen, ich will dich wach ficken«, säuselt er.

»Liebend gern, du darfst alles mit mir machen«, sage ich. Ich muss vernebelt sein; denn warum stelle ich ihm einen Freifahrtschein aus, wo ich ihn doch gar nicht kenne? Er nimmt die Finger aus meiner Vagina, gleitet mit ihnen über meinen Bauch und meine Brüste bis in mein Gesicht. Er steckt seine nassen Finger in meinen Mund.

»Hier, schmeck dich selbst. Du bist so nass und geil.« Während ich an seinen Fingern sauge, dringt er mit seinem Penis von hinten in mich ein. Natürlich wieder ohne Kondom. Aber was macht das jetzt schon noch? Er zieht seine Hand aus meinem

Mund, legt sie an den Hals und übt leichten Druck aus. Ich merke, wie meine Luft weniger wird und meine Lust mehr. Viel zu schnell lässt er los, seine Hand entfernt sich und landet im nächsten Moment mit einem Knall auf meinem Hintern. Autsch! Der Schlag tat nicht weh, aber er kam unerwartet. Kann ich bitte noch so einen bekommen? Tobias zieht sich aus mir raus, drückt mich mit dem Gesicht in die Kissen, will, dass ich ihm meinen Arsch entgegenstrecke. Nur zu gern. Ich komme sofort, als er mit seinem Schwanz von hinten in mich eindringt und mit einer Hand meinen Kitzler berührt. Spätestens jetzt wissen auch die Nachbarn, dass ich diese Nacht nicht allein verbracht habe. Tobias dreht mich um, bleibt über mir knien und führt meine Hand an seinen steifen Penis. Ich brauche eine Weile, bis ich ihn in die Nähe eines Orgasmus gebracht habe, zwischendurch muss ich die Hand wechseln und frage mich, ob es an mir liegt, ob ich was falsch mache oder ob er einfach überstrapaziert ist. Dreimal Sex in acht Stunden grenzt ja schon an Höchstleistung. Tobias kommt auf meinen Bauch und lässt sich erschöpft neben mir nieder. Wir dösen noch ein bisschen, wachen auf und grinsen uns an, machen wieder die Augen zu und verschlafen den Vormittag.

Irgendwann stehe ich auf, koche Kaffee und rühre einen Pancake-Teig an. Ich habe mein Smartphone in die Tasche meiner Jogginghose gesteckt, Kopfhörer im Ohr, und tänzele summend durch die Küche. Bei einer der Drehungen sehe ich, dass Tobias im Türrahmen lehnt und grinst. Ich grinse auch, nehme einen Stöpsel aus dem Ohr.

»Ich mache Pancakes. Hoffe, du magst das? Wie sieht's aus mit Kaffee?«

»Beides super«, sagt er, kommt in die Küche, umarmt mich, wiegt uns beide hin und her.

»Das waren zwei schöne Tage, Toni.«

»Ja, und sie sind ja noch nicht vorbei.«

»Ich muss leider demnächst los, packen, und morgen früh fliege ich gleich nach Italien.«

Ich bin traurig, als Tobias weg ist. Die Wohnung ist still und leer. Ich muss mich nicht mehr fragen, ob da Gefühle sind. Ich weiß nur noch nicht, ob ich sie zulassen will. Es wird mehr als eine Woche dauern, bis wir uns wiedersehen. Denn wenn Tobias wieder in Hamburg ist, bin ich mit Juli in London. Die Reise ist schon lange geplant, und ich würde nicht im Traum daran denken, sie abzusagen. Aber das Wochenende mit meiner besten Freundin hat ein wenig an Reiz verloren. Auf dem Hinflug erzähle ich ihr in allen Einzelheiten vom vergangenen Wochenende. Jeder zweite Satz fängt mit »Tobias …« an. Juli ist sehr geduldig und gutmütig und eben meine beste Freundin. Daher erträgt sie das alles mit Fassung und Humor.

»Du hast schon fünf Minuten nicht mehr seinen Namen gesagt«, frohlockt sie, als wir am Flughafen unser Gepäck entgegennehmen. Ich strecke ihr als Antwort die Zunge raus, und wir fahren kichernd die Rolltreppe runter. Als wir im Hotel ankommen, logge ich mich sofort ins WLAN ein und bin enttäuscht, dass keine WhatsApp von Tobias ankommt. Der Blick aufs Handy wird zum ständigen Begleiter in diesen Tagen. Und oft genug bin ich danach enttäuscht. Ich schicke Tobias Fotos von mir, von London, tippe halbe Romane und bekomme so gut wie nichts zurück. Mal einen Halbsatz und ein Foto.

»Der wird ein schönes Wochenende in Hamburg verbringen, jetzt genieß du doch mal London.« Irgendwann reißt auch bei Juli der Geduldsfaden.

»Und wenn er eine andere kennengelernt hat? Da hat gestern eine seine halbe Timeline bei Facebook geliked.«

»Toni, entspann dich doch mal. Wo ist denn dein Selbstbewusstsein hin? Bist du etwa eifersüchtig?«

»Ja, ich will nicht schon wieder verarscht werden!«

»Jetzt bleib mal auf dem Teppich. Ihr habt euch zwei-, dreimal gesehen, wart einmal im Bett. Das ist doch noch keine Beziehung, erst recht keine Ehe.«

»Du meinst, ich klammere.«

»Oh ja, du würdest an seiner Stelle durchdrehen. Du rennst ihm schon nach.«

»Na, jetzt habe ich mich eben entschieden, dass ich was will, dass ich mich einlasse.«

»Ja, weil ihr dreimal Sex in einer Nacht hattet und das ja nicht einfach so passiert, sondern das ja dann Gefühle sein müssen.«

»Zweifelst du da etwa daran?«

»Also, Männer brauchen für so etwas keine Gefühle. Ein bisschen Eiweiß, ein Quentchen Lust, und es läuft.« Juli kann so gemein sein. Und so ehrlich. Irgendwo tief in meinem Inneren weiß ich, dass sie recht hat, dass ich mich in etwas reinsteigere, was nicht da ist. Aber es ist zu spät. Es wird böse enden. Das ist mir klar. Wie auch dieser Abend: Der japanische Shochu-Cocktail ist viel zu stark, und es ist jammerschade um die köstliche Ramen-Suppe, die meinen Magen später auf nicht vorgesehenem Wege wieder verlässt. Für den Kater am nächsten Tag habe ich zumindest ordentlich bezahlt. Juli zerrt mich zum Frühstück dennoch in den Breakfast Club.

»Komm, gleich eine Bloody Mary hinterher, und der Tag ist wieder dein Freund«, sagt sie, als sie sieht, dass ich beim Blick auf die Speisekarte den Mund verziehe. »Ich nehme Pancakes. Die habe ich …« Ich komme gar nicht weiter. Juli beendet den Satz: »… letzten Sonntag für Tobias gemacht.« Juli ist sauer.

»Es reicht jetzt, Toni.« Sie steht auf, geht an die Theke und bestellt Eggs Benedict für sich und ein English Breakfast mit Würstchen, Bohnen und Bacon für mich. Keine Pancakes. Als der Kellner kommt, trägt er zwei Bloody Marys vor sich her.

»So«, sagt Juli, als sie das Glas zum Anstoßen hochhält, »ab jetzt ist der T-Name tabu. Du schreibst nichts mehr und wartest ab, was passiert, wenn du wieder in Hamburg bist.« Ich wage keine Widerworte und ziehe das die nächsten 30 Stunden unter Entzugserscheinungen durch. Ich schiele zwar alle 20 Minuten aufs Handy, aber er meldet sich nicht.

Auch nicht, als ich wieder in Hamburg bin. Meine Stimmung ist von traurig auf wütend gekippt. Ich habe ihm doch gesagt, dass ich am Montagabend wiederkomme, warum meldet er sich denn nicht? Ich tigere durch die Wohnung, lasse mich aufs Sofa fallen, glotze an die Decke, starre auf das Polster – und sehe goldenen Glitter. Spuren der ersten und einzigen Nacht mit Tobias. Ich nehme das Handy und rufe ihn an, obwohl ich weiß, dass es ein Fehler ist. Es klingelt. Er drückt mich weg. Ich bin fassungslos. Hat der mich gerade weggedrückt? Ich rufe noch mal an. Er geht nicht ran. Zehn Minuten später ruft er zurück und klingt … normal. Ich frage ihn, ob wir uns heute Abend sehen.

»Es ist schon 19 Uhr, und ich wollte noch laufen«, antwortet er. Ich versuche, mich zu beherrschen, aber kann meine Enttäuschung nicht unterdrücken.

»Wir haben uns zehn Tage nicht gesehen, wir haben so wenig voneinander gehört, ich vermisse dich, kannst du nicht morgen laufen gehen?« Ich klinge vorwurfsvoll. Es ist eine Tirade, gespeist aus Verzweiflung, Fassungslosigkeit und Wut. Ich merke selbst, dass ich gerade alles kaputt mache, kann mich aber nicht stoppen.

»Toni, ich gehe jetzt laufen und melde mich dann später.« Er legt auf. Und ruft nicht mehr an. Ich schreibe eine WhatsApp, entschuldige mich, erkläre meine Sehnsucht. Er meldet sich nicht. Auch am nächsten Morgen nicht. Er postet Belangloses auf Facebook. Ich kann mich nicht auf die Arbeit konzentrieren, habe immer das Handy im Blick, und endlich blinkt kurz nach 17 Uhr eine WhatsApp von ihm auf.

Hi Toni, das Gespräch gestern hat mich sehr erstaunt. Ich will mich nicht rechtfertigen müssen, warum ich keine Zeit habe, warum ich nicht so viel schreibe, wie du erwartest, warum ich lieber laufe, anstatt mich mit dir zu treffen. Bei mir schrillen die Alarmglocken. Du erinnerst mich an meine Ex-Freundin. Unsere Ansichten sind verschieden und unsere Charaktere zu sehr ausgeprägt. Ich denke, das wird nichts mit uns.
Tut mir leid. Tobias

Ich starre lange, sehr lange auf mein Handy. Ich sitze auf dem Bürostuhl, aber meine Welt wankt. Mein Bauch krampft. Das darf doch nicht wahr sein. Nein! Nein! Nein! Ich fange an zu zittern. »So nicht, nein, bitte, so nicht«, flüsterte ich. Meine Kollegin guckte irritiert hinter ihrem Bildschirm hervor.

»Hat er sich endlich gemeldet?« Ich nicke.

»Okay, aber nicht so, wie du es wolltest.« Ich schüttle den Kopf. Als ich meine Sprache wiedergefunden habe, gehe ich mit meinem Handy in ein leeres Büro und tippe auf Tobias' Namen. Während mein Telefon wählt, überlege ich, was ich sagen will. Er geht nicht ran. Ich hinterlasse eine Nachricht auf seiner Mailbox, dass ich gern mit ihm sprechen will. Meine Stimme zittert. Apathisch stehe ich am Bürofenster und starre hinaus. Was mache ich denn jetzt? Ich habe mich noch nie so hilflos gefühlt.

Hochzeitstanz allein

Tanzen. Und lächeln. Noch besser lachen. Dem Leben und allen anderen die Zähne zeigen. »Ein Hoch auf uns / auf dieses Leben / auf den Moment / der immer bleibt.« Statt Hochzeitswalzer dreht sich das Brautpaar zu »Auf uns«. Seit dem Weltmeistertitel 2014 eine Hymne für alle glorifizierten Anlässe. Ignorieren denn alle, dass dieses Lied im Liebeskummer geschrieben wurde? Damit könnte es kaum passender für mich sein. Vor vier Tagen habe ich die WhatsApp von Tobias bekommen, dass das mit uns nichts werden würde. Auf meinen Anruf hat er nicht reagiert. Die vergangenen Tage habe ich wie durch einen Schleier erlebt. Wie in Trance bin ich durch den Alltag gegeistert, habe funktioniert.

»Darf ich bitten, junge Frau?«

»Für Sie immer noch Fräulein«, flöte ich, als mich ein ehemaliger Studienfreund des Bräutigams auf die Tanzfläche zieht. Ich strahle ihn an. Niemand hier weiß, wie es mir geht. Ich will es selbst vergessen, will mich freuen und feiern. Es ist ein emotionaler Kraftakt, und er gelingt mir nicht durchgehend. Mein Mitbewohner aus Studienzeiten heiratet, irgendwo auf dem platten Land zwischen Bremen und dem Ruhrgebiet. Es gibt kein Entkommen, kein Handynetz und keine Singlemänner.

»So fühlt sich das also an, wenn einem der Boden unter den Füßen weggezogen wird«, hatte ich gestern Abend zu Juli gesagt. Wir saßen bei unserem neuen Lieblingsfranzosen. »Kein Essen, nur Drinks«, hatten wir zu Fabienne hinter der Bar gesagt. »Oh, c'est Krisengespräch? C'est pas bien!« Nee, wirklich nicht, hier war gar nichts gut.

»Ach komm, Toni. Ihr kanntet euch gerade mal ein paar Wochen.«

»Na und? Er war der Richtige. Das fühlte sich alles so gut an.«

»Meine Liebe, wenn er der Richtige wäre, dann würde er nicht so reagieren.«

»Aber ich habe ihn in die Enge gedrängt. Ich hab den Karren gegen die Wand gefahren. Das war so unnötig und idiotisch von mir.«

»Wer wegen eines Telefonats so ausrastet, der hat ein tiefstliegendes Problem. Das wäre früher oder später so oder so passiert.«

»Aber was mache ich denn jetzt?«

»Weiter wie bisher. Atmen, leben, dein Singledasein genießen. Erinnerst du dich daran, dass du mir noch vor zwei Monaten gesagt hast, dass du auf gar keinen Fall eine Beziehung willst?«

»Was interessiert mich mein Gerede von vor zwei Monaten! Da kannte ich Tobias noch nicht.«

»Toni, glaub mir. Er war nicht der Richtige, und das wirst du in wenigen Tagen merken. Der Typ hat eine Vollmeise. Sei froh, dass es jetzt passiert ist und nicht nach einem halben Jahr.«

Juli bewies in diesen Tagen eine Engelsgeduld. Immer und immer wieder wiederholte sie die gleichen Sätze auf meine gleichen Fragen. Ich hatte nur eine: Warum? Eine plausible Antwort fand auch Juli nicht. Nur Tobias konnte sie mir beantworten, doch der verweigerte die Kommunikation. Also flüchtete ich in Spekulationen und Mutmaßungen. Sie kamen alle zu dem Ergebnis, dass Tobias toll war und ich es versaut hatte. Das konnte mir auch Juli nicht ausreden.

Auch nicht Casper. Immerhin bewirkte er, dass ich für ein paar Stunden mein Selbstmitleid vergaß. Casper ist ein Freund von Freunden und der Oberaufreißer. Regelmäßig liege ich vor Lachen am Boden, wenn ich die Geschichten von ihm und über ihn höre, wie er die Mädels der Reihe nach abschleppt und Entschuldigung, aber man kann es nicht anders sagen, flachlegt. Sobald man Casper sieht, wird sein Erfolg bei Frauen erklärbar. Blonde Locken, die bis auf die Schulter fallen, gut gebaut und gut trainiert, braungebrannt auch zwischen Oktober und März, weil er es irgendwie schafft, seinem Arbeitgeber genug Freizeit abzuringen, so dass er in den grauen Wintern auf der Südhalbkugel all jene Dinge tun kann, die im Wasser stattfinden, den Oberkörper trainieren und bei Mädels gut ankommen. Casper ist knapp zehn Jahre jünger als ich, charmant und witzig. Aber wenn ich über seine Weibergeschichten lache, dann gibt es leider bei jeder auch einen Punkt, an dem ich sein Verhalten einfach nur kindisch, manchmal gar respektlos gegenüber den Frauen finde. Andererseits ist es aber auch sehr aufschlussreich. Gestern Abend, als ich mit Juli in der französischen Bar saß und meinen Kummer ertränkte, schrieb er mich an, ob ich unterwegs sei.

Ja, bin draußen, aber eher im Trink- als im Tanzmodus.

Denn wenn Casper weggeht, dann will er eskalieren. Ich war mit ihm schon mehrfach feiern, aber immer nur in einer Gruppe. Davon ging ich auch jetzt aus, als er ankündigte, dass er zum Franzosen kommen, mich an die Hand nehmen und in eine noch bessere Cocktailbar schleifen würde. Zudem nahm ich seine Ankündigung nicht für voll. »Der kommt eh nicht«, hatte ich zu Juli gesagt, als sie klarstellte, dass sie auf ihn und aufs Feiern mit ihm so überhaupt keine Lust hatte.

»Ich verschwinde dann mal«, sagte sie und machte schon Anstalten, vom Barhocker zu rutschen.

»Warum denn so plötzlich?«

»Ich habe keinen Bock auf das selbstherrliche Gebrabbel vom kleinen Casper.«

»Ach komm, der ist doch witzig.«

»Ich finde das überhaupt nicht witzig, wenn er pro Wochenende zwei Mädels mit nach Hause nimmt. Mal 19, mal 43, Hauptsache, dünne Taille, lange Beine, blonde Haare. Charakterliche Eigenschaften egal.«

»Ach komm, Juli, so gut kennen wir ihn doch beide nicht.«
»Was er erzählt und wie, reicht mir schon. Kann ich einfach nicht drauf.« Juli ist manchmal etwas streng.

»Der bricht doch regelmäßig Frauenherzen.«

»Ja, aber erstens ist meins schon gebrochen, zweitens falle ich nicht in sein Beuteschema, drittens kann ich ein bisschen charmante Ablenkung gut gebrauchen.« Juli ging trotzdem. Sie war auch nicht böse, dass sie mal etwas Pause von meinem Gejammer hat. Das konnte sich jetzt mal jemand anderes anhören. Aber würde ich so etwas Casper überhaupt erzählen wollen? Ich kenne ihn ja kaum und muss ihm ja nicht vorleben, wie klammerfähig Frauen sein können. Genau dieser Frauentyp ist der Angstgegner von Männern wie Casper.

»Na, schöne Frau?« Küsschen links, Küsschen rechts.

»An dem jungen Mann ist auch ein Franzose verlorengegangen«, flötete Fabienne von der anderen Seite des Tresens. Casper lachte sie an – und schon war wieder eine seinem Charme erlegen. Es konnte offenbar so einfach sein. Anstatt in diese »noch bessere« Cocktailbar weiterzuziehen, blieben wir bei Fabienne.

»Das ist aber nicht der Monsieur, der dich hat so unglücklich gemacht?«, fragte Fabienne, laut genug, dass Casper es versteht.

»Toni, chérie, du bist unglücklich?«, säuselte Casper mit französischem Akzent. Ich warf Fabienne einen tötenden Blick über die Theke und war jetzt natürlich in Erklärungsnot. Casper wollte alles wissen und stellte Detailfragen: »Wie oft hast du geschrieben? Was hast du genau gesagt? Welche Tonlage hatte deine Stimme?« Seine Schlussfolgerung war klar: »Du hast zu stark geklammert. Der wollte keine wirkliche Beziehung. Er ist ein Idiot.«

»So wie du einer bist?«

»He, he, wie meinst du denn das?«

»Na, du brichst doch die Frauenherzen am laufenden Band.«

»Ich mache vorher immer klare Ansagen: Ich will keine Beziehung führen, ich will mich nicht binden, erwarte nichts von mir.«

»Und das sagst du einer Frau, wenn du sie in einem Club angräbst? So als Gesprächseinstieg?« Casper lacht.

»Also nicht«, sagte ich.

»Nee, das wäre ja ein bisschen merkwürdig. Aber am nächsten Morgen oder wenn sie anfängt, mich zuzutexten oder mich dauernd sehen will, dann werde ich schon deutlich: Sex ja, Beziehung nein.«

»Aber dann ist es doch schon zu spät, Casper.« Frauen haben durchaus die Gabe, sich nach einer Nacht zu verlieben, selbst wenn es die erste ist, manchmal gar unsterblich. Manchmal ist da auch nur so ein Gefühl, und sie verwechseln es mit Liebe. Schließlich kann es ja nicht sein, dass man einfach so, aus reinem Verlangen, mit einem Mann schläft. Da muss ja was sein. Ich kenne dieses Verhalten von mir und habe es mit Tobias mal wieder erlebt. Ich glaube aber, dass das nicht anerzogen ist, sondern eine gesellschaftliche Prägung, von der wir uns noch schwerer befreien können als von den Werten und Normen unserer Eltern.

Dafür, dass ich mit dem jungen Casper und mit etwas Alkohol im Blut unterwegs war, war das Gespräch hochphilosophisch. Als Fabienne die letzte Runde einläutete, beschlossen wir, noch weiterzuziehen. Ich wusste, dass ich morgen früh nüchtern sein sollte, weil ich zu dieser Hochzeit fahren musste. Aber leider lasse ich mich selten von Zukunftsplänen aufhalten. Die müssen sich dann mit meinem Leben arrangieren, wenn sie Gegenwart werden. Nach der nächsten Cocktailbar landeten Casper und ich noch auf dem Hamburger Berg. Die Seitenstraße von der Reeperbahn, die man nicht betreten sollte, wenn man nicht schon einen gepflegten Pegel hat. Weil alle ihn haben. Die Bars sind klein, zu voll, nicht stylisch, sondern Institutionen. Die Musik ist laut und auf einen tanzbaren gemeinsamen Nenner gebracht. Casper und ich beschränkten uns aufs Trinken und Tanzen, vielmehr aufs Zum-Takt-der-Musik-rumgeschubst-Werden. Es war kurz nach vier Uhr, als ich das erste Mal seit Stunden auf die Uhr schaute und zum ersten Mal wieder an Tobias dachte.

»Ich muss mal langsam nach Hause, muss morgen früh raus und zu einer Hochzeit«, brüllte ich Casper ins Ohr. Er nickte.

»Ja, das hattest du ja gesagt. Ich komme mit.« Draußen auf der Straße hakten wir uns unter und schlenderten die Straße entlang. Wir blieben vor einer Bäckerei stehen. Es gab schon frische Brötchen. Wir kauften Wasser und Croissants, setzen uns auf Klappstühle und guckten den anderen torkelnden Gestalten, sich gerade gefundenen Pärchen und nüchternen Passanten zu. Irgendwann reihten wir uns ein. Ich wollte zu Fuß nach Haus, Casper in die S-Bahn steigen. Als wir am Bahnhof Sternschanze standen, kam ihm der Weg nach Hause viel zu weit vor. Urplötzlich entdeckte ich meine Großzügigkeit, hakte ihn wieder unter und sagte: »Dann schläfst du halt heute bei mir. Ich habe ein Sofa.« Ich musste grinsen. Denn immerhin war ich es, die nun den größten Abschlepp-Typen am Haken hatte.

Ich grinse auch 18 Stunden später noch, als ich auf der Tanzfläche des alten Bauernhofes stehe, zu »Auf uns« meine Lippen bewege, um meine eigene Achse wirble und an die letzte Nacht denke. Casper wurde nicht aufs Sofa verbannt. Entschuldigung! Ich bin Singlefrau, und wir leben in einer Zeit, in der sich Frauen Mitte 30 nehmen, was sie wollen. Das haben sie vermutlich ohnehin schon seit Ewigkeiten so gehandhabt. Und wenn nicht, dann ist das ihr Problem. Ganz kurz blitzte noch mal Tobias in meinen Gedankengängen auf, aber er verschwand genauso schnell wieder, ohne etwas ausgelöst zu haben. Den Hauptgewinn hatte ich in dieser Nacht mit Casper nicht gezogen. Aber das konnte ich verkraften, und es war eigentlich nebensächlich. Wir waren beide viel zu betrunken, um wirklich guten Sex zu haben. Selbst beim Aufwachen hatten wir noch viel zu viel Alkohol im Blut. Auf eine Wiederholung des Versuchs musste der junge Mann daher leider verzichten. Ich hatte auch keinen Kaffee für ihn, dafür ziemlichen Stress. Um 15 Uhr begann die Trauung, ich hatte vier Stunden Fahrt eingeplant. Und es war kurz nach zehn Uhr, als der Wecker klingelte.

Für das gesellschaftliche Großereignis hatte ich mir zum ersten Mal in meinem Leben einen Mietwagen bestellt. Ich war ein bisschen aufgeregt und hoffte, dass ich keine Fahne mehr hatte, deshalb kaute ich lieber gleich zwei Kaugummis auf einmal. Fahrtüchtig war ich, wenn die Grundvoraussetzungen auch nicht optimal waren. Aber das Radio ging. Die halbe Miete für eine wilde Fahrt. Das Navi funktionierte auch. Super, das Ankommen war gesichert. Ich kam sogar pünktlich. Beim Einbiegen auf den Kirchparkplatz fand ich die Vorstellung, mit Restalkohol und Gedanken an die vergangene Nacht ins Gotteshaus zu stöckeln, äußerst witzig. Mein Begrüßungslächeln war besonders breit.

Und dieses Grinsen tackerte ich mir einfach fest. Das Auf und Ab beim Gottesdienst störte mich diesmal gar nicht, denn es schützte vor dem Sekundenschlaf. Auch während des Sektempfangs gleich nach der Kollekte behielt ich das Dauerlächeln bei, denn schon der erste Schluck brachte meinen Kreislauf auf Höchsttouren. Ich lächelte während des Essens, bei dem ich mit drei Paaren an einem Tisch saß. Der Platz neben mir war für den Fotografen gedacht. Er war während der Gänge zwei bis fünf überhaupt nicht anwesend, und seine Tischzeit nutzte er dazu, mit den anderen Experten über Kindererziehung und andere Pärchenthemen zu reden. Denn seine Frau wartete zu Hause auf ihn.

Auch den Hochzeitstanz ziehe ich jetzt lächelnd, und ohne mit der Wimper zu zucken, durch. Ich habe einen Deal mit mir gemacht: Ich will die Traurigkeit so lange wie möglich an diesem Abend hinauszögern. Die letzten vier Tage hatte ich die Traurigkeit eher ertränkt und war im Selbstmitleid zergangen – und diese Phase hatte ich gestern glorreich, und, wie ich finde, sehr männlich, abgeschlossen. Es war kein Triumph über Tobias oder gar Casper, dass ich heute Morgen neben ihm aufgewacht war. Sondern über mich. Ich habe mir selbst bewiesen, dass ich wieder handeln kann, dass ich mich nicht in ein Loch fallen, mich nicht absorvieren lasse, dass mich das nicht dorthin zurückbringt, wo ich nach der Trennung vom Ex stand. So optimistisch bin ich an diesem Abend, an dem andere ihre Liebe feiern. Ich ahne nicht, dass mich mein gebrochenes Herz noch über Wochen hinweg beschäftigen wird.

Eltern, Großeltern, Freunde des Brautpaares tanzen, singen, lachen. Menschen, die zusammengehören, halten sich in den Armen, gucken sich tief in die Augen. Eine Mutter hat ihre kleine Tochter auf dem Arm, sie drehen sich, der Papa kommt dazu. Alle sind glückstaumelig. Und mittendrin ich. Ich freue mich für meinen frisch verheirateten Ex-Mitbewohner und seine Frau. Ich freue mich für meine WG-Freundin, die mir von den Fortschritten ihrer zwei Kinder erzählt. Ich freue mich für all die anderen Bekannten, die samt Kind und Kegel angereist sind. Es ist ehrliche und aufrichtige Freude, tauschen will ich nicht mit ihnen. Aber so glücklich sein. Bei diesem Gedanken merke ich, dass das Gefühl, das ich an besseren Tagen empfinde, eine andere Art von Glück ist. Glück ist für meine ehemalige WG-Mitbewohnerin, dass sie jetzt einen Kita-Platz für Kind Nummer zwei hat, dass sie ihre Stelle auf 65 Prozent reduzieren konnte, dass die Handwerker das neue Bad tatsächlich in der angepeilten Zeit fertigbekamen. Meine Zufriedenheit speist sich daraus, dass ich zum ersten Mal eine Führungsposition habe, ein kleines Team leite, meine Rolle gefunden habe, sie augenscheinlich ganz gut ausfülle. Dass ich einen tollen Freundes- und großen Bekanntenkreis habe, dass ich reise, Sport mache, viel erlebe. Die Menschen um mich herum ergänzen mein Leben. Sie machen es nicht vollständig, denn das ist es auch ohne sie. Ich bin anders als die meisten, als der Mainstream. Und: Ich finde es nicht schlimm. Ich möchte nicht heiraten. Wollte ich auch in meiner langjährigen Beziehung nicht. Für mich war das kein Grund, an mir oder meiner Partnerschaft zu zweifeln. Auch, wenn mir eine Freundin schon in sehr frühem Stadium gesagt hatte: »Dann seid ihr auch nicht füreinander bestimmt.« Dafür hatten wir viele Jahre eine sehr schöne Zeit zusammen. Aber offensichtlich passt der Wunsch, auch ohne Trauschein ein Zusammengehörigkeitsgefühl zu entwickeln, in wenige Vorstellungswelten.

Deswegen gibt es sie, diese Momente, an denen ich mich frage, ob denn bei mir irgendetwas schiefläuft, weil ich diesen Wunsch nicht hege. Was stimmt denn nicht mit mir? Fehlt mir was? Laut chinesischen Wissenschaftlern auf jeden Fall: das Gen 5-HTA1. Ich las kürzlich, dass es für einen niedrigeren Serotonin-Wert sorge. Und wenn das der Fall sei, fühle man sich angeblich in engen Beziehungen unwohl. Und laut schwedischen Forschern kann man den Wunsch, ein Eigenbrötlerleben zu führen, auf das Erbgut und die Hormone schieben. Ihre Untersuchungen zeigen, dass jeder, der zu wenig vom Hormon Oxytocin produziert, sich nicht binden könne. Mir ist es relativ egal, woran es liegt, dass ich allein bin. Ob DNA, Hormone, äußere Umstände, Schicksal oder Zufall – ich finde es einfach nicht schlimm, selbst wenn es noch eine ganze Weile oder den Rest des Lebens anhalten sollte. Ich werde ein gutes führen, mit oder ohne Mann.

Nur merkwürdig: Während ich diese nüchternen, klaren Gedanken fasse, greife ich mir eine Pommespappe, die am Buffet liegt. Anstatt die Mitternachts-Currywurst einzufüllen, schreibe ich meine Telefonnummer drauf und mache ein Foto. Ich will die Sache mit Tobias nicht so auf sich beruhen lassen und ihm eine Erinnerung an unseren ersten Abend schicken. »Was machst du denn da?«, fragt meine Studienfreundin. Ich erzähle ihr von den vergangenen Wochen mit Tobias und seiner letzten Whats-App. Sie kann nicht viele tröstende Worte finden, aber man sieht ihr an, dass sie bestürzt ist und dass es ihr leidtut. Als ich ihr dann aber erzähle, wie ich die letzte Nacht verbracht habe, guckt sie verständnislos bis entgeistert und sagt: »Oh … mmmh.« Ich ahne, dass sie denkt: »So was hast du schon im Studium gemacht. Aber warum machst du es immer noch?« Aber sie sagt nichts. Das unangenehme Schweigen beende ich, indem ich wieder auf die Tanzfläche gehe. Das Foto mit meiner Telefonnummer verschicke ich nicht.

Als ich zwischen »An Tagen wie diesen« von den Toten Hosen und »Smells like teen spirit« von Nirvana auf ein Wasser an die Theke gehe, steht dort der Mann meiner Studienfreundin. Er hat schon ein paar Bier getrunken, und nur so ist es zu erklären, dass er frei von der Leber weg sagt: »Du bist die einzige Singlefrau hier.« Es ist eine Feststellung, aber es klingt wie: »Was stimmt denn nicht mit dir?« Ich könnte traurig werden oder wütend. Aber ich halte mein festgetackertes Lächeln und sage: »Das stimmt, alle anderen Frauen sind mit Partner hier, und die Jungs, die hier allein sind, kannst du vergessen. Der Cousin der Braut ist … na ja, 30 Kilo zu schwer oder 30 Zentimeter zu klein, und er ist schon 1,80 Meter. Dann hätten wir noch den Bruder vom Bräutigam, sechs Jahre jünger als ich und pickelig. Mmmh, das war's.« Mir gegenüber herrscht Schweigen. Also setze ich unbeirrt fort: »Ich probiere es einfach mal auf den anderen beiden Hochzeiten hier im Haus.« Die Partylocation ist groß, offenbar groß genug, um parallel drei Gesellschaften zu bewirten. In den Waschräumen kreuzten sich die Wege. Mir war aber schon zwischen Suppe und Salat aufgefallen, dass sich dort Burschenschaftler rumtreiben. Nein, so was will ich mir nun wirklich nicht ins Haus holen. Dennoch: Ich drehe mich auf dem Absatz um und verlasse den Raum. Dass ich nur zur Toilette gehe, muss der Ehemann meiner Studienfreundin ja nicht wissen.

Nach dreimal Durchatmen stehe ich wieder auf der Tanzfläche, weiter im Takt. Schon wieder: »Auf uns«. Ich gröle lauthals mit. Neben mir tanzt Juliane. Ich kenne sie erst seit ein paar Stunden. Sie ist die Freundin von einem der Bräutigam-Studienfreunde. Sie legt den Arm um mich, schreit mir ins Ohr: »Du tanzt so großartig. Dir sieht man richtig an, dass du auch allein superviel Spaß hast.« Meine Tarnung ist also gelungen. Vielleicht sollte ich Schauspielerin werden. Aber wozu eigentlich? Warum soll ich euch allen etwas vormachen? Nur, um euch nicht in eurem Glück zu stören? Ihr haltet mich doch eh für komisch – nicht verheiratet, keinen Kinderwunsch, noch nicht mal einen Freund. »Das ist alles nur gespielt. Mir geht's beschissen.« Kurz guckt Juliane irritiert. Mist, ich wollte ihr nicht die Party versauen. Dann sagt sie: »Du bist nicht allein. Sascha und ich haben uns vor zwei Wochen getrennt. Wir wollten nur nicht das große Theater und sind daher noch zusammen hergekommen.« Jetzt ist es an mir, irritiert zu gucken. Also schon zwei gute Schauspielerinnen. »Na dann, ein Hoch auf uns Singlefrauen!«

Comeback mit Wein und Kniefall

Was zum Geier passiert hier gerade mit mir? Mein Herz schlägt schneller. Ich kriege Schweißausbrüche. Alles dreht sich. Obwohl ich sitze. Atmen, atmen, ganz ruhig atmen, Toni. Es ist Samstagmorgen, und ich habe gerade entspannt gefrühstückt. Doch diese Entspannung ist schlagartig weg, der Puls auf 180. Dabei ist der Start des Zehn-Kilometer-Laufs erst in vier Stunden. Doch da steht SEIN Name. Auf der Startliste. Für den Lauf, auf den ich mich seit Wochen freue. TOBIAS. What the fuck??? Hände, könnt ihr bitte aufhören zu zittern? Da steht nur sein Name. Er ist es nicht höchstpersönlich. Aber das heißt, dass ich ihn in wenigen Stunden wiedersehen werde. Achduscheißedasdarfdochnichtwahrsein.

Seit Tobias mir per WhatsApp gesagt hat, dass aus uns wohl nichts werden würde, eigentlich noch zehn Tage davor, habe ich ihn nicht mehr gesehen. Auf meine Nachricht auf seiner Mailbox hat er sich nach wie vor nicht gemeldet. Nach der Hochzeit und dem nicht verschickten Foto mit der Telefonnummer auf der Pommespappe hatte ich noch mal allen Mut zusammengenommen, meine Würde über den Haufen geschmissen und ihm eine sehr lange WhatsApp geschickt. Ich hatte versucht zu erklären, warum ich so reagiert hatte, so geklammert hatte, ihn so unbedingt hatte kennenlernen wollen. Zurück kam:

> Respekt für diesen ehrlichen Text. Ich bin gerade unterwegs und will keinen Dreizeiler schreiben. Melde mich später.

In mir keimte wieder Hoffnung auf. Vier Tage lang. So lange hörte ich nichts. Dann schrieb er:

> Hallo Toni, aus deiner SMS lese ich nicht, was du erreichen willst. Klär mich auf.

Ich wiederholte mich, bat um eine zweite Chance. Und bekam – nichts. Keine Antwort. Seit neun, zehn Wochen warte ich drauf. Vielmehr: Ich versuche, die Episode abzuhaken, was mir schwerfällt, weil ich nie eine Antwort auf das Warum bekommen habe. Ich gräme mich. Ich mache mir Vorwürfe, suche die Ursache für mein Verhalten in meiner Kindheit, erwäge zwischenzeitlich sogar psychologische Hilfe. Die Schuld fürs Scheitern schiebe ich allein mir zu. Darin lasse ich mich auch nicht beirren, egal, was all die anderen sagen. Tag für Tag wird die Trauer etwas weniger. Ich merke zwar, dass die Verletzungen tief sind, dass ich mich so schnell nicht wieder auf etwas einlassen werde. Aber eigentlich habe ich mich gerade wieder auf die richtige Spur gesetzt. Und jetzt das. An der Reaktion meines Körpers merke ich, dass es null Komma null überwunden ist. Ich hatte lediglich verdrängt, nicht verarbeitet.

Juli. Juli anrufen. Sie weiß immer Rat.

»Juli, was mache ich denn jetzt?«

»Atmen, Toni.«

»Mach ich schon. Ich zittere trotzdem.«

»Nur, um das gleich klarzustellen: Du fährst da auf jeden Fall hin. Du freust dich schon so lange auf den Lauf.«

»Na klar. Was glaubst du denn?« An einen Rückzieher hatte ich tatsächlich nicht gedacht.

»Vielleicht tritt er ja gar nicht an.«

»Meinst du, der hat sich angemeldet, weil ich den Lauf mache?«

»Woher sollte er das denn wissen?«

»Na ja, wir hatten mal drüber gesprochen, dass ich mich anmelden will.«

»Schlag dir das mal aus dem Kopf, Toni. Wenn er dich sehen wollen würde, könnte er es einfacher haben. Er ist ein Mann. So kompliziert kann er noch nicht mal denken.«

»Na ja, schließlich steht ja fest, dass er einen Vollhau hat, wer weiß, auf was für Gedanken er kommt.«

»Wenn er wirklich an den Start gehen sollte, Toni, ist eins klar: Du wirst auf jeden Fall schneller sein als er.«

»Darüber müssen wir nicht mal reden, Juli.«

»Ich bin in einer Stunde bei dir und hole dich ab.«

»Du kommst mit?«

»Klar, als persönlicher Betreuer und Coach. Ehrensache.« Juli ist und bleibt einfach die Beste. Aufbauarbeit innerhalb weniger Minuten. Mein Körper beruhigt sich ebenfalls.

Juli und ich radeln durch die Herbstsonne. Wir erwähnen den Namen Tobias nicht mehr. Aber sobald wir in die Nähe des Starts kommen, halte ich Ausschau. Er ist so groß, dass er selbst unter den Hunderten Läufern auffallen würde. Ich versuche, mich auf den Lauf zu konzentrieren, laufe mich ein, ziehe mich um, schnüre die Schuhe zum 33. Mal – und gucke mich die ganze Zeit doch nur um.

»So, meine Liebe, jetzt vergiss den Kerl mal. Wir sehen uns im Ziel. Hab Spaß und hau einen raus.« Juli weiß genau, dass ich mit meinen Gedanken nicht beim Sport bin. Der Startschuss fällt, und ich habe ihn nicht entdeckt. Anstatt den Kerl jetzt abzuhaken und mich auf meine Schritte zu konzentrieren, gucke ich weiter in der Gegend rum, fokussiere jeden langen Läufer, der in meinem Sichtfeld auftaucht. Aber entweder ist er vor mir gestartet oder hinter mir, oder er ist wirklich nicht da. Nach der Hälfte der Strecke wird das Laufen anstrengend genug, um nicht mehr an Tobias denken zu können. Ich genieße die Sonne, dieses wunderbare Herbstwetter und versuche, das Tempo zu halten. Als ich um eine Kurve laufe und auf eine lange Gerade komme, sehe ich ihn. 100, vielleicht 150 Meter entfernt, am linken Straßenrand hockt er auf einer Mauer und fotografiert. Das darf doch nicht wahr sein! Was macht der hier? Ich kann nicht ausweichen und nicht zurück. Ich könnte an den anderen Straßenrand laufen, aber hier ist die Strecke sehr eng, es würde gerade mal zwei, drei Meter ausmachen, und es wäre auffällig. Also, Augen geradeaus und weiter im Lauftakt. Ich habe meine Sonnenbrille auf. Er kann nicht sehen, was meine Augen ausdrücken.

Als ich zwei, drei Meter von ihm entfernt bin, nimmt er die Kamera runter, guckt mich an. Ich bin auf seiner Höhe, als er sagt: »Als ob ich es geahnt hätte.« Er lächelt. Ich gucke ihn kurz an. Sage nichts. Drehe den Kopf wieder in Laufrichtung und setze Schritt vor Schritt. Bloß nicht stehen bleiben! Nicht langsamer werden! Lass dich nicht aus dem Takt bringen! Weiter, Toni, weiter! 500 Meter weiter stehen Kerstin und Nele.

»Toni, geiles Tempo. Du siehst super aus. Komm, zieh noch mal an, das sind nur noch drei Kilometer«, brüllt Kerstin. Sie fährt mit dem Rad neben mir her und filmt mich.

»Komm, Toni. Es sind nicht viele Frauen vor dir. Das wird nicht nur eine geile Zeit, das wird auch eine super Plazierung. Beißen, Toni, beißen«, schreit mir Nele zu.

»Weißt, du, wer da hinten stand? Tobias. Ich fasse es nicht. Kein Wunder, dass ich so schnell bin.« Ich kann kaum atmen. Das ist mir echt alles zu viel.

»Na, dann, Beine in die Hand, und ab geht es. Lauf, Toni! Vor dem Typen kannst du nur weglaufen«, brüllt Nele.

Es klappt tatsächlich. Ich halte das Tempo. Laufe in einer super Zeit für mich durchs Ziel und werde 15. von dreihundertirgendwas Frauen. Ich freue mich, juble. Yeah! Juli stürmt auf mich zu: »Toni, du Rakete, das war großartig!«

»Und weißt du, wen ich unterwegs gesehen habe, Juli?«

»Nicht dein Ernst! Aber er ist langsamer als du!«

»Er ist gar nicht gestartet. Er stand an der Strecke und hat fotografiert. Er hat mich gesehen und hat gesagt: ›Als ob ich es geahnt hätte.‹«

»Was soll das denn heißen?«

»Keine Ahnung, der meldet sich doch nicht an, um dann an der Strecke zu stehen und zu fotografieren. Aber er muss gewusst haben, dass ich laufe.«

»Egal, Toni. Lass gut sein. Du bist super gelaufen. Komm, ab in trockene Klamotten. Wir gehen mit Kerstin und Nele noch einen Kaffee trinken.«

Ich protestiere noch ein wenig, will Tobias suchen. Aber Juli bleibt energisch. Sie will ein Zusammentreffen um jeden Preis verhindern. Nicht noch mal stundenlang Aufbauarbeit leisten müssen. Wir fahren an die Alster, ergattern Liegestühle auf einem Steg. Es gibt Kaffee, Kuchen, dazu einen malerischen Blick auf die Segelboote, die versuchen, bei dem lauen Lüftchen voranzukommen.

»Guck mal, die dahinten kentern schon zum zweiten Mal. Das muss noch tierisch kalt sein«, sagt Nele.

»Ich wohne jetzt schon mehr als zehn Jahre in Hamburg und war noch nie auf der Alster segeln«, werfe ich in die Runde.

»Also, wenn ich mir das so angucke, dann ist das auch echt langweilig«, sagt Kerstin. Tatsächlich müssen einige zu Paddeln greifen, um wieder ans Ufer zu kommen. Es herrscht Flaute.

»Neulich in Australien habe ich mich auf so einem Katamaran eingebucht. Für einen Vier-Tages-Trip. Das war großartig. Von Insel zu Insel schippern, mal hier ankern, mal da. Ab und zu konnten wir ein bisschen mithelfen, aber auch viel an Deck liegen«, erzählt Nele.

»Ich habe das auf meinem Thailand-Trip gemacht«, sagt Juli. »War allerdings ein Motorboot und ein bisschen größer. Wir sind an vier Tagen nacheinander tauchen gewesen. Extrem gut. So siehst du Orte, an die du von Land nicht kommen würdest.«

»Oh, ich will auch endlich Urlaub machen«, jammere ich. Den Wunsch, eine große Reise zu machen, hege ich schon lange. Im letzten Jahr hatte ich wegen des Umzugs kein Geld. Jetzt wäre Geld da, und Zeit eigentlich auch. Ich will auch ganz unbedingt allein fahren. Als ich 18 war, war ich mal mit dem Rucksack unterwegs, aber eigentlich zählt das nicht, das Ziel war ein Jugendcamp, es war kein wirkliches Reisen. »Eigentlich bin ich fürs Backpacking doch schon viel zu alt«, sage ich.

»Das ist doch Quatsch. Die Hippies sind alle über 50 und hängen immer noch in Drei-Euro-Bungalows an thailändischen Stränden ab«, sagt Juli.

»Ich bin aber kein Hippie.«

»Es spricht trotzdem nichts dagegen, dass du allein losziehst. Kannst dir ja auch ein Hartschalenköfferchen kaufen, aber ein Rucksack ist einfach praktischer. Du kannst auch nur Fünf-Sterne-Häuser buchen, aber Hostels sind günstiger, und du lernst Leute kennen«, sagt Juli. Ich glaube, so langsam habe ich mein Verständnis-Guthabenkonto bei ihr ausgereizt.

»Außerdem hast du uns doch erst vor Mr. T erzählt, dass du unbedingt allein wegfahren willst«, sagt Kerstin. »Jetzt bist du ja allein, jetzt kannst du endlich fahren. Lernst ein paar nette Australier, Skandinavier und Briten kennen und vergisst diesen Kerl.«

Ich gucke auf mein Handy und erstarre. Tobias hat sich gemeldet.

> Hi Toni, hast du schon was gegessen? Ich bin noch an der Elbe, fahre gleich nach Hause. Ich habe zwei Bilder von dir, könnte bei dir vorbeikommen.

Ich lese den anderen die SMS vor, weil ich es selbst nicht glauben kann.

»Was mache ich denn jetzt? Ich bin doch noch nicht mal geduscht.«

»Ja, und du sitzt mit uns hier an der Alster. Untersteh dich, Toni«, sagt Juli warnend.

»Seit wann druckt man Fotos wieder aus?«, sagt Kerstin. »Die kann er dir auch per WhatsApp schicken.«

»Toni, du bleibst jetzt hier. Kannst ja freundlich absagen, wenn du unbedingt willst«, ergänzt Nele. Juli verdreht schon die Augen.

»Das hat der Typ überhaupt nicht verdient. Du wartest seit zehn Wochen auf eine Äußerung von ihm, heulst dir die Augen aus dem Kopf, und dann springst du sofort, nur weil er einmal zufällig auftaucht. Mach es dir doch nicht so schwer und ihm so leicht.«

Ich ignoriere Julis Warnungen und schreibe Tobias.

> Hi, ich bin mit meinen Mädels unterwegs, noch ungeduscht, essen gerade an der Alster.
> Schick mir gern die Bilder.

Ich bekomme keine Antwort, egal, wie oft ich an diesem Abend noch aufs Handy gucke. Der Abend ist traumhaft, die Sonne versinkt langsam hinter der Hamburger Skyline, taucht den Himmel über der Stadt in 24 verschiedene Rottöne. Meine Gedanken kreisen nur noch um Tobias. Wie gern würde ich jetzt hier mit ihm sitzen. Ich blende komplett aus, was ich in den vergangenen Wochen aufgrund seines Verhaltens durchgemacht habe. Er meldet sich wieder! Er will mich wiedersehen! Als ich zum wiederholten Mal das Handy aus der Tasche hole, gleich wieder fallen lasse und enttäuscht den Mund verziehe, reicht es Juli.

»Jetzt lass das Ding mal stecken, Toni. Du kennst den Kerl doch gut genug. Er ist bockig, weil du nein gesagt hast. Der meldet sich heute nicht mehr. Und hoffentlich morgen auch nicht.«

Als es am nächsten Abend an der Tür klingelt, schrecke ich zusammen. Es ist Sonntagabend. Ich liege auf dem Sofa, habe die bequemste aller Hosen an, und auf meinem Pulli ist zu sehen, dass es eben noch Karotten-Ingwer-Suppe gab, die nicht ausschließlich ihren Weg in den Mund gefunden hat. Die »Tagesschau« ist bereits beim Wetterbericht (grau, Regen) angekommen, ich beim Gute-Nacht-Kräutertee. Als ich auf den Türöffner drücke, erklingt im Wohnzimmer die »Tatort«-Titelmelodie. Hat mir jemand Pizza zum Nachtisch bestellt? Ich muss mich am Türrahmen festhalten, als ich sehe, wer die Treppe hochkommt: Tobias. Unter dem linken Arm trägt er sein Fahrrad, unter dem rechten eine Flasche Wein. Er sieht so verdammt gut aus. Am liebsten würde ich ihm direkt um den Hals fallen. Aber Juli hatte mir gestern eingebleut, dass ich ja die Finger von ihm lassen solle, und seit gestern Abend hatte ich genug Zeit, über die guten und die schlechten Seiten dieses Mannes nachzudenken. Das Pendel schlägt eindeutig in die negative Richtung aus. Das kommt mir gerade wieder rechtzeitig in den Sinn. Ich entferne mich vom Türrahmen, stehe kerzengerade, die Arme verschränkt, und ich hoffe, mein Gesicht verrät nicht zu viel Freude. Denn insgeheim finde ich die Aktion schon sehr, sehr klasse. Ich versuche, desinteressiert-abwartend, zu gucken und sage erst mal: nichts. Tobias stellt sein Rad ab, guckt mich erwartungsvoll an und sagt auch erst mal: nichts. Ich vermute, er hat mehr Begeisterung von meiner Seite vorausgesetzt.

»Hi.« Mehr kommt von ihm nicht. Ich reagiere nicht. Soll er doch sagen, was er will. Außerdem fällt mir gerade auf, wie schlunzig ich hier in der Tür stehe.

»Ähm. Ich dachte mir, ich komme einfach mal vorbei.«

»Ja, das sehe ich.«

»Wenn ich per WhatsApp gefragt hätte, hättest du wieder abgesagt.«

»Hm. Cleveres Bürschchen.«

»Kann ich reinkommen?«

»Nein. Passt gerade nicht.«

»Hast du versucht, ein Baby mit Karottenbrei zu füttern?«, fragt er und deutet auf den orangefarbenen Fleck auf meinem Pullover. Verdammt, ich muss grinsen. Die Deckung ist aufgeflogen.

»Nein, ist Karottensuppe. Meine eigene Fütterung ist noch nicht ganz optimal.«

»Vielleicht kann ich ja helfen.«

»Danke, ich komme allein zurecht.«

»Toni, bitte. Ich würde dir gern etwas erklären.«

»Was denn?«

»Und mich entschuldigen.«

Oha, jetzt wird es interessant.

»Ja, nur zu.«

»Das dauert länger, und ich würde es ungern im Treppenhaus erzählen.« Okay, okay, Juli wird mich köpfen, den »Tatort« kann ich damit wohl vergessen, aber jeder hat ja eine zweite Chance verdient. Vielleicht gebe ich ihm sie heute, mal hören, was er zu sagen hat. Irgendwas in mir tanzt schon Samba, äußerlich versuche ich, cool zu bleiben.

»Ich habe Tee gekocht. Magst du?«

»Ich habe Wein mitgebracht. Magst du?« Ich gehe in die Küche und hole einen Korkenzieher und zwei Weingläser. Tobias lässt sich aufs Sofa fallen.

»Good memories an dieses Möbelstück«, sagt er. Er spielt auf unseren ersten Sex an.

»Allerdings. Ab und zu finde ich noch ein bisschen Glitter, wenn ich hier abends sitze. Erinnerst du dich noch an das Hippiemädchen, das uns den Glitzer ins Gesicht gemalt hat?« Ich stehe noch unschlüssig vor dem Sofa.

»Ja, das war ein wunderbarer Abend, ein schönes Wochenende.«

Dann schweigen wir. Ich denke: Wenn es so schön war, warum hast du es dann beendet, bevor es angefangen hat? Ich traue mich aber nicht, die Frage zu stellen. Ich will ihn nicht drängen. Außerdem wollte er mir etwas sagen. Anstatt zu reden, winkt er mich zu sich, nimmt meinen Arm und zieht mich zu sich runter. Ich will ihn küssen. Nein, willst du nicht. Meine innere Stimme spricht mit Julis Tonlage. Doch. Will ich. Es ist wie beim ersten Mal, gefühlvoll und intensiv, vereinnahmend und verlangend. Aber wollte er sich nicht entschuldigen?

»Der Wein. Du wolltest Wein.« Ich beende den Kuss abrupt. Öffne die Flasche, schenke ein, setze mich neben ihn, halte ihm mein Glas hin, sage erwartungsvoll: »Prost.« Wir schweigen beide eine Weile und gucken den »Tatort«. Als die Kommissare schweigend übers Land fahren, findet Tobias seine Worte wieder.

»Also, Toni. Mir wurde da gestern, als ich dich beim Laufen gesehen habe, klar, dass ich dich einfach nicht vergessen kann. Ich habe deine Nachricht auf meiner Mailbox erst nach zwei Wochen gehört. Da hattest du schon deine ehrliche WhatsApp geschrieben, und mir kam einfach alles zu spät vor. Ich wusste nicht, wie ich den Kontakt wiederaufnehmen sollte.«

»Na, Telefon, WhatsApp, Brieftaube. Möglichkeiten hätte es gegeben.« Ich schmelze trotz der alles andere als überzeugenden Erklärung dahin, will das aber auf gar keinen Fall zeigen.

»Toni! Es tut mir leid. Ich habe nach unserem Telefonat Panik bekommen. Du hast so viel gefordert, mich überfordert. Ich fühlte mich eingeengt, erinnert an meine letzte Beziehung.«

»Weil ich dich nach zehn Tagen mal wieder sehen wollte? Dreh mal bitte nicht durch.«

»Wir kannten uns kaum, und du hast schon Terror gemacht. Das löste etwas in mir aus.«

»Und weißt du, was du in mir ausgelöst hast? Mir ging es wochenlang richtig mies. Ich bin hier die Wände hochgegangen, weil ich mich erklären wollte, dich sehen wollte, du mir aber keine Möglichkeit gegeben hast. Ich fühlte mich dumm, doof, dämlich. So wie streckenweise in meiner Beziehung. Und das wollte ich nie, nie, nie wieder.«

»Es tut mir wirklich leid.« Tobias' Stimme ist sanft. Er streckt seine Arme nach mir aus und zieht mich zu sich. Ich lasse es zu. Es fühlt sich gut an. Meine Augen füllen sich mit Tränen. Ist das hier etwa der Anfang eines neuen Versuchs? Ich kann es nicht fassen. Es wird doch noch alles gut. Wir kuscheln und reden, knutschen und reden. Meine Zweifel, dass er es nicht ernst meinen könnte, verschwinden schnell. Warum sollte er sonst hier so die Hose runterlassen? Dieses verbale Zu-Kreuze-Kriechen wäre ja nicht notwendig, wenn es ihm nur um Sex gehen würde. Den bekommt er natürlich. Ich auch. So schnell lasse ich ihn nicht wieder los. Tobias bleibt über Nacht, und die ist noch besser als unsere erste gemeinsame. Dass er sich wieder weigert, ein Kondom zu benutzen, ignoriere ich – zu sehr bin ich in einer rosaroten Seifenblase gefangen. Ich will sie auf keinen Fall zum Platzen bringen. Er schwört, dass er seit der Nacht mit mir mit niemandem geschlafen hat. Ich denke kurz an Casper und fühle mich tatsächlich schuldig. Was ist denn los mit mir? Ich bin komplett von meinen Gefühlen für Tobias überrollt, da hat mein Verstand gerade nichts mehr zu melden.

Als um sieben Uhr der Wecker klingelt, schreibe ich eine E-Mail an meinen Chef, dass ich heute erst mittags reinkomme, dringender Arzttermin, den ich vergesse habe. Tobias und ich schlafen noch mal ein. Beim Frühstück erzähle ich ihm von meinen Reiseplänen. Dass ich noch nicht so genau weiß, ob Vietnam, Thailand oder Kambodscha. Er erzählt mir von seiner Reise nach Australien, die er vor einem Jahr gemacht hat.

»Ich habe so viele Aufträge in den nächsten Wochen, sonst würde ich dich gern begleiten«, sagt er. Ich freue mich tierisch, halte es für einen Liebesbeweis oder zumindest für ein Versprechen, dass das hier unsere zweite Chance ist. Gleichzeitig bin ich

froh, dass er nicht mitkommt. Ich hatte mich endlich durchge-
rungen, allein zu fahren. Ich habe das Gefühl, dass ich das machen muss, auch wenn mir der Gedanke »allein in Asien« noch
nicht so ganz geheuer ist.

»Wir können ja ein Wochenende zusammen wegfahren«,
schlage ich vor.

»Sowieso! Was hältst du von Paris?«

»Wohnt da nicht dein Bruder?«

»Ja, wir müssen aber nicht bei ihm wohnen, sondern nehmen
uns ein schönes Hotelzimmer. Er muss ja nicht alles mitkriegen.«
Tobias lacht ein dreckiges Lachen. Ich mag es. Ich mag auch den
Plan.

»Ich habe für morgen Abend Karten für ein Konzert im Knust.
Ein Freund von mir tritt mit seiner Band auf. Magst du mitkommen?«, fragt Tobias.

»Ja, klar«, sage ich, ohne zu fragen, was es für Musik ist. Er will
mich gleich morgen wiedersehen und mich seinen Freunden vorstellen. Da könnte es Death Metal sein. Ich bin mindestens auf
Wolke sechseinhalb, als Tobias sich verabschiedet. Dass ich mich
so schnell mit seiner unzulänglichen Entschuldigung habe ab-
speisen lassen, ist mir in dem Moment völlig schnuppe.

> Juli, wir müssen uns unbedingt heute Abend sehen.

Ich schreibe die WhatsApp, noch bevor Tobias mit seinem Fahrrad wieder durch mein Treppenhaus nach unten gepoltert ist.

> Bitte sag nicht, dass es was mit Tobias zu tun hat.

> Doch! Wir versuchen es noch mal.

> Warum gibt es keinen Smiley, der mit den Augen
rollt??!!

Als ich Juli abends alles haarklein erzähle, bringt sie deutlich weniger Verständnis für Tobias auf als ich. Sie nimmt ihm seine Entschuldigungen nicht ab. Und wird leider recht behalten. Noch während ich mit Juli auf ihrem Sofa sitze, kommt eine WhatsApp ohne Netz und doppelten Boden von Tobias.

Danke für gestern Abend. Ich fände es besser, wenn du morgen nicht zum Konzert kommst. Ich muss mich mal ein bisschen sortieren. Tobias

Plumps. Wolke minus 20. Ohne Seil und doppelten Boden. Was, bitte, ist das jetzt?

Juli zuckt mit den Schultern. Sie ist zwar ebenso geschockt, dass Tobias so ein Arschloch ist, aber sie sagt nur: »Ich habe es gleich gesagt. Und jetzt schreibst du bitte nichts mehr.« Innerhalb einer Minute ist die wochenlange Aufbauarbeit an meinem Ego zertrümmert. Ich verstehe das nicht. So viel Aufwand für eine Nacht Sex? Was ist denn mit dem Kerl los? »Aber er hat doch heute Morgen noch gesagt, dass er mit mir in den Urlaub fahren will! Warum muss er sich jetzt sortieren?«

»Toni, lass gut sein. Du wirst keine Antworten auf deine Fragen bekommen. Der Typ ist es einfach nicht wert.«

»Aber das kann der doch nicht so machen. Mir so viel Mist erzählen, sich entschuldigen und dann wieder alles zurückziehen. Was soll das denn?«

»Toni, dafür gibt es keine Erklärung. Der Typ ist der letzte Idiot. Lösch seine Nummer, vergiss ihn.«

Ich lösche seine Nummer nicht. Ich schreibe ihm sogar zurück, dass ich es »total gut« verstehen kann, dass er sich sortieren muss. Ich bin blind und taub zugleich, Julis Worte erreichen mich nicht. Ich hoffe noch immer. Alle paar Tage finde ich wieder etwas, warum ich ihn anschreibe. Meine Würde und meinen Stolz trete ich mit Füßen. Ich will kämpfen. Wenn man mir sagt, dass ich etwas nicht kriegen kann, will ich es umso mehr. Das verdrängt den Schmerz. Ich habe das Gefühl, dass ich das Ruder in der Hand habe. Es ist ein trügerisches Gefühl, und es braucht Zeit, bis ich das erkenne. Ich mache mich kaputt, fertig und laufe hinter etwas her, was ich doch eigentlich gar nicht mehr will. Die Abstände, in denen ich Tobias schreibe, werden in den kommenden Wochen länger. Doch immer dann, wenn ich gerade an dem Punkt bin, dass ich ihn vergessen könnte, bringt er sich durch eine Nachricht wieder in Erinnerung. Meine Sehnsucht ist nur noch winzig, aber sie versiegt nicht ganz.

Wir sehen uns monatelang nicht. Schreiben immer mal wieder, unterbrochen von Wochen der Stille. Dann, eines Tages, steht er wieder vor meiner Tür. Wieder unangemeldet. Wieder mit einer Flasche Wein unter dem Arm. Sein Fahrrad hat er diesmal vor meinem Haus angeschlossen. Ich habe keine Jogginghose an, sondern ein Wollkleid, das meinen knackigen Po betont. Tobias darf reinkommen, aber diesmal öffne ich den Wein nicht. Ich bleibe beim Tee. Er nimmt ein Wasser. Er erzählt mir von seinen letzten Monaten, von Tinder-Dates, Urlauben und Abenteuern. Wenn er nachfragt, was bei mir passiert sei, bleibe ich vage. Ihn hat es immer gestört, dass ich schneller laufe als er. Dass ich beruflich erfolgreich bin und weiß, was ich erreichen will, hat er ein paar Mal auf die Schippe genommen. Ich kann mir nicht erklären, warum; denn er ist selbst erfolgreich. Er ist sportlich. Er sieht gut aus. Er hat überhaupt keinen Grund, an sich zu zweifeln. Aber offenkundig bin ich zu stark für ihn. Auf diese Diskussionen, auf neue Angriffe habe ich keine Lust. Ich will mich nicht mehr beirren lassen. Ich lasse ihn nicht an mich ran, weder emotional noch körperlich. Glücklicherweise bin ich an diesem Abend stark genug.

»Du hast mir zweimal weh getan, Tobias. Ein drittes Mal wird es nicht geben.«

»Zweimal? Beim ersten Mal war mir das ja klar. Aber beim zweiten Mal auch? Da hatten wir doch gesagt, dass wir es locker angehen lassen, ohne Verpflichtungen?«

»Wie bitte? Locker heißt für mich nicht, dass du dich mit mir für den kommenden Abend verabredest und mich dann wieder auslädst und wir uns dann monatelang nicht sehen.«

»Was kann ich tun, damit das nicht wieder passiert?«

»Entweder regelmäßigen Kontakt und ehrliches Interesse, oder wir brechen den Kontakt ab.«

»Okay. Ich nehme Ersteres und melde mich, wenn ich aus dem Skiurlaub wieder da bin.«

Dazu wird es nicht kommen. An seinen Facebook-Fotos sehe ich kurze Zeit später, dass er jetzt eine Freundin hat. Das löst bei mir keine Eifersucht aus. Ich bin froh, dass aus uns nichts geworden ist. Was geblieben ist, ist Unverständnis, gemischt mit Wut auf ihn und auf mich selbst.

Als ich die Tür hinter Tobias zumache und seine Schritte im Treppenhaus höre, schließe ich die Augen und atme tief durch. Ich habe es geschafft. Nicht die Nacht, den Sex, die kurzzeitige Nähe gewählt, sondern die langfristige Ruhe. Ich bin endlich an dem Punkt, an dem ich es nicht nur begreife, dass es mir am nächsten Tag schlechtgehen würde, sondern auch entsprechend handele. Das hat lange genug gedauert und war schmerzvoll. Aber ohne da durchzugehen, lernt man es wohl nicht.

Ich rufe Juli an. »Du glaubst nicht, wer gerade bei mir war.«

»Wo kommt der denn jetzt her??«

»Ich weiß es nicht, konnte er mir nicht plausibel erklären.«

»Aber wenn du sagst, ›war‹, dann hast du ihn vor die Tür gesetzt?«

»Ja, ich hatte heute leider keinen Schlafplatz für ihn.«

Männlich, ledig, reich

Ich habe noch genau einen Versuch. Zweimal habe ich das Passwort für die Bezahlung mit der Visa-Karte schon falsch eingegeben. Der Ventilator unter der Decke surrt, doch er wälzt nur die heiße Luft umher, anstatt Kühlung zu verschaffen. Diese schwül-feuchte Luft macht mich fertig. Es ist 7.35 Uhr, und das Thermometer zeigt bereits 32 Grad an. Beziehungsweise meine App. Es fühlt sich an wie Sauna, es fehlt nur der Menthol-Aufguss. Durch das kleine Hostel-Fenster dringen vom nahegelegenen Markt die Geräusche. Hühner gackern, Menschen schreien, Tuk-Tuks knattern. Ich sitze auf meinem Bett, und der Schweiß steht mir auf der Stirn. Warum habe ich mir dieses Passwort nicht irgendwo aufgeschrieben? Die PIN habe ich, auf Unterschrift war ich auch vorbereitet, aber beim Buchen eines Inlandsflugs von Bangkok nach Krabi auf dem Handy greift vermutlich das Sicherheitssystem meiner Bank, und die Visa-Karte verlangt nach einem zusätzlichen Passwort. Der meine Kontobewegungen überwachende Computer wird verwirrt sein: So weit weg war sie noch nie! Die Karte muss geklaut sein! Nein, ist sie nicht.

Einen dritten Versuch wage ich nicht. Vermutlich wäre dann die Kreditkarte gesperrt und ich nach drei Tagen Urlaub bereits mittellos. Ich muss an Julis Worte denken: »Es wird irgendwas schiefgehen. Du wirst irgendwann irgendwo sitzen und dich in ein All-inclusive-Hotel auf Mallorca wünschen.« Dass dieser Zeitpunkt bereits nach 72 Stunden, Flugzeit mit eingerechnet, eintritt, hätte ich nicht vermutet. Ich bin das erste Mal allein auf Reisen, nur mein Zwölf-Kilo-Rucksack begleitet mich. Und gerade stehen wir ziemlich bescheuert da. Ich wollte nur eben fix den Flug für morgen buchen und dann raus in die lärmende, dreckige, faszinierende Metropole, in die Tempel, auf die Khao San Road, auf die Märkte und an die Garküchen. Ich habe nur noch diesen einen Tag in Bangkok, dann will ich in den Süden, an die Strände, in die Buchten, in die Hängematten.

Es ist das erste Mal seit drei Tagen, dass ich mir dämlich vorkomme und mir jemanden an meiner Seite wünsche. Ich habe den Touristenabzocker, der mich an der U-Bahn abfing und mich in ein Taxi setzen wollte, das erst mal eine fünfstündige Stadtrundfahrt gemacht hätte, entlarvt. Ich habe den Tuk-Tuk-Fahrer, der mir mehr als das Fünffache für die Fahrt berechnen wollte, runtergehandelt. Ich habe dem britischen Backpacker, der beim Essen gestern neben mir saß und mir ständig auf den Oberschenkel tatschte, den Marsch geblasen. Aber ich schaffe es nicht, mir einen Inlandsflug zu buchen. Ich könnte Juli anrufen, die hat alle meine Passwörter, Versicherungsnummern und Telefonnummern in einem verschlossenen Umschlag. Den habe ich ihr lange vor dieser Reise gegeben. Irgendwer muss sich ja kümmern, wenn mir mal irgendetwas passieren sollte. Mit einem Partner an seiner Seite geht man davon aus, dass der sich im Fall der Fälle durch Ordner und Unterlagen wühlt, guckt, wer in Lebensversicherungen begünstigt wird und welche Konten es gibt. Als ich dann allein wohnte, wollte ich mich irgendwie absichern. Eine Tabelle mit allen Daten verschaffte mir ein geborgenes Gefühl. Ebenso wie die Tatsache, dass ich meinen zweiten Haustürschlüssel bei Juli hinterlegte und die Kontaktdaten meiner Eltern bei der Assistentin im Büro. Für den Fall, dass ich mal morgens nicht kommen sollte. Würde ja außer den Kollegen und engsten Freunden niemand merken, wenn ich drei Tage ohnmächtig in der Dusche läge.

Ein Blick auf die Uhr sagt mir aber, dass es in Deutschland jetzt mitten in der Nacht ist, und hier geht es ja nicht um Leben oder Tod, noch nicht. Also lasse ich Juli schlafen und werde mir anderweitig helfen. Zum ersten Mal seit sehr langer Zeit denke ich an Tobias. Es ist mehrere Wochen her, dass er mit Wein und Erklärungen vor meiner Tür stand, nach Entschuldigungen und Beteuerungen mein Bett für eine Nacht ausfüllte – und am nächsten Tag sagte, er müsse sich jetzt doch erst mal sortieren. Nach diesem Debakel fiel mir die Urlaubsplanung leichter. Drei Wochen frei hatte ich schon sicher, doch ich hatte noch nichts gebucht. Vermutlich wäre ich sogar im tristen November zu Hause geblieben, wenn ich frisch verliebt gewesen wäre. So war ich mal wieder im Liebeskummer-reloaded-Modus und konnte es gar nicht abwarten, bis der Flieger mich endlich aus diesem elendigen Grau wegbrachte. Auch wenn es so gut zu meiner Gemütslage passte. Ich musste raus, weit weg, und das allein. Ja, mir war mulmig, als der Rucksack gepackt war und ich allein zum Flughafen marschierte. Aber ich hatte auch richtig Bock. Lust auf Abenteuer. Mir war zwar klar, dass ich nicht die erste Backpackerin in Thailand war, aber für mich war es ein großer Schritt.

Den nächsten mache ich jetzt aus dem Bett raus. Ich tapse barfuß die steile Treppe zur Rezeption der »Shanti Lodge« hinunter und frage nach einer Möglichkeit, einen Flug zu buchen und cash zu bezahlen. Die PIN-Nummer zum Geldabheben hatte ich ja im Kopf, wenigstens etwas. Gar kein Problem, hieß es, nebenan im Reisebüro. Wie naheliegend! Kleiner Haken an der Sache: Es macht erst so zwischen 9 und 11 Uhr auf. Ich seufze. Mein europäisches Gemüt ist für diese entspannte Arbeitshaltung nicht geschaffen. Dabei stehen die Thais noch vor Sonnenaufgang auf. Bis die gute Frau ihre kleine Agentur aufschließen würde, weil vorher eh noch keine Backpacker kommen würden, außer meiner ungeduldigen Gestalt, hatte sie schon auf dem Markt verkauft, zu Hause geputzt und ihre Kinder für die Schule fertig gemacht.

Nach zwei Tagen Durch-Bangkok-Hetzen sitze ich zum ersten Mal rum. Ich hocke auf der Bank vor dem Hostel, trinke einen Mango-Smoothie und beobachte das geschäftige Treiben auf der

Straße. Ich blättere ein bisschen im Reiseführer. Nach 20 Minuten habe ich alles über Krabi und die Ausflugsmöglichkeiten gelesen. Ich gucke wieder minutenlang auf die Straße, immer das Reisebüro nebenan im Blick. Ich habe Hummeln im Hintern. Ob die Entspannung der Thais in den nächsten Wochen noch auf mich abfärben wird? Ich greife zu meinem Handy, aber eigentlich habe ich schon alles gelesen. Facebook, Twitter, Nachrichtenseiten, Instagram, selbst das Wetter in Hamburg kenne ich.

Auf der zweiten Seite meines Smartphones habe ich in einem Ordner die Dating-Apps abgeschoben. Sie sind stillgelegt. Aber ich könnte doch eigentlich mal wieder … Nur mal gucken, wie Tinder so in Bangkok ist. Ratzfatz ist der Account wieder live, und ich swipe mich durch die Männerfotos. Ich weiß nicht, warum, aber asiatische Männer üben auf mich wenig bis keine Anziehung aus. Aber es sind auch viele Europäer und Amerikaner vertreten. Klar, Bangkok ist eine Wirtschaftsmetropole, hier leben viele Ausländer. Und als Backpacker hat man die App ganz augenscheinlich auch in Betrieb. Ich schiebe ein paar Männer nach rechts, aber der überwiegende Teil wird aussortiert. Aus dem Augenwinkel registriere ich, dass sich im Reisebüro nebenan etwas bewegt. Augenblicklich wird Tinder unwichtig, ich greife meine Tasche und flitze rüber.

Während ich bei Sanya im Reisebüro sitze, pingt es auf meinem Handy. Das WLAN vom Hostel reicht bis hier rüber. Ich schiele auf das Display: »It's a Match.« Oh, das ging aber fix. Sanya erklärt mir gerade, warum ich vom internationalen Flughafen fliegen soll und nicht, wie ich mir das überlegt hatte, vom Don-Muang-Flughafen. Alles ist ja für irgendetwas gut, und ich merke gerade, dass meine Reise durch Sanyas Beratung nur besser werden kann.

»Bist du allein unterwegs? Mutig.«

»Na ja. Ich bin ja nicht die Einzige, die allein reist. Und als Frau kann man gut allein durch Thailand reisen, sagen alle.«

»Ja, das stimmt auch. Auf den Party-Inseln muss man etwas vorsichtig sein.« Aber da will ich ja gar nicht hin.

»Du musst unbedingt auf den Nachtmarkt in Krabi, und leih dir ein Fahrrad und fahr nach Ko Klang, eine Insel, dort leben Moslems und Buddhisten, es ist noch sehr ursprünglich.« Sanya gibt mir jede Menge Tipps für Krabi, weil sie vor zwei Wochen erst da war. Plötzlich finde ich es überhaupt nicht mehr schlimm, dass ich so lange warten musste. Außerdem pingt mein Handy noch einmal. Tinder war wohl ein Volltreffer. Ich buche noch einen Rückflug für das Ende meines Urlaubs von Phuket nach Bangkok, weil Sanya mir ein Sonderangebot macht. Irgendwie gibt es für mich immer Sonderangebote. Natürlich ist das eine Masche, aber trotzdem fühle ich mich gut damit.

Zurück im Hostel, gucke ich auf mein Handy. Zwei Matches, eins mit einem Deutschen und eins mit einem Briten. Beide haben gleich geschrieben. Komisch, das passiert doch sonst nie. Mit dem deutschen Thomas schreibe ich kurz ein paar Mal hin und her. Er lebt und arbeitet in Bangkok. Dem britischen Justin schreibe ich auch zurück, aber bekomme keine Antwort. Erst, als ich spätabends wieder im Hostel bin. Wir chatten ein wenig. Er wohnt auf Phuket, ist geschäftlich in Bangkok und möchte mich gern treffen.

> Ich flieg morgen Vormittag nach Krabi.
> Das wird leider nichts.

>> Dann heute Abend noch.

Oh, der hat es aber eilig …

> Es ist doch schon nach 22 Uhr.

>> Na und, nimm dir ein Taxi
>> und komm zu mir ins Hotel.

Er nennt mir den Namen: Lebua at State Tower.

> Da war ich vorhin. In der Skybar.

Wenn er sich in dem Hotel ein Zimmer nehmen kann, dann ist er gut im Geschäft. Mit dem Preis für eine Nacht kann ich mir eine ganze Woche meines Urlaubs finanzieren.

> Na, dann kennst du ja den Weg.

Er schickt mir ein Foto, die funkelnden Lichter der gigantischen Stadt.

> Das ist der Ausblick von meinem Bett aus.
> Einen Whirlpool habe ich im Bad, und die
> Minibar ist gut gefüllt.

Ich gucke meinem Ventilator bei einigen Umdrehungen zu, höre das Hupen der Tuk-Tuks vor meinem Hostel und überlege kurz. Verlockend ist es schon, nicht nur die Aussicht. Nein, nichts gegen ein klimatisiertes Zimmer und einen gekühlten Drink, aber nachts um 23 Uhr jemanden zu treffen, den ich nicht mal kenne … Dazu noch in Bangkok, in einem Hotel … Ich bin nicht lebensmüde.

> Ich muss morgen früh raus.
> Aber ich bin am Ende meines Urlaubs auf Phuket.
> Wollen wir uns da treffen?

> Auf jeden Fall. Wann kommst du?

Ich schreibe ihm das Datum. Er sagt, dass er an den drei Tagen nicht auf der Insel ist, ob ich nicht früher oder später kommen könne, er wolle mich so gern treffen.

Ich halte das für ein Lippenbekenntnis und glaube nicht daran, Justin in zwei Wochen auf Phuket zu treffen. Dafür bin ich ja auch nicht um die halbe Welt gereist. Gegen einen Urlaubsflirt hätte ich wahrlich nichts einzuwenden, aber meine Reisepläne ändern? Och nö. Und warum will der mich unbedingt sehen? Es gibt Tausende Frauen, die er treffen kann. Dennoch – ich schlafe mit einem guten Gefühl ein.

In meinen drei Tagen in Bangkok habe ich sonst niemanden kennengelernt. Zwar habe ich hier und da mit Menschen gesprochen, aber noch gab es keine dieser vielen Begegnungen mit anderen Reisenden, von denen immer alle erzählen. Dafür bin ich aber auch noch viel zu aufgescheucht. Ich bin immer den gesamten Tag unterwegs gewesen, habe alles angeguckt und aufgesogen. Ich bin so froh, dass ich mir meinen eigenen Takt vorgebe. Ich muss niemanden fragen, ob er noch mit in den Tempel oder die Shopping-Mall kommt. Niemand wartet, wenn ich mich in der Massageschule des Wat-Pho-Tempels massieren lasse, und niemand diskutiert, wenn ich dieses Restaurant, das angeblich dreimal ums Eck von der Khao San Road liegt, eine Stunde lang suche und dann feststellen muss, dass es geschlossen hat. Dieses Konzept »allein Reisen« gefällt mir ausgesprochen gut.

Ich würde mich nie in ein Familienhotel an der türkischen Riviera einbuchen oder zwischen Dutzenden Paaren auf Mauritius an den Strand legen. Auch eine organisierte Singlereise käme für mich nicht in Frage. Segeln im Mittelmeer mit Männern, die Mitte 50 sind und noch bei Mutti wohnen, oder Batikkurs in der Toskana – nein danke. Aber Rucksack schultern und los – das habe ich bestimmt nicht zum letzten Mal gemacht.

Dafür mache ich in den kommenden Tagen ziemlich viele Dinge zum ersten Mal. Ich lasse mich mit einem Longtail-Boot in die Ao-Ton-Sai-Bucht fahren. Autos und Straßen gibt es hier nicht. Ich schlafe in einem riesigen Bungalow, der auf zehn Meter hohen Stelzen im Urwald steht. An einem Morgen wecken mich Affen, die auf dem Wellblech rumturnen. Bei einem Gewitter am Abend tröste ich mich damit, dass der Bungalow nebenan noch höher als meiner ist.

Ich fahre mit vielen coolen Jungs zum Klettern an Felsen, die steil aus dem Wasser ragen. Man klettert nur so hoch, wie man runterspringen möchte. Ich klettere nicht sehr hoch. Abends sitze ich mit den wagemutigen Kletterern in einer Bar am Strand. Wir trinken Cocktails, gucken den Feuerspielen zu und geben uns gegenseitig Tipps, wohin man als Nächstes fährt. Ich lerne mehr Männer als Frauen kennen, ich flirte hier und da, aber ich treffe niemanden, den ich knutschen möchte. Dabei würde ich so gern. Kurz überlege ich, ob ich doch noch auf eine der Party-Inseln fahren soll. Aber ich entscheide, dass ich dafür zu alt bin.

Ich fahre noch weiter in die Einsamkeit. Auf Ko Yao Noi gibt es keine Hotels, keinen Massentourismus. Ich esse Bananenblütensalat, lasse mich direkt am Strand massieren, leihe mir zum ersten Mal in meinem Leben einen Motorroller aus (er ist rosa!) und schlafe in der Hängematte auf meiner Veranda ein, bis ich vom Ruf des Muezzins geweckt werde. Immer, wenn ich WLAN habe, habe ich eine neue Nachricht oder ein Bild von Justin. Er hat seine Pläne geändert und ist jetzt doch zu Hause, wenn ich auf Phuket bin. Das freut mich irgendwie, andererseits setzt es mich etwas unter Druck. Ich habe mich so sehr auf mich eingestellt, dass ich mich treiben lasse. Mittlerweile verstehe ich nicht mehr, wie ich in Bangkok so ungeduldig sein konnte, als das Reisebüro nicht aufmachte. Alles scheint sich in diesem Urlaub zu fügen, ich entspanne mich. Mein Zwischenfazit nach zweieinhalb Wochen an Juli:

> Es ist alles so hervorragend. Nur geknutscht habe ich noch nicht. Das wird auch in diesem Urlaub nichts mehr.

Ich verbringe viel Zeit allein, aber fühle mich nicht einsam. Ich denke viel über die vergangenen Monate nach und wundere mich über mich selbst. Im Rückblick erscheine ich mir selbst rastlos und unausgeglichen. Ich hoffe, dass ich diese Ruhe mit zurück nach Europa nehmen kann. Heute Morgen habe ich lange mit Tessa über das Reisen allein gesprochen. Sie ist mit ihrem Freund seit sieben Monaten in Südostasien unterwegs. Wir haben uns hier in dem Bungalow-Hotel kennengelernt. Sie pflichtet mir bei, dass Reisen allein großartig ist.

»Wir haben uns unterwegs absichtlich getrennt und sind allein weitergezogen. Nach ein paar Wochen haben wir uns dann wieder getroffen.«

»Wie großartig! Das klingt unkompliziert und gesund.« So einen Partner kann ich mir auch vorstellen, der mir Freiräume lässt und die Freiheit, allein Dinge zu tun, die man auch zusammen machen könnte.

»Man lernt ja als Paar weniger neue Leute kennen. Du hast deinen Partner und gehst mit ihm essen. Du musst nicht mit dem Kellner oder Taxifahrer reden, wenn du dich mal unterhalten willst. Aber allein lernt man das Land erst richtig kennen.«

Nach drei Tagen in Bangkok hatte ich noch keine anderen Reisenden kennengelernt. Das hat sich dann auf den Inseln sehr schnell geändert. Mal sind es Bekanntschaften für ein Essen, einen Tauchgang, mal trifft man sich am Abend auf dem Nachtmarkt und geht am nächsten Morgen auf die gleiche Fahrradtour. Mit Tessa und ihrem Freund fahre ich morgen zusammen nach Phuket. Dort trennen sich dann unsere Wege. Aber auf dem Rückweg nach Bangkok sitzen wir im gleichen Flugzeug.

Vor zwei Tagen hat mir Justin angeboten, dass ich bei ihm wohnen kann.

Ich habe ein großes Haus,
und es sind genug Zimmer frei.

Spinnt der? Oder bin ich bieder, engstirnig, unentspannt? Es scheint ihm überhaupt nichts auszumachen, dass er mich nur über Tinder, sprich die unverbindlichste aller Dating-Apps, kennt. Ich habe freundlich, aber bestimmt abgelehnt. Das hat mir zu viel Serienmörderqualität. Außerdem habe ich mir zum Abschluss, nach zweieinhalb Wochen unklimatisierten Bungalows und Hostelzimmern, drei Nächte in einem Luxushotel gegönnt. Bevor ich bei jemandem übernachte, würde ich ihm doch gern mal in die Augen geschaut haben. Justins Begeisterung für mich irritiert mich sehr. Warum will er mich so unbedingt kennenlernen? Wir haben ein gemeinsames Hobby, das Laufen, aber sonst weiß er doch, dass ich in wenigen Tagen nach Europa zurückfliege.

An meinem dritten Tag auf Phuket haben Justin und ich uns auf einen Iced Coffee am Strand von Patong verabredet. Eigentlich hatte ich die Touristenhochburg gar nicht auf dem Zettel. Und sobald ich die ersten Schritte in der Bangla Road mache, weiß ich auch, warum. Das ist der Ballermann Phukets, zumindest stelle ich mir so den Ballermann vor. Kneipe neben Bar neben Club, überall käsebleiche oder krebsrote Touristen, wenn man Glück hat, spannt ein Muskelshirt über der Bierplauze. Unter die Touristen mischen sich schöne Thai-Mädchen und Ladyboys. Es ist noch früher Nachmittag, aber der Alkoholpegel bei vielen schon hoch, die Musik wummert aus den Boxen.

Das Café, das Justin vorgeschlagen hat, liegt direkt am Strand. Ich ziehe meine Sandalen aus und suche mir einen freien Tisch. Ich bin zu früh. Er ist zu spät.

Ich bin etwas nervös. Bislang habe ich Männer gedatet, die jünger oder maximal ein, zwei Jahre älter sind. Justin ist Mitte 40. Und ich war auch noch nie mit einem Mann verabredet, der ganz offensichtlich einen anderen Lebensstandard hat als ich. Ich weiß nicht genau, was er macht, aber er scheint sich seine Zeit sehr frei einteilen zu können, und das große Haus spricht auch dafür. Wobei … Das kann auch alles nur Prahlerei sein; denn bislang habe ich noch nicht mal Fotos gesehen.

Als Justin die Terrasse des Cafés betritt, weiß ich sofort, dass er es ist. Er ist groß, braungebrannt, hat braune, kurze Haare und trägt ein grelloranges, ärmelloses Laufshirt. Ist er hierher gelaufen? Er guckt sich suchend um. Ich winke ihm. Er sieht mich nicht sofort, aber als er mich erblickt, wird sein Lächeln sehr breit. Er kommt an meinen Tisch, ich stehe auf und reiche ihm trotzdem gerade mal bis zur Brust. Wir umarmen uns, gucken uns in die Augen, und ich bin sofort begeistert. Seine Augen strahlen, sind wach und freundlich. Vielleicht hätte ich das Angebot doch nicht ablehnen sollen. Mit unserem gemeinsamen Hobby haben wir sofort ein Thema.

»Du kommst aus Hamburg? Ich will nächstes Jahr dort den Marathon laufen.«

»Du fliegst extra für einen Marathon nach Europa?«

»Wenn hier die Regenzeit beginnt, verbringe ich immer ein paar Wochen in Europa. Außerdem muss ich immer mal wieder aus geschäftlichen Gründen rüber.« Als ich ihn frage, was er beruflich macht, druckst er ein wenig rum. Er sei Investor, habe seine Firma vor ein paar Jahren verkauft. Ich hinterfrage das erst mal nicht weiter, muss ja nicht zwangsläufig ein krummes Ding sein. Aber warum gerade Thailand?

»Ich bin so viel um die Welt gereist. Ich hatte an verschiedenen Orten der Welt Häuser, aber irgendwie hat mich das Reisen gestresst. Meine Ex-Freundin wollte unbedingt mal länger in Thailand leben, ich habe dann hier das Haus gekauft.« Ah ja, klar. Ich kaufe auch immer gleich ein Haus, wenn ich mal länger wo bleiben will. Ex-Freundin, soso … Eine Frau scheint es also nicht zu geben.

»Warum reist du allein?«, fragt er mich.

»Es ist das erste Mal, dass ich allein reise. Ich wollte schon immer mal nach Thailand. Und ich wollte gern mal allein verreisen. Ich finde es großartig.«

196

»Hast du dich nie gelangweilt?«

»Nein, kein einziges Mal. Endlich gab es auch mal Momente, in denen ich mich mit mir auseinandersetzen musste, weil niemand zum Reden da war. Ich kam zum Nachdenken. Das klappt im Alltag sonst nie.«

»Ich finde es schrecklich, wenn ich allein essen gehen muss.«

»Quatsch. Entweder lernt man jemanden kennen, setzt sich irgendwo dazu, liest ein Buch, guckt in der Gegend rum, oder man konzentriert sich einfach mal aufs Essen.« Justin scheint nicht überzeugt.

»Hast du einen Freund zu Hause?«

»Nein. Dann würde ich wohl kaum auf Tinder sein und mich mit dir treffen.«

»Wieso? Man kann doch auch einfach nur so Leute kennenlernen.«

»Das ist doch Blödsinn. Das ist eine Dating-App, und jeder, der etwas anderes sagt, lügt.«

»Du bist so typisch deutsch, Toni, so direkt und klar.«

»Hast du damit ein Problem? Ich finde es ehrlich.«

»Nein, aber ihr Deutschen seid immer so bestimmt.« Eigentlich wollte ich ihn fragen, ob er eine Freundin hat, aber irgendwie ist das Gespräch jetzt schon zwei Ecken weiter.

»Ich muss gleich los. Soll ich dich ein Stück mitnehmen?«

»Ja, gern.« Ich bin schon gespannt auf sein Auto.

Als wir auf der Straße stehen, hält Justin ein Taxi an.

»Ich habe gar kein Auto. Ich fahr nicht so gern«, sagt er. Während wir über die Insel düsen, merke ich, dass er mich gar nicht fragt, wo ich hinmuss. Er hat dem Taxifahrer seine Adresse genannt.

Mein Hotel liegt aber nicht auf dem Weg dorthin. Ich kriege einen Schweißausbruch. Wie bescheuert kann man eigentlich sein? Wo nimmt der mich jetzt mit hin?

»Wo fahren wir hin, Justin? Mein Hotel liegt in der anderen Richtung.«

»Ich dachte, wir trinken noch einen Wein auf meiner Terrasse. Oder hast du keine Zeit?« Irgendwie klingt das nicht nach einer Ausstiegsmöglichkeit. Ich versuche, mich zu beruhigen und mir einzureden, dass er schon nichts Böses im Schilde führen wird. Aber es weiß niemand, dass ich hier bin, dass ich mich mit ihm treffe. Ich ziehe mein Handy aus der Tasche, will Juli eine Whats-App und einen Standort schicken und merke erst dann, dass ich ja im Taxi kein WLAN habe. Okay, es wird schon gutgehen.

Als das Taxi hält, muss ich kurz schlucken. Das Haus ist gigantisch, das sieht man schon vor dem Zaun. Ein Angestellter öffnet die Tür. Ich stehe auf einem Marmorboden in einem riesigen Raum, der Wohnzimmer, Esszimmer und Küche in einem ist. Meine Wohnung würde vermutlich dreimal hier reinpassen.

»Oh, kleiner Unterschied zu meinen Bungalows in den letzten Wochen«, sage ich trocken.

»Ich habe dich eingeladen, du kannst auch gern bleiben.«

»Nein, nein. So war das nicht gemeint.«

»Komm, wir setzen uns auf die Terrasse.« Durch die schätzungsweise 35 Meter lange Fensterfront sehe ich eine Terrasse, links ein großer Tisch mit Platz für zehn Personen, rechts eine Loungeecke und dazwischen ein sehr großer Pool und ein Whirlpool. Mir verschlägt es die Sprache. Dagegen kackt mein Fünf-Sterne-Hotel ganz schön ab. Ich fühle mich fehl am Platz und gucke an mir runter: Flipflops, Röckchen, ausgewaschenes T-Shirt. Bis eben fand ich das noch ganz passend. Aber hier?

»Möchtest du schwimmen?«

»An sich gern. Aber ich habe keinen Bikini dabei.«

»Kein Problem«, sagt Justin. »Sonchai«, ruft er in den Raum hinein. Ein Thai kommt um die Ecke gebogen. »Kannst du für Toni bitte den Bikini raussuchen? Und bitte einen Weißwein auf die Terrasse.« Sonchai nickt kurz und verschwindet. Er kommt mit einem Weißwein im Kühler und zwei Gläsern zurück. »Ich kann keinen Bikini finden.«

»Ah, wie doof«, sagt Justin. Er zieht ein Bündel Geldscheine aus der Hosentasche und hält sie Sonchai hin. »Kannst du bitte einen kaufen?«

»Justin, das ist nun wirklich nicht notwendig. Das lohnt doch überhaupt nicht. Du musst gleich los«, protestiere ich.

»Ich habe meinen Termin verschoben.« Oha.

Sonchai ist schon verschwunden. Nach 15 Minuten kommt er wieder. Er hat drei Bikinis mitgebracht, legt sie auf den Tisch.

»Du hast einen guten Geschmack, Sonchai«, sagt Justin. »Welchen möchtest du, Toni?«

Ich wähle einen rosa-weiß-türkis gestreiften. Es ist sogar die richtige Größe.

»Quer durch das Wohnzimmer, in dem Zimmer dahinten kannst du dich umziehen.« Es ist ein Schlafzimmer, das bestimmt 40 Quadratmeter groß ist. Meine nackten Füße versinken in dem flauschigsten aller Teppichböden. Das Bett ist riesig. Sonst steht nichts in dem Zimmer, die Schränke sind in die Wände eingebaut. Das Badezimmer ist offen – Badewanne, Dusche, großer Waschtisch. Was für ein Luxus! Die paar Schlucke Weißwein sind mir in den Kopf gestiegen, alles dreht sich. Ich ziehe mich aus und den Bikini an. Ob er hier irgendwo Kameras installiert hat?

Als ich auf die Terrasse zurückkomme, sitzt Justin bereits im Whirlpool. Er stößt einen anerkennenden Pfiff aus. Die Situation ist mir unangenehm.

»Komm rein«, sagt Justin. Er hält mir mein Glas hin. Ich versuche, möglichst geschickt in das Becken zu steigen.

»Erzähl mir von deinem Job«, sagt Justin, der mir gegenübersitzt und mich abwartend anguckt. Er stellt gute Fragen, hört zu, bringt mich zum Nachdenken. Ohne dass ich es sage, vermutet er, dass ich eine neue Herausforderung suche.

»Du scheinst nicht sehr gebunden zu sein. Kannst du dir vorstellen, ins Ausland zu gehen?«

»Ja, theoretisch schon.«

»Dann überleg doch mal, ob du nicht eine Weile hier leben möchtest.« Bitte, was? Wir kennen uns gerade mal drei Stunden, und er fragt, ob ich hierherziehen möchte.

»Ähm, na ja, also ich müsste ja auch arbeiten.«

»Ich könnte dir helfen. Ich habe gute Kontakte. Leute wie du finden immer einen guten Job hier. Du kannst gut organisieren, du kannst führen, du kannst Menschen begeistern.« Ich weiß zwar nicht, wie er das wissen will, aber ich fühle mich geschmeichelt.

»Du kannst auch erst mal hier wohnen. Du siehst ja, dass ich genügend Platz habe.« Mmh, ist das jetzt ein Heiratsangebot? Auf jeden Fall ist das hier alles gerade sehr verrückt. Könnte mich bitte mal jemand kneifen? Hinter uns deckt Sonchai den Tisch. Für zwei. Es wird langsam dunkel.

»Ich muss eigentlich los …«, sage ich.

»Bleib doch bitte noch zum Essen. Oder hast du etwas vor?« Habe ich nicht, nur ein bezahltes Essen im Hotel, aber das kann man ja ausfallen lassen. Justin rutscht neben mich. Er legt den Arm auf den Whirlpool-Rand und damit fast um mich. Ich drehe meinen Kopf, gucke ihn an, er beugt sich rüber und drückt mir einen Kuss auf den Mund. Ich erwidere den Kuss sofort. Hatte ich nicht noch zu Juli gesagt, dass in diesem Urlaub nichts mehr dergleichen passieren würde? So kann man sich irren. Nach dem Essen ruft mir Justin ein Taxi. Er hat noch zwei-, dreimal gefragt, ob ich nicht bleiben wolle. Ich will, aber ich mache es nicht. Das wird mir alles zu viel. Ich muss mal runterkommen, alles begreifen. Außerdem: Justin ist nicht wirklich mein Typ. Zu groß, zu reich, nicht meine Lebenswelt. Er ist nett, charmant, aufmerksam. Ich könnte mir auch ein paar Nächte mit ihm vorstellen. Warum nicht? Aber verlieben würde ich mich wohl kaum.

»Toni, ich würde dich gern wiedersehen.«

»Wenn du in Hamburg bist, fühl dich eingeladen. Ich kann dir das hier zwar nicht bieten, aber …«

»Toni, ich brauche das hier alles nicht. Aber ich möchte nicht fünf Monate warten, bis wir uns sehen. Komm doch bald wieder.«

»Justin, Thailand liegt nicht gerade um die Ecke.«

»Wir finden eine Lösung.« Mmmh, meint er das wirklich ernst? Ich kann das irgendwie nicht glauben und steige kopfschüttelnd ins Taxi. Ich fasse es nicht. Ist da jemand in mich verliebt?

Als ich in meinem riesigen, superweichen Hotelbett liege, fühle ich mich einsam. Mein Handy piept. Eine WhatsApp von Justin.

> Gute Nacht, schlaf gut. Es war sehr schön, dass du hier warst, Toni.

Ich lächle, aber antworte nicht.

Am nächsten Morgen genieße ich das gigantische Frühstück auf der Terrasse, packe meinen Rucksack und lasse mich zum Flughafen fahren. Von Justin höre ich nichts mehr. Ob er sauer ist, dass ich nicht geblieben bin? Bereits beim Check-in sehe ich Tessa und ihren Freund. Wir sitzen in einer Reihe, und ich kann endlich jemandem von diesen komischen Stunden auf Phuket erzählen.

»Das klingt wie eine Parallelwelt«, sagt Tessa.

»So fühle ich mich auch.«

»Genieße es, die Realität holt dich noch früh genug wieder ein.«

Dirty Talk mit Mr. Niceguy

Einfach nur daliegen und dösen. Der Tee steht in Reichweite. Die Musik ist leise. Mehr geht an diesem Samstagabend nicht, selbst »Wetten, dass …?« wäre zu aufregend. Gut, dass es die Samstagabendshow nicht mehr gibt. Die Tage seit meinem Thailand-Urlaub sind geradezu verflogen, es ist Winter geworden. Der Alltag hat mich längst vollständig wieder: Stress im Job, das Gedudel und der Glühweingestank von den Weihnachtsmärkten überziehen die Stadt, die sich grau und nass präsentiert. Von Justin höre ich täglich etwas, meist sogar mehrfach. Es sind kurze Nachrichten, aus ihnen spricht nicht viel Gefühl. Nur ab und zu sind sie ein bisschen flirty. Aber ich habe mich daran gewöhnt und werde geradezu traurig, wenn er mal nicht schreibt. Heute hat er sich noch gar nicht gemeldet. Dabei brauchte ich ein bisschen Aufmunterung. Ich bin übel verkatert. Die Party mit den Kollegen war zu heftig, die Nacht zu kurz.

Ich liege auf dem Sofa. Aus Langeweile greife ich zum Telefon. Facebook, Twitter, Instagram sind schon ausgelesen. Alle Mails beantwortet. Ob ich doch mal wieder Tinder … Nein, auf gar keinen Fall! Aber ich könnte ja mal eine andere Dating-App ausprobieren … OkCupid hatte ich im Herbst schon mal installiert. Statt Funkstille nach einem Match wird hier ungefragt geredet. Denn das Prinzip, dass erst beide Interesse zeigen müssen, bevor sie miteinander reden können, entfällt. Dazu kommen Nachrichten, wer das Profil angesehen hat, wen man sich mal angucken sollte; denn statt nur ein paar Fotos einzustellen, kann man bei OkCupid sehr lange Texte auf sehr viele Fragen schreiben. Je nachdem, wie ausführlich man die Fragen zu Hobbys, Weltanschauung und sexuellen Vorlieben beantwortet, dauert der Anmeldeprozess auch mal über eine Stunde. Nichts für ungeduldige Wisch-und-weg-Tinderellas. Im Herbst war ich nach eineinhalb Tagen wieder raus. Jetzt will ich wieder rein. Nicht, dass ich mir von der App auch nur irgendein Date versprechen würde. Aber vielleicht ein wenig Unterhaltung an diesem tristen Dezember-Samstagabend. Welche Singles sitzen denn schon zu dieser Zeit auf dem Sofa! Die ganz verzweifelten und die, die keine Freunde zum Rausgehen haben. Ich hoffe auf ein paar Feiergeschädigte, die es ebenfalls am Freitag übertrieben haben, sonst aber sozial gefestigt sind.

Es geht sofort wieder munter los. Mein Profil wird angeschaut, geliked, die erste Nachricht kommt von Jamie aus Boston.

> Ich komme am 20. Dezember nach Hamburg.
> Möchten Sie mich für ein bisschen Spaß treffen?
> Sie sind schön.

Wie bitte? Was? Bin ich noch betrunken? Warum gucken Männer, die nicht in meinem Einzugsgebiet sind, sich mein Profil an? Jamie wird nicht der Einzige bleiben.

In den nächsten Tagen werden aus Irland, Indien und Japan Nachrichten kommen. Ich verstehe das nicht. An meinen Bildern kann es nicht liegen – kein Dekolleté, kein Bein, kein Po. Harmloser geht es nicht. Dirty Talk über Tausende von Kilometern? Nein, meine Herren.

Christopher wohnt bei mir ums Eck. Auch er ist unverblümt:

> Hi. Wie geht's dir? Hast du Lust auf guten Sex? :-)

Also, nee, lass mal. Heute nicht. Aber gut zu wissen, dass ich mit dieser App offenbar sehr schnell an Sex kommen würde, wenn ich denn wollte. Heute Abend fühle ich mich maximal unsexy. Ich wollte ja nur Amüsement. Das ist auf jeden Fall geboten, auch wenn es ab und an in Sekundenschnelle unter die Gürtellinie geht. Wozu noch für einen Pornokanal zahlen?

Bananoholic möchte, dass ich ihm ein paar mehr Bilder schicke, gern auch etwas nackter – you wish. Kevin möchte nur ein Eis essen. Das ist erschreckend harmlos. Ein bärtiger Langhaariger möchte lieber mit mir spazieren gehen statt laufen. Aber als ich gleich morgen Mittag vorschlage, fällt ihm ein, dass er Grippe hat. Zu blöd.

So, das waren jetzt mal amüsante 20 Minuten, munterer Abend, aber irgendwie doch auch eine erschreckende Parallelwelt. Ich habe noch keine Profile von Herren angeschaut, gar selbst mal angeschrieben. Diese App ist echt eine gute Beschäftigung, und ja, es sind jetzt keine Unterhaltungen auf allerhöchstem Niveau, aber so viel Interesse schmeichelt meinem angeschlagenen Ego. Irgendwie auch bitter. Aber darüber kann ich morgen mit klarem Kopf noch mal nachdenken. Als nächster Gast verirrt sich bearcolaslave auf mein Profil. Was für ein Name! Hier wird langsam Vergnügungssteuer fällig.

> Guten Abend, sehr schönes Lachen! Bin Single
> und sehr interessiert, bissel was von dir zu erfahren.
> Muss einfach raus: Selten so was Schönes gesehen.

Ich verdrehe zwar die Augen, aber antworte:

> Ähm … Ja … War das jetzt charmant oder 'ne Floskel?

> He, he, du bist lustig, und ja,
> war ein bissel plump, wollte nur Interesse kundtun.
> Und Eis mag ich auch.

Auf einem meiner Bilder esse ich Eis. Ich schweige, was ihn nicht abschreckt.

> Wenn du willst, verwöhne ich dich mit Eis. Würde ich machen, als Sklave gefesselt, ganz unterwürfig.

Ich muss echt noch betrunken sein. Was ist denn hier los? Aber mein Spieltrieb ist erwacht. Herrlich, was für ein Quatsch.

> Wie willst du mich denn mit Eis füttern, wenn du gefesselt bist?

> Würde das Eis von meinem Körper laufen lassen oder auf meine Eier, damit ich vor dir leide.

Herrlich. Foodporn hat ab sofort eine ganz andere Bedeutung für mich. Ich gehe nicht mehr auf die Nachrichten vom Eissklaven ein. Irgendwann hört es doch echt mal auf. Jetzt komme ich endlich mal dazu, mir ein paar Profile von Herren aus meiner Umgebung anzuschauen. Ich finde nur wenige interessant. Mr. Niceguy gefällt mir. Auf seinem Profilfoto sieht man sein Gesicht nur halb, dazu noch Gegenlichtfilter. Aber ich erkenne Bart, erahne Charme, und das Bild hat etwas Jungenhaftes. In seinem Profil steht, dass man ihn kontaktieren soll, wenn man gute Gespräche und guten Sex mag. Mmmh, passt. Zum ersten Mal an diesem Abend eröffne ich das Gespräch.

> Gute Gespräche, guter Sex – gleichzeitig oder nacheinander?

> Ich bin durchaus multitaskingfähig, bin aber der Meinung, dass man sich am besten erst auf das eine und dann auf das andere konzentrieren sollte.
> Nichts gegen Dirty Talk beim Sex, aber wirklich tiefgreifende Gespräche führen, während man kaum noch Luft bekommt?
> Nein, dann bin ich eher für nacheinander.

> Womit fangen wir an?

>> Prinzipiell sollte man erst mit dem Gespräch anfangen.
>> Aber ich bin da nicht so festgelegt ;-).

> Könnte natürlich sein, dass man sich total verquatscht –
> oder gar keine Lust mehr aufeinander hat. Aber stimmt
> schon, erst reden, dann knutschen – find ich als
> Reihenfolge auch besser.

>> Na ja ... aber wollen wir das Risiko eingehen,
>> dass wir uns verquatschen?
>> Da ist es doch umgekehrt besser:
>> erst einmal guten Sex haben, dann quatschen.
>> Sollte das mit dem Reden nicht ganz so gut sein,
>> kann man immerhin sagen:
>> Wenigstens der Sex war gut. ;-).

Der Mann gefällt mir. Es ist das erste Mal bei einer Dating-App, dass ich so etwas wie Humor zwischen den Zeilen lese. Schon nach diesen fünf, sechs Nachrichten mag ich Mr. Niceguy. Wir schreiben über Sex, irgendwie schwingt etwas Spielerisches mit, und zur Abwechslung empfinde ich es nicht als plump und derbe.

> Irgendwie erstaunlich, wie ich perfide einfach dich ins Bett
> kriegen könnte, ohne vorher zu reden ;-).

> Und ich dich.

>> Ich bin ein Mann – das ist für dich
>> doch keine Herausforderung ;-).

Mr. Niceguy ist schon länger bei OkCupid. Ich sage ihm, dass ich diese App äußerst gewöhnungsbedürftig finde. Er kennt dafür weder Tinder noch Happn. Wie kann man heutzutage als Single nicht auf Tinder sein? Vielleicht ist er doch ein Freak ...

> Hast du dich denn schon mal mit jemandem getroffen, und ihr hattet erst Sex und habt danach miteinander geredet?

>> Die Variante ›erst Sex, dann reden‹ hab ich noch nie ausprobiert. Wird bei dir jetzt ja auch wieder nichts … ;-).

Wir sind ja schon mitten in einem Gespräch. Und ich hoffe, dass das noch andauert. Es kommen zwei, drei Nachrichten von anderen Männern. Aber die ignoriere ich. Ich habe jetzt keine Zeit. Nur noch Augen und Finger für Mr. Niceguy. Ich erzähle, dass meine bisherigen Dates über Tinder & Co. eher nicht so der Kracher waren. Dass ich die Typen noch nicht mal knutschen wollte. Und wer nicht küssen kann, der kommt erst gar nicht auf meine Bettkante.

>> Dann wird das bei mir ja gefährlich ;-).

> Uuuh – Eigenlob?!

>> Nein. Nur geringe Selbstüberschätzung ;-).

> Was zu beweisen wäre.

Fast jede seiner Nachrichten versieht der Niceguy mit einem Smiley. Soll wohl alles nicht ganz so ernst sein. Auf dem Sofa liegend, traue ich mich was. Schriftliche Schlagfertigkeit mit einem Unbekannten, das Risiko ist gering, das Gefühl gut. Wir wagen uns beide Stück für Stück aus der Deckung.

> Ich mag Sex – vor allem wenn er dreckig ist ;-).

>> Ich bin ganz bei dir.

> Definiere mal dein ›dreckig‹.

>> Ich will gefordert werden. Es soll nicht nach zwei Minuten vorbei sein.

> Ich möchte mehr als einen Orgasmus haben.
> Und ich gebe die Dominanz im Bett gern ab.

> Wenn du die Dominanz gänzlich abgibst,
> dann werden es definitiv mehr als zwei Minuten!
> Schließlich habe ich dann das Zepter in der Hand
> und bestimme die Spielregeln. Und ich werde
> mir Zeit nehmen, dich hinhalten und vor allem:
> dich betteln lassen ;-).

> Ui, das klingt verlockend.

Würde man so etwas zu einer Frau an der Theke sagen? Vielleicht nach dem sechsten Bier. Und man würde eine Ohrfeige riskieren. Aber von Bildschirm zu Bildschirm geht das prima. Ich bin überrascht von mir, wie sehr ich mich auf das Gespräch einlasse, wie viel Spaß es mir macht. Ich möchte nicht, dass es aufhört. Dabei ist er ein Fremder. Ich habe noch nicht mal ein klares Bild vor Augen.

> Es würde für dich hart werden. Mein Auftreten, mein
> Fordern, meine Hand führt dich, ich zieh an deinen
> Haaren, meine Hand trifft deinen Hintern, hart, laut und
> immer wieder mal, ich greife an deinen Hals.

Puh, ich kann nicht leugnen, dass mich das anmacht. Obwohl es nur Worte sind. Ich habe aber Bilder im Kopf. Dass ich auf härteren Sex stehe, habe ich in den vergangenen Monaten gemerkt. Sowohl Jurij als auch Tobias waren im Bett dominant. Ich konnte mich mehr als gut drauf einlassen. Auch wenn mein Kopf es immer wieder komisch findet und feministische Bedenken anmeldet. Ich bin doch sonst so bestimmend und selbstbewusst. Warum will ich das im Bett nicht sein? Mit Shades of Grey hat das alles nichts zu tun. Ich habe die Bücher nicht gelesen. Mr. Niceguy fragt mich nach meinen Vorlieben. Ich erzähle ihm, dass ich gern mal gefesselt werden möchte, dass ich mich mal schlagen lassen möchte.

> Ach, wie hätte ich doch Lust, dich willenlos zu wissen und dich langsam, ganz langsam heiß zu machen, deine Lust zu steigern, bis du darum bittest, endlich hart gefickt zu werden.

Schreibt er aus einem Schundroman ab? Oder meint er das ernst? Ich steh auf jeden Fall drauf, merke, wie ich feucht werde. Durch das Tippen von Nachrichten mit einem Fremden.

> Ich würde mich revanchieren, mit einem langsamen Herantasten an deinen Schwanz. Mit meiner Zunge. Es würde lange dauern, bis ich deinen steifen Schwanz in den Mund nehme. Du würdest auch winseln.

> Hey … du wolltest doch deine Dominanz komplett abgeben. Wenn ich meinen Schwanz in deinem Mund haben möchte, stecke ich ihn einfach rein, während du wehrlos und gefesselt vor mir kniest. So!

Ungemein verlockend: doch noch mal vom Sofa runter, Mascara auflegen und los, diesen Unbekannten treffen. Würde ich das wirklich tun? Ich muss mir die Frage nicht beantworten, weil Mr. Niceguy sagt, dass er morgen sehr früh zum Dienst muss. Er ist Arzt. Und eine Frau, die sich mit ihm zum Sex verabreden will, ohne vorher ein Anstandsbier zu trinken, scheint ihm doch ein bisschen unheimlich zu sein. Wir wechseln in einen anderen Modus, sprechen über seinen Fußballverein, meine Freitagnacht, das Thema seiner Doktorarbeit. Ich bin begeistert. Das ist der erste vernünftige Kerl, den ich hier treffe. Ein Volltreffer. Wir haben mehr als 150 Nachrichten ausgetauscht, es ist kurz vor Mitternacht, und ich habe eine ordentliche Kopfkinovorlage. Für die ich mich artig bedanke, bevor ich ins Bett gehe. Ich hole meinen Vibrator aus dem Nachttisch und brauche leider nicht lange bis zum Orgasmus.

Am nächsten Morgen meldet sich Mr. Niceguy wieder. Damit hätte ich nicht gerechnet. Wir machen da weiter, wo wir am Abend vorher aufgehört haben. Wir suchen ernsthaft nach einem Termin für ein Treffen. Noch vor Weihnachten. Wir tauschen Telefonnummern aus, nennen uns unsere richtigen Namen, erzählen Alltägliches, jetzt per WhatsApp. Ab und zu driften wir wieder in Dirty Talk ab, und jedes Mal macht es mich unglaublich an. Als ich von einem Geschäftstermin im Zug von Berlin nach Hamburg fahre, schreiben wir mehr als eine Stunde erotische Nachrichten. Ich bin kurz davor, auf die Zugtoilette zu gehen und es mir selbst zu machen. Was macht dieser Mann mit mir?

Wir treffen uns an einem Sonntagabend an der Bar einer meiner Lieblingskneipen. Dort fühle ich mich wohl, und es liegt günstig, wenn wir tatsächlich noch zu mir wollen. Die Idee, dass er zu mir kommt, wir direkt Sex haben, ohne dass wir uns vorher kennenlernen, hat mir zwar sicherlich zehn Orgasmen beschert, aber wir haben sie dennoch verworfen. Außerhalb der App sind wir dann beide nur noch halb so mutig. Ich bin aufgeregt. Mr. Niceguy weiß von meinen erotischen Fantasien, meinen Tabus, meinem Verlangen, obwohl wir uns nicht kennen. Als er mir ein zweites Foto schickte, auf dem er besser zu erkennen ist, habe ich kurz gezweifelt. Ich hätte ihn nie angesprochen, wenn ich ihn in einer Bar gesehen hätte. Er wäre mir wohl nicht aufgefallen. Aber ich will diesen Mann jetzt kennenlernen. Wir sind uns einig, welchen Tonic man zum Gin trinkt, sind uns sympathisch und liegen sexuell auf einer Wellenlänge. Er ist dominant, ich ordne mich unter. Das gilt nur fürs Schlafzimmer, darin sind wir uns einig. Das Gespräch verlief immer auf Augenhöhe. Ich fühle mich wohl damit. Das muss doch auch in der Realität funktionieren.

Das tut es. Zwischen Mr. Niceguy und mir gibt es kein Eis, das gebrochen werden muss. Wir finden ständig neue Themen und Ansätze, reden auch mal über Sex, aber vor allem lernen wir uns kennen. Dieses Gespräch hat so null Komma null mit dem Bewerbungsgesprächscharakter von ersten Dates zu tun. Wir trinken Bier und reden und vergessen darüber, warum wir uns eigentlich getroffen haben.

»Wir schließen gleich. Möchtet ihr noch eine Runde?« Erst, als der Kellner unser Gespräch unterbricht, merke ich, dass es schon nach 23 Uhr ist.

»Was machen wir jetzt?«, fragt Mr. Niceguy.

»Das, wozu wir uns eigentlich getroffen haben. Wir gehen zu mir.«

Ich sage das sehr bestimmt, aber ich bin plötzlich wieder sehr aufgeregt. Was, wenn er wirklich so hart im Bett ist, wie er behauptet? Lasse ich das zu? Will ich das? Ich komme gar nicht dazu, mir die Fragen zu beantworten. Sobald meine Haustür ins Schloss fällt, zieht Mr. Niceguy meinen Kopf an meinen kurzen Haaren zu seinem. Der Kusstest.

»Bestanden«, sage ich, als ich wieder reden kann, und grinse ihn an.

»Das Grinsen wird dir noch vergehen«, sagt er. Seine so angenehme Stimme ist hart geworden. Ich bin verwirrt. Er hat die Rolle schon gewechselt. Ich bin schauspielern im Bett nicht gewohnt.

»Wenn ich irgendwas mache, was du nicht magst, was du nicht aushalten willst, sagst du ›Gin‹. Auf ›Stopp‹ oder ›Aua‹ werde ich nicht reagieren. Knie dich aufs Bett. Rücken zu mir.« Oha, er meint es ernst. Ich habe noch nie ein Safeword mit einem Mann vereinbart. Ich schlucke, aber ich muss immer noch grinsen. Ich freue mich auf das, was kommt, ohne zu wissen, was es ist. Als ich den Klettverschluss seiner Umhängetasche höre und wie er etwas aus einer Plastiktüte zieht, drehe ich mich um.

»Habe ich gesagt, dass du dich umdrehen sollst?« Wenn ich das im Halbdunkel gerade richtig gesehen habe, hat er eine Peitsche aus seiner Tasche gezogen. Oder war es ein Strick? War es wirklich clever, sich mit ihm zu treffen? Der kann theoretisch jetzt alles mit mir machen. Stärker als ich ist er bestimmt. Gut, dass Juli weiß, wo ich bin und mit wem ich mich treffe. Ich habe ihr vorhin eine WhatsApp geschrieben, dass der Niceguy wirklich so toll ist wie in der Virtualität. Wenn das mal nicht zu früh war.

»Ich habe ein bisschen Spielzeug mitgebracht. Nur das kleine Gerät. Ich will dich nicht schocken.« Ich drehe mich um.

»Habe ich gesagt, dass du dich umdrehen sollst? Knie dich hin, Hände vor den Bauch.« Er kommt von hinten, streift mir mein T-Shirt-Kleid flink über den Kopf, so dass nur noch die Arme in den Ärmeln stecken. Er verknotet den Stoff. Schon bin ich gefesselt und nur noch in Unterwäsche. Stoff berührt meine nackten Schultern.

»Das ist eine Peitsche, aus einem Seil. Recht weich, sehr harmlos.« Das Seil verlässt meine Haut – und landet in der nächsten Sekunde auf meinem nackten Po. Ich zucke zusammen. Es tat nicht weh, aber es kam überraschend.

»Alles gut? Das hat jetzt nicht weh getan, oder?«

»Nein, aber ich habe nicht damit gerechnet.«

»Das gehört zum Prinzip.«

Die Situation ist komplett neu für mich. Es ist mir nicht unangenehm, ich fühle mich auch nicht unwohl, aber ich bin wahnsinnig gespannt, was hier passiert, was mit mir passiert. Ich bin aufgeregt und erregt. Etwas Kühles berührt meine Schulter. Es fühlt sich an wie Leder.

»Das hier ist auch eine kleine Peitsche, anderes Material, andere Wirkung.« Zum Beweis lässt Mr. Niceguy sie auf meine Arschbacke knallen. Autsch! Ich zucke zusammen. Das tat weh, zumindest ein bisschen. Kann ich das noch mal spüren?

»Gefällt dir das?«

»Ich kann es noch nicht sagen. Irgendwie ja, irgendwie fühle ich mich blöd dabei.«

»Dann lassen wir das. Ich will dich nicht zu sehr fordern.« Statt Peitschen fühle ich jetzt seine Hände auf meiner Haut. Jegliche Befürchtung, dass Mr. Niceguy irgendetwas tun könnte, was nicht für mich in Ordnung ist, ist verschwunden. Ich gehe hier gerade an meine Grenze, verlasse definitiv meine Komfortzone, aber ich will mehr davon, will wissen, was noch passieren kann. Mr. Niceguy begnügt sich mit Fesseln, mit Kommandos. Ich leiste hier und da Gegenwehr. »Wenn ich das Gefühl habe, du wehrst dich zu sehr und lässt dich nicht führen, dann kann es schnell zu Ende gehen.« Das will ich auf keinen Fall.

Er weiß, worauf er sich eingelassen hat. Ich bin auf diesem Gebiet Anfängerin. Vor fünf Stunden habe ich ihn zum ersten Mal gesehen. Jetzt vertraue ich ihm vollkommen. Ich lasse mich komplett von ihm leiten, führen, lasse mich fallen, gehorche, bin willig und so erregt wie nie zuvor. Meine sexuelle Fantasie, dass ich gerne mal gefesselt werden will, erfüllt sich heute. Und live ist es besser als im Kopfkino. Ich habe mehrere Orgasmen, die er immer wieder hinauszögert, so fies, so gut, und sogar eine Ejakulation, meine Bettdecke ist komplett nass. Ich bin verwirrt. Das ist mir noch nie passiert. Ich weiß nicht, wie lange wir Sex hatten, gefühlt zwei Halbzeiten lang. Ich bin völlig fertig und sehr befriedigt. Und sehr glücklich, dass er über Nacht bleibt. Ich hätte es komisch gefunden, jetzt allein einzuschlafen. Auch wenn es merkwürdig ist, nach so langer Zeit mal wieder neben jemandem einzuschlafen.

Auch das Aufwachen ist komisch. Unvertraut, ungelenk, wir kuscheln nicht, küssen uns nicht. Ich stehe auf, mache einen Kaffee. Mr. Niceguy liegt noch im Bett. Ich bringe ihm eine Tasse.

»Geht es dir gut?«, fragt er mich.

»Ja, ich habe den Abend sehr genossen.«

Ich begreife noch nicht so ganz, was passiert ist, wie ich zu Mr. Niceguy stehe. Es verwirrt mich, dass ich auf Wehrlosigkeit, Befehle und Schläge stehe. Aber ich möchte mehr davon. Ich kann es nur nicht klar formulieren. Es ist mir unangenehm, mehr mir selbst als ihm gegenüber.

»Toni, für mich ist wichtig, dass du dich freiwillig in meine Hände begibst, wenn du dich schlagen und benutzen lässt, und es genießt, genommen zu werden. Wenn du dich devot verhältst und ich meine Dominanz zeigen kann, dann ist das für mich eine Vereinbarung zwischen zwei Personen. Es ist keine Lebenseinstellung, sondern beschränkt sich nur aufs Bett und funktioniert nur, weil es beide freiwillig machen.«

Ich denke noch lange über diese Worte nach und über das, was ich in der Nacht erlebt habe. Für mich steht fest, dass ich Mr. Niceguy wiedersehen will. Ich bin nicht verknallt oder verliebt, aber fasziniert. Doch in den nächsten Tagen werde ich enttäuscht. Mr. Niceguy meldet sich nicht von sich aus. Auf meine Whats-App antwortet er kurz angebunden. Das war vor unserem Treffen anders. Ist es etwa wie immer? Kaum war ich mit dem Mann im Bett, verliert er das Interesse? Und kaum war ich mit einem Mann im Bett, bin ich fasziniert, will ein zweites Mal, entwickle ein Gefühl? Diesmal kommt noch ein weiterer Aspekt hinzu. Ich will mehr über mich und meine Sexualität lernen. Und schwups, bin ich wieder in dieser Falle: Ich warte auf ein Zeichen, eine WhatsApp. Meine Gedanken kreisen nur noch darum. Warum kann ich nicht einfach nur genießen und mich freuen, dass es passiert ist? Warum mache ich mir das Leben immer so schwer? Oder sind es die Männer, die es mir schwermachen?

Das Fest der Liebe

Und, was machen die Männer?« Da war sie wieder, die Frage aller Fragen. Üblicherweise stellt sie meine Mutter. Aber auch von Nicht-Singlefreundinnen höre ich sie in schöner Regelmäßigkeit. Manchmal ist es die pure Lust auf neue Geschichten aus dem aufregenden Singleleben; denn von außen betrachtet und mit gebührendem zeitlichem Abstand sind missglückte Dates und Knutsch-Katastrophen höchst amüsant. Manchmal ist es die reine Sorge, dass ich unter der fröhlichen Oberfläche leide; denn wenn alle pärchenweise am Glühweinstand kuscheln, wer kümmert sich dann um die kleine Toni? Manchmal habe ich jedoch das Gefühl, die Fragestellerin vergewissert sich ihrer langweiligeren, aber solideren Position im Arm eines Mannes.

Diesmal ist es wohl eher die Neugier. Ein knappes Dutzend Mädels hat sich in der großzügigen Küche verteilt. Es sind noch ein paar Tage bis Weihnachten. Ich versuche, krümeligen Mürbeteig zu einer Kugel zu formen. Am großen Tisch werden schon Kekse ausgestochen, vorzugsweise Herzen und Sterne, und am freistehenden Herd brodeln mindestens zwei Kilo flüssige Schokolade. Es riecht nach Zimt, Nelken, Orangen, Glühwein und Prosecco. Es knetet, mixt und formt sich einfach besser damit. Bis eben waberte das Gequatsche und Gelächter durch den Raum. Jetzt ist es still.

»Ja, Toni. Was ist eigentlich los bei dir? Über ein Jahr Single, keinen neuen Mann am Start, und die letzten Geschichten sind auch schon eine Weile her«, sagt Kerstin.

Sie hat gut reden. Sie ist seit ein paar Wochen verliebt. Es sei ihr auch mehr als gegönnt, denn sie war viele Jahre allein, suchte, aber fand nicht.

»Ja, nichts ist los«, sage ich deutlich genervt. Muss ich denn immer in größter Runde aus meinem Privatleben plaudern?

»Seit Tobias können mir die Kerle, ehrlich gesagt, gestohlen bleiben.«

»Hast du daran immer noch zu knabbern?«

»Mmmh. Ja, ich glaub schon.«

»Was ist denn mit dem Typen aus Thailand?«

»Was soll mit dem schon sein, der ist in Thailand«, sage ich mürrisch und wickle höchst konzentriert den Mürbeteig in Frischhaltefolie.

Von meinem Mr. Niceguy weiß hier in der Runde nur Juli. Ich suche ihren Blick und bemühe mich, verschwörerisch zu gucken. Sie zwinkert. Sie hat verstanden. Nach ein paar Tagen der Stille begann Mr. Niceguy wieder mit den WhatsApp-Nachrichten. Wir hatten uns seit dem ersten Treffen nicht mehr gesehen, aber zumindest über ein weiteres gesprochen. Nicht mehr in diesem Jahr allerdings. Was ein bisschen schade ist, denn der Sex mit ihm hat mich angefixt. Ich wollte dringend mehr und weiter meine Grenzen austesten. Den einen oder anderen Abend versüßten wir uns mit derben Nachrichten. Auch wenn ich mir immer noch nicht im Klaren darüber bin, warum ich, die sich im Alltag so ungern etwas sagen lässt, diese Nacht so genossen habe.

»Ja, aber ihr habt noch Kontakt?«, fragt Nele.

»Jaja. Wer jetzt?«

»Na, Justin und du?«

»Ach so, ja. Er will, dass ich noch mal nach Thailand komme, will mir das Ticket zahlen, ich soll bei ihm wohnen. Aber ich weiß nicht.«

»Nichts wie hin da. Für lau wohnen. Raus aus dem Winter hier. Das ist doch geil«, sagt Kerstin.

»Bisschen spooky ist das schon. Du kennst den ja nicht«, wirft Nele ein.

»Eben. Und jetzt ist ja auch erst mal Weihnachten. Kannst du den Teigkloß bitte in den Kühlschrank legen?« Ich verlasse die Küche, muss ins Bad, einmal kurz durchatmen. Warum meinen eigentlich alle, dass ich meine Beziehungen so gern öffentlich diskutiere? Zugegeben, manchmal rede ich gern darüber. Was von vielen für eine dauernde Auskunftsgarantie gehalten wird. Aber momentan will ich nicht über die Liebe reden. Nur leider ist es in diesen Tagen nicht möglich, das Thema zu umgehen. Weihnachten steht vor der Tür, und automatisch wird der Familienstatus wichtig. Verheiratete Freundinnen planen schon seit Tagen die günstigsten Routen zwischen Hamburg, seinen und ihren Eltern. Wen besucht man am ersten Weihnachtstag? Wen am zweiten? Geschenke für Kinder, Mann, Freund, Oma und Mutti müssen gekauft werden.

Ich bin froh, dass meine Familie sich auf das Wesentliche beschränkt und die Verwandtschaftsverästelungen ignoriert. Zum ersten Mal werde ich meine Eltern und meine Schwester bei mir zu Hause zu Gast haben. Niemand von ihnen wohnt in meiner Stadt, und sie reisen extra an. Was im Grunde genommen daran liegt, dass ich Single bin. Denn bei der Dienstplanung vor sechs Wochen wurde klar, dass es einen Weihnachtsdienst geben muss. Wir haben derzeit ein paar Kunden, die auch über die Feiertage einen Ansprechpartner brauchen.

»Du kannst bestimmt den Dienst über die Feiertage übernehmen, Toni?«, fragte mich mein Chef vor versammelter Mannschaft. »Du hast ja keine Familie.«

Ein seltener Fall von Sprachlosigkeit ereilte mich. Ich brauchte ein paar Sekunden, um mich zu berappeln, was bereits als Zustimmung gewertet wurde.

»Äh, ich habe Familie.«

»Ja, aber keinen Mann und keine Kinder.«

»Ach, und das ist dann weniger wert, als Eltern und Geschwister zu haben? Interessant.« Auf Abwertung aufgrund von Singledasein reagiere ich sehr allergisch. Meinem Chef war es gar nicht recht, dass ich die Diskussion im Großraumbüro anzettelte. Aber soll er mich halt unter vier Augen fragen und nicht vor meinem Team.

»Jetzt reagier doch nicht gleich wieder wie eine Latzhosen-Feministin, Toni.«

»Was hat denn das mit Feminismus zu tun, wenn ich Weihnachten zu meinen Eltern fahren möchte?«

»Ja, du bist doch aber deutlich flexibler als wir mit Kindern.«

»Das ist ja wohl kaum mein Problem. Dein Problem ist, dass du einen Weihnachtsdienst brauchst, weil du keine Lust hast, das Essen mit den Schwiegereltern abzusagen.« Ich ahnte, dass ich aus der Nummer nicht rauskommen würde. Aber es machte mich wütend, dass vorausgesetzt wurde, dass ich keine Pläne für Weihnachten hätte.

»Du hast dafür Silvester frei und kannst auch den zweiten Januar als Ausgleich nehmen. Brauchst du doch eh, wenn du steilgehen willst.«

»Ah, meinen Silvesterabend hast du auch schon verplant? Interessant.«

Ganz falsches Thema. Aber das kann der Chef ja wirklich nicht ahnen. Bislang wusste ich noch so gar nicht, was ich zum Jahreswechsel machen sollte. Ich hatte keine Lust auf die ewig gleiche Pärchenrunde. Dort würde ich mit niemandem ins neue Jahr knutschen.

»Toni, bitte. Zick hier nicht so rum.«

»Und behandle du mich nicht, als sei ich minderbemittelt, nur weil ich keinen Freund oder Mann und Kinder habe.« Ich beendete das Thema an dieser Stelle, indem ich zum nächsten Termin eilte. Aber ich wusste, dass ich leider viel zu pflichtbewusst war, um die Kollegen hängenzulassen. Ich rief am Abend meine Eltern an und fragte, ob ich sie Weihnachten mal zu mir einladen könnte. Ich müsse Heiligabend bis nachmittags arbeiten und in

Gewehr-bei-Fuß-Stellung über die Feiertage verharren. Weder meine Schwester noch meine Eltern hatten etwas gegen einen Ausflug nach Hamburg.

Und jetzt, ein paar Tage vor Weihnachten, freue ich mich dann auch endlich auf das etwas andere Fest, kaufe Kugeln, Kerzen und Tannenzweige, schleppe Unmengen an Lebensmitteln und Flaschen in meine kleine Wohnung. Es soll Heiligabend Fisch und am ersten Feiertag Rehrücken geben. Wie das auf meinen sieben Quadratmetern Küche klappen soll, ist mir noch ein Rätsel. Aber wir vier werden das schon hinbekommen …

An Heiligabend ist es erwartungsgemäß ruhig im Büro. Ich dauersurfe alle Nachrichtenseiten ab, auf denen sich auch kaum etwas verändert. Die E-Mails bleiben im unteren zweistelligen Bereich. Keine Kunden-Katastrophen. Bis mittags habe ich schon zwei Schokoladen-Weihnachtsmännern den Kopf abgebissen. Ein dritter wird bis zur Kaffeezeit noch hinzukommen. He, he! Als ich gegen 17 Uhr nach Hause fahre, sind die Straßen schon leer. Es bindfadenregnet. Ich freue mich auf meine Familie, die ja angeblich keine richtige ist, und ein gutes Essen, rechne fest damit, dass der Tisch schon gedeckt ist. Weit gefehlt! Meine Mutter entspannt bei diversen Weihnachtsfilmen und -serien, die man jedes Jahr gucken kann. Mein Vater probiert den Portwein. Meine Schwester verdreht nur die Augen und sagt: »Alles wie immer.«

Zwei Stunden später sitzen wir am Tisch. Ich finde es festlich-kuschelig und bin stolz. Fühlt sich ein bisschen erwachsen an, an Weihnachten Gastgeber zu sein. Leider merke ich schnell, dass dieses Fest, das wir schon seit Jahren nicht mehr religiös gestalten, geradezu eine Steilvorlage ist für Diskussionen über meine Lebenseinstellung. Das abgewürgte Gespräch mit meinen Mädels beim Keksebacken war eigentlich nur eine Vorübung für das Tischgespräch am Heiligabend. Zwischen Kürbissuppe und Zander fängt meine Mutter an.

»Du bist jetzt schon mehr als ein Jahr lang allein.« Ich bekunde meine Unlust, auf das Thema einzusteigen, mit einem »Mmhh«.

»Ich verstehe das nicht. Du kochst so gut. Und deine Kekse schmecken fantastisch.«

»Mama, ich gehe nicht mit meinen Kochkünsten auf Männerfang.«

»Für wen hast du denn dann die ganzen Kekse gebacken?«

»Für euch. Kollegen, Freunde, einfach, weil es mir Spaß macht.«

»Ist denn im Büro niemand für dich dabei?« Meine Mutter lässt nicht locker.

»Never fuck the company ...« Mein Vater weiß, wie es geht.

»Wenn du samstagabends backst statt tanzt, kann das auch nichts werden, Schwesterherz.« Meine kleine Schwester hat gut reden. Sie ist gerade mal wieder in einer längeren Beziehung. Alles läuft schnurstracks in Richtung Verlobung, Heirat, Nachwuchs. Was mir aber in gewisser Weise auch den Druck nimmt, dass ich für die Nachkommen sorgen muss.

»Aber Sex hast du genug, oder?«

»Papa!« Ich gucke meinen Vater fassungslos an. Meine Schwester verschluckt sich an ihrem Suppenrest. Andererseits bin ich meinem Vater dankbar, die Dramatik aus der Gesprächsrunde zu nehmen. Ich nutze die Pause, um abzuräumen. In der Küche gucke ich aufs Handy. Mr. Niceguy hat sich gemeldet.

> Liebe Toni, ich wünsche dir besinnliche Stunden mit deiner Familie und ein tolles Essen.

> So viel Anstand und Besinnlichkeit bin ich ja von dir gar nicht gewohnt. Danke und dir natürlich auch.

> Okay, dann ein frivoles, feuchtes Fest.

Haha, wir verstehen uns.

> Frohe Weihnachten, liebe Toni.
> Bist du bei deinen Eltern oder in der Stadt?

Diese WhatsApp kommt von Tobias. Es ist die erste seit Wochen, und ich starre ungläubig aufs Handy. Spinnt der? So vollkommen unvermittelt sich wieder zu melden … Vermutlich ist er allein. Ich komme nicht zum Antworten, weil meine Schwester in die Küche rauscht.

»Ach, deswegen verhungern wir«, sagt sie und blickt auf das Handy in meiner Hand. »Lass jetzt mal die Männer in Ruhe und uns mal den Fisch braten.« Ich schreibe Tobias erst spät am Abend zurück, als meine Eltern ins Hotel gehen und meine Schwester sich das Sofa zum Bett umbaut. Aber ich bekomme keine Antwort mehr. Ich hatte allerdings auch nicht ernsthaft damit gerechnet.

Am nächsten Mittag beim Brunch ist es meine Schwester, die das Singlethema wieder auf den Tisch bringt.

»Toni, ich wollte dir ja eigentlich Konzertkarten schenken. Aber dann dachte ich mir, dass du ja ganz allein hingehen musst. Wäre auch blöd …« Was soll das denn jetzt? Ihr Buch ist super, das hätte ich mir eh gekauft.

»Und dann dachte ich an Dessous, aber die sieht ja niemand. Für eine Katze hast du zu wenig Zeit. Und die Backmischung für einen Mann habe ich dir ja schon zum Geburtstag geschenkt.« Ja, das war großartig. Nicht! Ich hätte sie als Kind doch häufiger verhauen sollen.

»Liebe Leute, es reicht jetzt. Ein für alle Mal! Wenn ich es für richtig halte, dass ich wieder in einer Partnerschaft leben will, dann werde ich es tun. Solange ich aber weder die Lust verspüre noch sich Kandidaten dafür anbieten, lasse ich es einfach. Ich wäre theoretisch sehr glücklich mit meinem Dasein als Single, wenn ich nicht ständig erklären müsste, dass es so ist und warum es so ist. Ja, ich bin Mitte 30. Und nein, ich warte nicht auf einen Prinzen, und ich suche auch keinen Versorger oder Kindsvater. Ich will mir einfach mir selbst ein gutes Leben schaffen. Super Job, tolle Freunde, liebe Familie. Aber die kann man sich ja nicht aussuchen.«

»Wer möchte noch Schampus?« Mein Vater hasst diese Diskussion ganz offenbar ebenso wie ich. Sein Ablenkungsmanöver funktioniert einigermaßen. Wir stoßen auf das Leben an und reden bis Ende des zweiten Weihnachtsfeiertages nicht mehr über das Thema. Sonst hätte ich auch einen Notfall in der Firma vorgetäuscht. Doch mit dem Ende der Weihnachtstage fängt das eigentliche Singledrama erst an. In den Tagen »zwischen den Jahren« ist eigentlich niemand, der Nachwuchs oder einen Partner hat, ansprechbar. Verwandtschaftsbesuche, Zeit zu zweit – Zeit für Freunde hat man erst wieder im neuen Jahr. Nächster Härtetest ist Silvester. Die Frage »Was machst du an Silvester?« stellen sich ja alle seit September, jedes Jahr wieder. Paare wissen, egal, was kommt: Ich feiere mit meinem Schatz. Der Rest ist egal. Ich leiere seit Wochen die immer gleichen Sätze herunter: »Ich weiß es nicht«, »Das ist mir nicht so wichtig«, »Irgendeine Party« und verdränge die Suche nach einer guten Antwort und einer wirklichen Alternative.

Und wenige Stunden vor Jahresende stehe ich nun da und resigniere. Spontane Kurztrips in europäische Hauptstädte kosten ein Vermögen für diese eine Nacht. Einladungen zu Raclette- und Spieleabenden in Pärchenkreisen habe ich dankend abgelehnt. Also greife ich auf die sichere Bank zurück: Party im Freundeskreis. Wir sehen uns häufig, feiern in der immer gleichen Runde – und es ist nett, aber eben unspektakulär nett. Und mir ist gerade nach Spektakel! Ich würde noch jetzt alles stehen und liegen lassen, wenn hier so ein Knallbonbon aufpoppen und mir die Party des Jahrtausends versprochen würde. Garantien? Brauche ich nicht.

Es ist abzusehen, dass das nichts wird mit der großen Sause, dem himmlischen Geknutsche, dem furiosen Start ins nächste Jahr. Ich tue aber so, als ob, man weiß ja nie, wen man auf dem Weg zur Bahn oder um Mitternacht auf der Straße so trifft. Das enge Abendkleid, die hohen Schuhe, die Nägel in dunklem Braun lackiert, die Augen stark betont – ich wäre bereit für eine fette Feier. Wir treffen uns bei einem Paar zu Hause. Hier stehen noch mehr Paare, ein paar weibliche Singles und tatsächlich auch ein paar einsame Herren, aber sie eignen sich entweder nicht fürs Knutschen oder sind mein Ex-Freund. Es sind gute Freunde, liebe Menschen. Sollte ich noch kurz vor Jahresschluss einen Anfall von Sentimentalität bekommen – diese Freunde wüssten es zu ertragen.

Wir haben natürlich zu viel von allem: Dreimal Nudelsalat, sehr viel Brot, genügend Käse, und jeder, der zur Tür reinkommt, hat noch eine Flasche Sekt unterm Arm. Doch die Party kommt nur so mäßig in Schwung. Lust, mich zu betrinken, habe ich auch nicht. Es wird erzählt, gelacht, gefeiert, angestoßen, Pläne fürs kommende Jahr geschmiedet. Das ist solide, aber irgendwie auch so schrecklich vorhersehbar.

Kurz vor 24 Uhr werfen wir uns eilig die Jacken über. Natürlich regnet es mal wieder, und ist dazu noch fröstelig kalt. Ich will eigentlich in der Wohnung bleiben. Auf die Böller neben, vor und über mir habe ich ohnehin wenig Lust.

»Nee, komm jetzt mit, Toni. Silvester muss man kurz rausgehen und anstoßen!«, sagt Kerstin.

»Ja, aber warum eigentlich? Nur, weil die Männer knallen wollen?«

»Jetzt lamentier mal nicht. Nimm dir eine Flasche Sekt und folge uns unauffällig«, sagt Juli sehr bestimmt. Jeder sucht seine Jacke in dem Stapel im Schlafzimmer, Schuhe an, Mütze auf.

»Braucht jemand noch Becher?«, ruft irgendwer.

»Bitte, wenn auf die Straße, dann doch auch richtig. Jeder

nimmt mal einen Schluck, morgen sind wir alle krank«, unke ich. So richtig Spaß habe ich nicht.

»Toni, du hast definitiv zu wenig getrunken«, sagt Kerstin und hakt mich unter.

»Ich kann mir doch nicht jeden Abend schöntrinken«, entgegne ich, als wir die Treppe runtergehen. Der Abend war wirklich nicht schlecht. Auch die Anwesenheit meines Ex-Freundes stört mich ganz und gar nicht. Im Gegenteil. Ich freue mich immer, ihn zu sehen, und er sieht leider auch wieder mal unfassbar gut aus. Aber es ist einfach nicht meine Nacht. Und die Aussicht auf die kommenden Minuten trübt meine Laune weiter. Gleich wird sich zum Krachen der Böller und Explodieren der Raketen noch das charmante Bimmeln der Kirchturmuhren gesellen. Und alle werden sich in die Arme fallen. Also die Paare sich. Und wem falle ich in die Arme?

Punkt 24 Uhr starre ich mit den anderen Singles erst mal in den Raketen-Himmel. Nehme dann einen großen Schluck aus der Sektflasche und schätze mich glücklich, dass gleich mehrere Freundinnen da sind, mit denen ich den Singlestatus gemeinsam habe. Zuerst umarme ich Juli.

»Ach, wir haben ja uns.«

»Und so wird das auch immer sein«, brüllt sie mir ins Ohr. »Egal, was passiert.« Nanu? Will sie sich verlieben im neuen Jahr? Nele auf jeden Fall. Sie kommt auf mich zu, breitet die Arme aus und ruft: »Toni, auf dass wir am Ende dieses Jahres endlich einen Kerl umarmen.« Mmh, ja, von mir aus. Keine Widerworte in der Silvesternacht. Als Nächstes steht mein Ex vor mir. Wir umarmen uns lang und fest. Von ihm kommt ein geseufztes »Ach, Toni« und ein Kuss. Leider nur auf die Wange. Ich habe einen kleinen See aus Rührungstränen in meinen Augen und hoffe, dass es dunkel genug ist und niemand es sieht. »Ach, Bengel«, sage ich. So habe ich ihn immer genannt, und manchmal rutscht es mir noch raus. Immerhin muss ich ihm keine SMS in angetrunkenem Zustand schreiben, die ich am nüchternen Morgen bereuen würde. Wir halten uns ein wenig im Arm und gucken ins Feuerwerk am Nachthimmel. Silvester darf man sich nahe sein, finde ich. Er streichelt mir über die Wange.

»Ich wünsche dir ein tolles, aufregendes Jahr.«

»Danke, bisschen weniger Aufregung als im letzten wäre auch nicht schlecht«, sage ich.

»Ach komm, dann wäre dir langweilig.« Ja, das stimmt. Ich muss lachen.

»Komm, lass uns reingehen«, sagt Juli, die neben uns aufgetaucht ist. Ob sie uns absichtlich auseinanderbringt? Als die Jacken und Stiefel wieder in einem Haufen im Schlafzimmer der Gäste aufgetürmt sind, gibt es zum kalorienreichen Einstieg ins Jahr noch eine Portion Berliner. Ich greife mir einen, beiße rein und treffe den Pflaumenmus-Kern, so dass mir die Masse an beiden Mundwinkeln herausquillt. Was für eine Schweinerei. Ich beseitige das Mus schnell mit dem Zeigefinger, lecke ihn ab. Dabei sehe ich, dass mein Ex mich beobachtet hat. Erwischt! Er grinst, kommt auf mich zu und sagt: »Wenn du nicht immer so schnell wärst, hätte ich dir geholfen und das Mus weggeküsst.« Ich nippe schnell an meinem Sektglas, weil ich sonst »Kannst mich ja auch ohne Pflaumenmus küssen« gesagt hätte. Aber das würde doch zu nichts führen. Außer zu Komplikationen, und die sind im neuen Jahr nicht erwünscht.

Hit me, Baby

Bei Mr. Niceguy ist an Küssen leider auch nicht zu denken. Gerade bleibt mir vor allem die Spucke weg. Als ich von der Toilette zurück ins schummrig beleuchtete Wohnzimmer komme, hat er mein Weinglas aufgefüllt. Mein Blick fällt aber eher aufs Sofa. Dort hat er angerichtet: Peitschen und Paddles.

»Ah, hast du da mal was vorbereitet?« Ich bemühe mich um Lockerheit. Aber ich bin alles andere als cool. Seit unserem ersten Treffen vor Weihnachten sind ein paar Wochen vergangen, über WhatsApp hielten wir Kontakt. Teilweise zog sich das Hin und Her über Stunden, mal mehr, mal weniger belanglos, aber meistens mit frivolem Unterton. Und mein Körper reagierte zuverlässig drauf. Mein Kopfkino war auf immer den gleichen Film programmiert: ich in seinen Händen, wehrlos, gefesselt, ausgeliefert. Heute Morgen hatten wir uns gegenseitig heiß gemacht. Seine Worte verfehlen auch schriftlich seine Wirkung nicht.

> Ich stehe vor dir, befehle dir, die Hände von deinen Brüsten zu nehmen und auf den Rücken zu legen. Dort binde ich sie zusammen.

> Aber ich liege doch.

> Du wirst stehen, wenn ich bei dir bin, dafür sorge ich.

Ich frage mich, warum mich seine Worte so anmachen. Aber ich lasse mich drauf ein.

> Ich flüstere dir in dein Ohr, dass ich dich benutzen werde. Du zitterst vor Erregung und Angst. Aber du bist so geil, dass du alles mir dir machen lässt.

226

Es ist Samstagmorgen, und ich liege noch im Bett. Ich hatte ausgeschlafen und auf eine WhatsApp von ihm reagiert. Jetzt geht das schon eine Stunde so, und mich erregt dieser schriftliche Austausch. Ich bin verwundert über mich selbst. Warum reagiere ich darauf? Warum will ich mehr davon? Warum will ich das in der Realität? Warum will ich, dass dieser Mann, den ich eigentlich kaum kenne, die Kontrolle über mich hat?

Nach unserem WhatsApp-Sex gehe ich erst mal ins Fitnessstudio, ablenken, auspowern, auf andere Gedanken kommen. Als ich nach dem anschließenden Saunagang im Bademantel im Ruheraum liege, melde ich mich wieder bei ihm. Wir haben bereits am Morgen schon einen Termin für ein weiteres Treffen gesucht, aber erst einen in zwei Wochen gefunden. So lange kann ich nicht warten. Ich muss zwar noch für den morgigen Kaffeeklatsch mit meinen Mädels backen, aber eigentlich wäre der spätere Abend perfekt für Herrenbesuch. Und es scheint ihm nichts auszumachen, dass er erst nach 22.30 Uhr zu mir kommen kann.

Eine weitere Sache, die mich an mir selbst irritiert: Ich verabrede mich, ohne mit der Wimper zu zucken, zum Sex. Zwar hatten wir uns beim ersten Mal auch sehr gut unterhalten und genügend abendfüllende Themen gefunden, aber es war klar, worum es uns beiden ging. Das sollte diesmal nicht anders sein. Wir treffen uns nicht zum Essen oder um alibimäßig vorher einen Film zu gucken. Er ordnet an, dass ich nur Unterwäsche und halterlose Strümpfe tragen solle, wenn ich ihm die Tür öffne. Halterlose Strümpfe? Er schreibt das so, als ob jede Frau die in der Schublade hätte. Ich muss mich erst mal durch meine Strumpfhosenschublade wühlen.

Ich finde tatsächlich welche, schwarze, die günstige Variante, sie liegen schon sehr lang in dieser Schublade. Ein einziges Mal hatte ich vor Jahren welche an und fühlte mich damit so albern, dass ich sie gleich wieder auszog. Okay, es kommt auf einen Ver-

such an, schließlich würde es Schläge geben, wenn ich den An-
weisungen nicht folgte. Obwohl … Eigentlich will ich ja genau
das erreichen. Aber ich rolle das schwarze Nylon über meinen
Oberschenkel, stelle mich vor den Spiegel. Mmmh, der Anblick
ist gewöhnungsbedürftig. Ist das wirklich sexy? Ich fühle mich
nicht gerade so. Daher ziehe ich doch ein Kleid drüber, auch
wenn ich ihn eigentlich in Unterwäsche begrüßen sollte. Was
soll's! Ich muss mich wohl fühlen, sonst geht hier gar nichts.
Dazu hohe Schuhe. Auch irgendwie albern. »Lass dich einfach
mal drauf ein, Toni, probier es aus. Du kannst jederzeit abbre-
chen.« Ich führe Selbstgespräche, um mich zu beruhigen, was
mich nur noch nervöser macht. Ich hatte noch kurz mit Juli tele-
foniert und gesagt, dass ich mich ein zweites Mal mit Mr. Niceguy treffen, dass er zu mir kommen würde. Juli wusste, dass dies
weder mein neuer Freund noch meine dauerhafte Affäre werden
sollte, sondern dass ich mich einzig und allein mit ihm treffen
wollte, um Sex zu haben. Ich habe ihr auch angedeutet, dass es
um härteren Sex ginge, dass ich neue Dinge ausprobieren wolle.
   »Du meinst SM, Toni?«
   »Nein, ich glaub nicht, dass man das so nennen kann. Ich
weiß nicht, wo da die Grenze verläuft.« Ein bisschen fesseln und
ein Schlag auf den Hintern ist ja wohl noch nicht gleich BDSM.
Oder? Und wenn doch? Fühle ich mich damit blöd? Was macht
das mit mir? Warum ist mir das vor mir selbst unangenehm? Und
warum kann ich da mit meiner besten Freundin auch nur in
Ansätzen drüber reden? Dutzende Fragen geistern durch meinen
Kopf. Ich finde keine Antworten. Ich weiß nur, dass ich es ausprobieren will. Ich liebe Herausforderungen. Es spornt mich an,
an meine Grenzen zu stoßen und sie auszudehnen, zu überwin-
den. Das gilt für den Job und für den Sport. Dass ich das jetzt
auch auf Sex anwende, ist mir selbst nicht so ganz geheuer.

Aber ich fühle mich bei Mr. Niceguy in besten Händen. Denn außerhalb des Bettes oder des Chats kommunizieren wir auf Augenhöhe miteinander. So wie bis eben, als ich ins Wohnzimmer zurückkam und auf sein fein säuberlich aufgereihtes Werkzeug blickte. Wir hatten in den vergangenen eineinhalb Stunden Wein getrunken und geplaudert. Jetzt werden hier ganz offenkundig andere Seiten aufgezogen. Schluck.

»Ja, in der Tat. Ich habe hier mal eine kleine Auswahl mitgebracht.« Vier Peitschen liegen auf dem Sofa, aus Leder und Seil, unterschiedlich groß und hart. Dazu ein Holzpaddle.

»Können wir das bitte weglassen? Das erweckt ein Kindheitstrauma«, versuche ich einen Spaß. Nicht, dass ich jemals mit dem Kochlöffel verdroschen worden wäre, aber irgendwie klingt Holz auf nackter Haut für mich nicht nach angenehmen Schmerzen.

»Mal gucken, wie du dich anstellst.«

»Ach, ich habe schon jetzt nichts mehr zu sagen?« Irgendwie kann ich mich nicht in die Rolle der Sub einfügen. Ich mag zwar im Bett das Gefühl des Ausgeliefertseins, aber ich möchte gern mitbestimmen, wie. Ich habe in den vergangenen Monaten ein bisschen recherchiert und im Netz gelesen. Dabei wurde mir klar, dass ich sehr weit von jeglichen BDSM-Spielchen und -Lebensformen entfernt bin. Die Vorstellung, mich in Klamotten zu zwängen, die ich mir nicht selbst ausgesucht habe, finde ich komisch. Dass ich jemanden mit »Mein Herr« oder dergleichen anrede, kommt überhaupt nicht in Frage. So weit will ich die Kontrolle dann doch nicht abgeben. Ich finde das nicht verwerflich, nur passt es nicht zu mir.

»Wie gesagt, du musst schon ein bisschen mitspielen, sonst macht es wenig Sinn. Also, Kleid aus, hinstellen.«

»Okay, okay.« Aber erotisch finde ich das gerade nicht. Mich nackt, also nicht nackt, sondern in Unterwäsche, einem Mann zu präsentieren, fällt mir schwer. Ich schäme mich nicht für meinen

Körper, aber diese Wäsche anzuhaben, um ihm zu gefallen, um ihn heiß zu machen, finde ich gewöhnungsbedürftig. Ich laufe zwar nicht in Baumwollschlüpfern durch die Gegend und habe durchaus schöne BHs und Slips, aber eben keine echten Dessous, keine Negligés, keine Strapse. Bislang hatte das bei meinen Männern auch keine Rolle gespielt. »Die Unterwäsche ist eh schnell ausgezogen«, hatte mein Ex-Freund mal gesagt.

Bei Mr. Niceguy lohnt sich die Investition hingegen. Er mustert mich in meinem schwarzen Spitzen-BH, dem Hauch von Nichts, der sich String nennt, und den schwarzen Strümpfen. Ich kann nicht erkennen, ob ich ihm gefalle, wie ich da so wie auf dem Präsentierteller im Wohnzimmer stehe. Unsicher, wohin mit den Händen. Nicht wissen, wohin mit dem Blick. Ich senke den Kopf. Er nimmt eine der Peitschen und geht um mich rum. Im Gegensatz zu mir ist er noch vollständig bekleidet, Jeans, T-Shirt, Sneaker. Der Kontrast könnte nicht größer sein. Ich halte den Atem an, bin gespannt, was jetzt kommt. Den Griff der Peitsche setzt er unter mein Kinn, hebt meinen Kopf, guckt mir in die Augen.

»Du siehst gut aus. Ich bin zufrieden.« Er lächelt dabei nicht. Ich muss ein Lachen unterdrücken. Er stellt sich hinter mich, lässt die flattrigen Enden der Lederpeitsche über meine nackten Schultern gleiten, geht einen Schritt zurück und – klatsch. Das Leder landet auf meinem Po. Es schmerzt nicht, aber ich zucke zusammen. Es kam unerwartet. Eben noch die Streicheleinheit, dann der Schlag. Ein zweiter und dritter folgen. Bei jedem zucke ich zusammen und warte doch hoffnungsvoll auf den nächsten. Die Schläge werden härter. Der vierte tut weh.

»Autsch«, entfährt es mir.

»Weißt du das Safeword noch?« Ich nicke.

»Benutze es, wenn du den Schmerz nicht mehr aushalten willst.« Ich nicke wieder, sage »Hmmm«, weil ich weiß, dass ich versuchen werde, es nicht zu sagen. Ich will stark sein, ich will mir und ihm zeigen, was ich aushalten kann. Aufgeben kenne ich nicht. Nie.

»Knie dich hin.« Ich gehorche und frage mich gleichzeitig, ob ich bescheuert bin. Ich lasse mir doch sonst nichts sagen. Er fesselt mir meine Hände auf dem Rücken, holt meine Brüste aus dem BH, lässt die Peitsche drübergleiten, nimmt meine harten Nippel in die Finger, dreht, zwickt, packt hart zu. Eine Hand vergräbt sich in meinen Haaren, er zieht meinen Kopf nach hinten.

»Gefällt dir das?«

»Hmm.« Ich finde es wirklich gut.

»Wie bitte? Ich höre nichts.«

Oh Mann, diese Kommandos finde ich schwieriger als die Schläge.

Er stellt sich vor mich, öffnet seine Hose, lässt sie nur so weit runter, dass er seinen Schwanz auspacken kann. Ich muss grinsen, als ich sehe, dass auch er erregt ist.

»Hör auf zu grinsen. Du weißt, was du zu tun hast.« Ich fange an, ihm einen zu blasen, und fühle mich dermaßen ungeschickt und unsicher. Ich gebe mir Mühe, aber er wird ohnehin nicht zufrieden sein.

»Ich glaub, ich muss dir mal zeigen, wie das geht.« Er zieht meinen Kopf zu sich. So tief war noch nie ein Penis in meinem Mund. Halleluja! Ich kriege keine Luft mehr. »Am Schwanz erstickt« wird auf meinem Totenschein stehen. Er lässt meinen Kopf los. Und ich will sofort noch mal. Es ist anstrengend, aber ich kann nicht genug bekommen. Als ich mich nach vorn beuge, verliere ich das Gleichgewicht, kann mich aufgrund der gefesselten Hände nicht abstützen und falle quasi gegen seine Beine. Er fängt mich auf. Oh weia, ist das peinlich.

»Alles okay? Geht's dir gut?« Er löst meine Fesseln.

»Setz dich aufs Sofa.« Er reicht mir mein Weinglas.

»Sollen wir aufhören?«, fragt er.

»Auf keinen Fall!«

»Aber lass uns mal eine Pause machen.«

Wir greifen beide zu Wasser und Wein, sitzen auf dem Sofa, ich in Unterwäsche und Strümpfen, er in Jeans und T-Shirt, plaudern über meine Arbeit, sein letztes Konzert, meinen Urlaub. Er wechselt die Rolle mühelos und macht es mir damit leicht, zu entspannen, zu realisieren, was hier passiert, und auch darüber zu reden.

»Mich hat noch nie ein Mann so schlecht und mies behandelt. Schläge, Befehle, harte Worte. Ich hätte nie gedacht, dass ich mir das gefallen lasse«, sage ich.

»Wie fühlst du dich dabei?«

»Es ist ungewohnt. Ich fühle mich fremd, ich beobachte mich die gesamte Zeit. Bin fasziniert von mir und verwundert.«

»Aber gefällt es dir denn?«

»Ja, auf jeden Fall. Es erregt mich. Ich bin neugierig. Ich vertraue dir komplett.«

»Warum? Du kennst mich doch gar nicht.«

»Mich hat noch nie ein Mann so respektvoll und höflich behandelt.«

»Eben gerade war ich noch mies und schlecht.«

»Ja, aber ich nehme es dir ab, dass nicht du das bist. Außerhalb dessen bist du ehrlich, offen und charmant. Das sind die wenigsten Männer.«

»Glaub ich nicht.«

»Ist aber so. Lieber rumdrucksen und abtauchen, anstatt mal klare Ansagen zu machen, was geht und was nicht. Mit den wenigsten redet man so offen über Sex, was gefällt, was nicht.«

»Genug geredet. Stell deinen Wein weg, stell dich hin.« Da ist er wieder, der mühelose Wechsel zwischen einem normalen Gespräch und der Rolle des Dom. Ich lasse meine Hände wieder auf dem Rücken fesseln. Mr. Niceguy steht hinter mir, zieht meinen Kopf an den Haaren zurück, flüstert in mein Ohr: »Ich werde dich jetzt fingern. Aber wehe, du kommst.« Er steckte erst einen, dann zwei Finger in mich rein, bewegte sie erst langsam, dann immer schneller. Ich keuchte und stöhnte. »Denk an meine Worte«, sagt Mr. Niceguy und macht unbekümmert weiter. Und hört kurz vor meinem Orgasmus auf. Wie macht er das nur?

»Knie dich hin, auf alle viere, streck mir deinen Hintern entgegen.« Ich gehorche ohne nachzudenken. Ich folge einfach. Es macht mir Spaß, ich genieße es, folgen zu können. Mr. Niceguy nimmt mich von hinten. Für seine Verhältnisse fast schon zaghaft. Jetzt lässt auch er sich gehen und hat Spaß.

Ich hätte mir keinen besseren Lehrmeister als Mr. Niceguy für diese BDSM-Schnupperstunde aussuchen können. Nur, das wird mir bald klarwerden, wird es schwer werden, etwas Vergleichbares zu finden. Fürs Knutschen muss ich mir jemanden anderen suchen. Im Laufe der nächsten Monate sehen wir uns häufiger, treffen uns auch, ohne Sex zu haben, trinken nur ein Feierabendbier zusammen oder gehen auf Konzerte. Das Vertrauen und die Nähe, die ich ihm im Bett entgegenbringe, habe ich auch im Alltag. Es entsteht eine Freundschaft. Wir sind uns im Klaren darüber, dass aus uns kein Paar werden wird. Ich denke manchmal: »Warum eigentlich nicht?«, kann mir es nicht beantworten, aber finde weder den Fakt noch meine Antwortlosigkeit schlimm.

Wir sind nicht exklusiv füreinander da. Darüber reden wir und wissen davon. Zum ersten Mal erlebe ich an mir, dass ich nicht eifersüchtig bin. Wenn ich mich sonst bei Affären immer gefragt habe, wen sie sonst noch treffen, wen sie lieben, warum sie mit mir nicht mehr wollen als eine Affäre, ist mir das bei Mr. Niceguy egal. Ich mag ihn sehr, als Mensch und als Mann. Ich weiß, dass ich von ihm viel lernen, mit ihm viel erleben kann, dass es aber emotionale Grenzen gibt.

Meine sexuellen Grenzen verschiebe ich Stück für Stück, lasse mich von meiner Neugier treiben, und nur das, was ich zulasse, probiere ich aus. Während ich mich anfangs sehr viel beobachtete, mich fragte, warum ich darauf stehe, dass mich jemand schlägt, mich festbindet, mir die Luft abschnürt, genieße ich es bald nur noch. Warum sollte ich mich für etwas schämen, das mir gefällt? Nur, weil es nicht im Biologie-Aufklärungsbuch steht? Niemand wird bei unserem Spiel verletzt, weder körperlich noch emotional. Ich kann abschalten, mich fallen lassen, übergebe die Verantwortung. Jedes Mal fordert er mich ein wenig mehr, aber überfordert mich nie. Die Nächte sind anstrengend, wir schlafen wenig, Sex kann sehr lange dauern, und ich kann viele Orgasmen bekommen, wenn sie mir denn vergönnt werden.

Am nächsten Morgen schmerzt mein Hintern. Es fühlt sich an, als ob ich einen blauen Fleck bekomme. Mr. Niceguy grinst nur, als ich das am Frühstückstisch bemerke.

»Finde ich nicht witzig«, sage ich.

»Wieso? Schämst du dich? Und wenn schon. Sieht doch keiner.« Oh, doch. Am darauffolgenden Wochenende werde ich Justin treffen. Und so, wie ich meinen Körper kenne, sind die blauen Flecken dann in vollster Blüte.

Kein Mann
für nur eine Frau

Noch vier Tage bis zum Wiedersehen mit Justin. Juli hat mich gestern gefragt, ob ich mich freue. Ich brachte kein eindeutiges »Ja« über die Lippen, sondern murmelte etwas, das klang wie »Mmmhh, irgendwie schon, ich wollte ja schon immer mal nach Amsterdam.« Als ich Justin im letzten Jahr in Thailand kennenlernte, umgarnte und umwarb er mich, lud mich ein, wiederzukommen, schlug mir vor, für ein paar Monate zu ihm zu ziehen. Dabei kannten wir uns kaum! Die Begeisterung seinerseits flaute etwas ab, je länger ich im winterlichen Deutschland hockte. Meine stieg, je länger ich ins Grau und Nass des Januars starrte. Wir schrieben täglich, ich viel und ausführlich, er kurz und knapp. Es waren Floskeln. Er erzählte kaum etwas, zumindest nichts Konkretes, kratzte immer nur an der Oberfläche. Ich zweifelte, ob er wirklich an mir interessiert war. Und was wollte ich überhaupt von ihm? Aber die Aussicht auf zwei Wochen Sonne waren verlockend, und dann würde ich schon rausfinden, was ich wollte und was von ihm zu erwarten war.

Bevor ich wieder genug Geld und freie Tage für eine weitere Thailand-Reise angehäuft hatte, schrieb mir Justin, dass er Ende des Winters nach Europa komme. Dass wir uns wiedersehen würden, war klar. Nur wann und wo? Er würde hauptsächlich in London sein, und ich hatte nichts dagegen, mal wieder ein Wochenende dort zu verbringen. Ich war mir ohnehin sicher, dass wir das Hotelzimmer nicht häufig verlassen würden. Doch er wollte mich nicht in London sehen, schlug Paris vor. Wir einigten uns auf Amsterdam. Vergangene Woche hatte ich ihm geschrieben, dass ich mein Flugticket gebucht habe und fragte, wo denn das Hotel liege. Er druckste ein wenig herum und antwortete dann, dass er in der Wohnung von Freunden eines Freundes wohne.

> Die Hotels sind so sauteuer.
> Davon kaufe ich dir lieber mal ein Flugticket.

Ich wunderte mich, dass er zu knauserig für ein Hotel war, und bot ihm an, dass wir uns den Zimmerpreis teilen könnten. Er schrieb zurück:

> Ach, weißt du, wenn man so viel unterwegs ist wie ich, ist man froh, wenn man mal nicht in einem Hotel übernachtet.

Konnte ich irgendwie verstehen, merkwürdig fand ich es trotzdem. Vor allem, wer macht dann sein Bett, räumt auf und wäscht ab? Sollte er das tatsächlich allein machen? Ist er doch gar nicht gewohnt, der Gute.

»Na, was meinst du, warum du kommen darfst, Toni«, sagte Juli, als ich ihr von der Privatunterkunft statt Fünf-Sterne-Suite erzähle.

»Das kommt überhaupt nicht in Frage.«

»Ha, ha, das wird ein Spaß, warte es mal ab.«

Das Telefonat mit Juli ist erst eine Stunde her, und witzig wird der Amsterdam-Ausflug schon jetzt. Ich bekomme ausnahmsweise mal eine Mail von Justin, keine Drei-Wort-WhatsApp. Er schickt mir die Adresse der Wohnung, sagt mir, dass er mich vom Bahnhof abholen würde, mit einem Hollandrad. Ich solle einen Rucksack mitnehmen, keinen Koffer, damit ich auf dem Gepäckträger mitfahren könne. Und dann steht da noch ein Satz, den ich dreimal lesen muss: »Ich denke, du solltest wissen, dass ich nicht monogam lebe.« Ich muss herzhaft lachen. Was glaubt der eigentlich? Dass ich ihn heiraten will, nur weil ich ein Wochenende mit ihm verbringe? Der ist aber ganz schön überzeugt von sich. Oder einfach nur ängstlich, dass ich an sein Geld will? Auf jeden Fall scheint er schlechte Erfahrungen gemacht zu haben und will vorher die Regeln klären. Dass er kein Kind von Traurigkeit ist und er sein Junggesellenleben in vollen Zügen auskostet, war mir bewusst. Nett, dass er es noch einmal offiziell betont. Da muss ich Juli wohl noch mal anrufen.

»Was du immer für Typen kennenlernst«, sagt sie, nachdem ich ihr die »Nicht monogam«-Passage zitiert habe. »Also sagt er schon im Vorfeld: Gut möglich, dass wir Sex haben, aber bilde dir bloß nichts drauf ein.«

»So verstehe ich das zumindest.«

»Willst du denn überhaupt Sex mit ihm?«

»Juli, was ist denn das für eine Frage?«

»Na, dein Typ ist er nicht, Toni. Dein Beuteschema ist doch jung, dünn, bärtig, hip.« Justin war all das nicht. Und trotzdem war ich von ihm fasziniert. Eine Beziehung konnte ich mir aber nicht vorstellen. Allein schon aufgrund der Entfernung. Ein Umzug nach Thailand war ohnehin ausgeschlossen.

»Ja, weil er dich so umgarnt hat. Er hat so sehr um ein Date mit dir gebuhlt. Das kennst du nicht. Da drehen Frauen gleich durch. Ganz simple Masche, dass du darauf reinfällst«, sagt Juli.

»Na, jetzt macht er ja schon einen Rückzieher. Ich gucke mal, wie es wird, wenn wir uns wiedersehen.«

Ich schreibe Justin zurück: »Vielen Dank für die Info. Entspann dich! Ich lebe auch nicht monogam. Ich bin Single, genieße mein Leben und komme sicherlich nicht mit Heiratsabsichten.« Nachdem ich die Mail abgeschickt habe, merke ich, dass ich den Kern seiner Botschaft nicht verstanden habe. Wenn es ihm nur darum gegangen wäre, mir mitzuteilen, dass er – egal was passiert – keine Beziehung will, hätte er das mit ebendiesen Worten tun können. Und das würde ich jedem Mann hoch anrechnen – mit offenen Karten spielen. Auf den Kopf zugesagt, klingt dieser Beziehungsausschluss hart, aber wenn jemand der festen Überzeugung ist, dass er nicht mehr als eine lose Affäre haben möchte, ist es nur fair allen Beteiligten gegenüber. Darum geht es aber Justin gar nicht. Dieses Wörtchen »monogam« hatte er nicht ohne Grund geschrieben.

Justin steht vier Tage später wie verabredet vor dem Bahnhof. Ich freue mich, ihn zu sehen. Zur Begrüßung gibt es eine innige Umarmung und Küsschen links, Küsschen rechts. Ich schwinge mich und meinen Rucksack auf seinen Gepäckträger. Als er sein Hollandrad über die Fahrradwege der Stadt lenkt, muss ich an meine erste durchtanzte Nacht nach meiner Trennung denken. Damals klammerte ich mich an Richards Hüften fest. Justin ist jetzt mal so ziemlich das Gegenteil von dem jungen Hüpfer. Na gut, ist aber auch schon knapp eineinhalb Jahre her. Ich kann mich ja entwickeln. Obwohl … Ist das wirklich eine Entwicklung, wenn ich immer noch auf Gepäckträgern sitze und mit Männern mitfahre, die nur unverbindliche Eskapaden, Zerstreuung und Selbstbestätigung suchen? Und was suche ich eigentlich dabei? Ich merke, wie sich ein Krampf im rechten Oberschenkel anbahnt. Das dauerhafte Hochhalten der Beine ist anstrengender als ein Zehn-Kilometer-Lauf. Ich bitte Justin, anzuhalten, damit ich absteigen kann. Er drängelt.

»Ich habe gleich einen Termin.«

»Wie? Ich dachte, wir hätten Zeit zusammen.«

»Ich muss geschäftlich was regeln. Eine Freundin von mir kommt und zeigt dir die Stadt.« Bitte, was? Wir treffen uns für ein Wochenende, und er organisiert mir eine Freundin, die mich beschäftigt?

»Danke, aber ich kann allein shoppen gehen«, sage ich schnippisch.

»Sie will dir ein paar Museen zeigen.« Na, darauf hab ich ja richtig Lust. Das Wochenende habe ich mir anders vorgestellt, und das zeige ich auch. Justin lässt sich dadurch aber nicht irritieren. Er hat ja für meine Bespaßung gesorgt.

»Ich treffe euch dann beide am Nachmittag.«

Seine Freundin ist über 60, aber tatsächlich sehr nett. Dank ihrer Mitgliedschaft in diversen Museumsfreundevereinen schaffen wir es innerhalb von vier Stunden ins Rijksmuseum und ins Van-Gogh-Museum. Viel sehe ich allerdings nicht von den Bildern, da es erstens total voll ist und ich zweitens mit den Gedanken nicht bei der Kunst bin. Ursprünglich wollte ich mich mal mit Justin drei Tage durch ein Luxushotel-Bett wühlen. Jetzt gucke ich mir mit seiner Rentner-Freundin Rembrandt-Gemälde an. Als die Kulturfreundin auch noch ins Anne-Frank-Haus rennen will, winke ich ab. Ich kann und will nicht mehr. Wir setzen uns in eins der vielen Cafés an eine der vielen Grachten. Niedlich ist es hier. Trübsalblasen wäre jetzt angebracht, aber wenn ich eins in den letzten Monaten gelernt habe, dann ist es das Reagieren auf Verhaltensauffälligkeiten von Männern. Selten entsprechen sie meinen Erwartungen, handeln so wie erhofft. Klugerweise sollte ich ohne Erwartungen durchs Leben gehen, aber die stellen sich einfach so ein, tauchen auf und wollen erfüllt werden. Unterdrücken zwecklos, also passe ich sie ständig an. Wenigstens das klappt einigermaßen. Ich lehne das freundliche Angebot für einen weiteren Museumstag ab und werde mich shoppend durch die Gassen fortbewegen.

Justin stößt tatsächlich am Nachmittag zu uns. Aber allein sind wir bis kurz vorm Einschlafen nicht. Vom Café gehen wir in eine Kneipe, treffen Geschäftspartner und Freunde, auch als wir auf einen Absacker in eine letzte Bar einkehren, sind dort Bekannte von ihm. Ich glaube nicht mehr an Zufälle. Aber es scheint ihn nicht zu stören, mich als eine Freundin vorzustellen. Ich habe auch Spaß in diesen Stunden, führe witzige Gespräche und probiere mich durch die diversen »Kroket«-Variationen. Als wir in der Wohnung der Freunde von Freunden stehen, ist klar, dass wir in einem Bett schlafen werden, denn die Kinderbetten sind selbst für mich zu klein. Das Knistern, das ich in Thailand mal zwischen uns gespürt habe, ist weg. Vielleicht habe ich es mir dort auch nur eingebildet. Die Hitze, der blubbernde Whirlpool, der Wein, es gab dort so vieles, was hier fehlt. Ich ziehe mich im Bad um und bin froh, dass ich noch schnell ein T-Shirt und eine Boxershorts zum Schlafen in die Tasche gestopft hatte, eigentlich hatte ich gedacht, ich würde das nicht brauchen. Als ich ins Schlafzimmer komme, liegt Justin schon im Bett, hat sein Handy noch in der Hand. Ich krieche unter die Decke und warte, dass von ihm irgendwas kommt. Aber es passiert nichts. Er starrt auf sein Handy. Ich räuspere mich. Nichts passiert. Ich schiele auf sein Handy und glaube, die Oberfläche von Tinder zu erkennen. Spinnt der eigentlich? Ich liege hier halbnackt und bereit neben ihm, und er tindert?

»Gute Nacht«, sage ich, drehe mich demonstrativ um.

»Nacht, Toni.« Wie? Mehr kommt jetzt nicht? So kann ich nicht einschlafen.

»Sag mal, du kannst wohl auch nicht genug kriegen?«, sage ich, drehe mich um und setze mich wieder auf. Justin guckt mich irritiert an.

»Wir liegen hier, beide halbnackt, haben uns wochenlang nicht gesehen. In Thailand hast du so an mir gegraben, wolltest, dass ich bei dir übernachte, sogar mehrere Monate in deinem Haus wohne – und jetzt sehen wir uns endlich, also zumindest ein paar Stunden, sind nie allein, und dann *sind* wir endlich allein, und es passiert nichts, sondern du suchst die nächsten drei Dates?!« Justin guckt, als habe ihn eine Lok überrollt.

»Aber ich habe dir doch gesagt …«

»Ja, du hast gesagt, dass du nicht monogam lebst, dass es dich nicht exklusiv gibt, blabla. Ich rede auch nicht vom Leben, sondern von diesem Abend. Noch nicht mal vom Abend, sondern von dieser Stunde. Du solltest doch in der Lage sein, dich wenigstens in diesem Moment auf mich zu konzentrieren. Das hat doch auch nichts mit monogam zu tun, sondern mit einer Aufmerksamkeitsstörung.«

»Warum regst du dich denn so auf? Sag doch einfach, ich soll das Telefon weglegen, und gut ist.«

»Entschuldigung, aber das halte ich für eine Selbstverständlichkeit. Das muss ich doch wohl niemandem sagen, und wenn, dann hat es dieser jemand einfach nicht verdient, dass ich den Abend mit ihm verbringe. Ich habe in meiner letzten Beziehung so viel um Aufmerksamkeit, Liebe und Anerkennung gekämpft, dass ich überhaupt keine Lust habe, das auch nur einen Abend lang zu wiederholen. Wer keine Lust auf meine Gesellschaft hat, der lässt es halt.«

Ich bin überhaupt nicht mehr zu bremsen, rede mich flott in Rage, will mich selbst stoppen, kann es aber nicht. Justin ist immer noch die Ruhe selbst. Er legt sein Handy auf den Nachttisch und fragt: »Soll ich uns mal einen Drink holen? Ich glaub, wir müssen mal reden.« Was? Reden? Ich will nicht reden. Ich will ficken. Also, wollte. Unerotischer kann eine Situation nicht mehr sein. Justin schlägt die Bettdecke zurück und steht auf. Dabei sehe ich, dass er nackt ist. Er geht in die Küche, ich höre, wie er den Kühlschrank öffnet, danach ertönt ein Plopp, und mehrere Schranktüren gehen auf und zu. Er kommt mit einer Flasche Champagner zurück und zwei 0,5-Liter-Gläsern. Ein Bild für die Götter, wie er dann vor dem Bett steht. Er lacht unbeholfen.

»Ich habe keine anderen Gläser gefunden. Aber du brauchst ja auch viel Alkohol zum Runterkommen.« Eigentlich hatte ich genug an diesem Abend, und allein beim Anblick des nackten Justin habe ich mich wieder ein bisschen beruhigt. Er setzt sich auf meine Seite des Bettes, schenkt großzügig ein, gibt mir ein Glas und prostet mir zu.

»Toni, ich wollte dieses Gespräch erst morgen führen, weil wir beide was getrunken haben und müde sind, und es ist mir wichtig.« Oha, was kommt denn jetzt?

»Ich habe dir ja gesagt, dass ich nicht monogam lebe, und das meine ich sehr ernst. Ich möchte keine feste Beziehung führen, nicht im Moment. Selbst, wenn ich mich mal wieder enger binden sollte, dann muss es eine offene Beziehung sein.« Offene Beziehung – diese Beschreibung hatte ich ein paar Mal auf Tinder oder OkCupid gelesen. Für mich ist das nur eine nette Umschreibung für Bindungsunwilligkeit und »mit Erlaubnis durch die Gegend vögeln«. Wenn ich in einer Beziehung bin, dann bin ich 120-prozentig treu. Ich brauche dann niemand anderen, schon gar nicht im Bett. Wenn ich das Verlangen spüre, mit jemand anderem als mit meinem Partner intim zu werden, dann stimmt in meiner Beziehung etwas nicht.

»Ich lebe polyamor, Toni. Ich führe mehrere Beziehungen gleichzeitig.«

»Ich war letzte Woche auch mit einem anderen Kerl im Bett. Ich muss das aber nicht polyamor nennen.« Ich höre mich patziger an, als es sein sollte. Außerdem muss ich daran denken, wie gern ich mit Mr. Niceguy zusammen bin, wie offen er kommuniziert. Er würde nicht auf die Idee kommen, neben mir zu liegen und noch zu tindern.

»Toni, es geht mir nicht um Sex. Ich kann dieses Casual-Ding nicht. Ich brauche Gefühle und muss mich derjenigen verbunden fühlen. Aber ich bin in der Lage, mehrere Frauen gleichzeitig zu lieben.« Ich nehme ein paar große Schlucke vom Champagner. In meinen Ohren klingt das absurd.

»Ich mag dich sehr, Toni, auch wenn wir uns noch nicht lange kennen. Und ich kann mir gut vorstellen, mit dir eine Beziehung anzufangen, aber das geht nur, wenn du weißt, wie ich lebe und liebe, und wenn du dich darauf einlässt.« Ich verschlucke mich und bekomme einen Hustenanfall. Bitte, was? Wenn wir in eine Fern-Affäre hineinschliddern oder dieses Wochenende genießen und uns danach nie wiedersehen, dann würde ich damit wohl klarkommen. Aber Teil einer Frauenansammlung werden? Nee, sorry. Nicht mit mir.

Mit meinen Mitte 30 und immer noch nicht heirats- und paarungswillig liege ich schon außerhalb jeglicher gesellschaftlichen Norm. Ich will ja nicht noch weiter abrutschen. Eine feste Beziehung gilt auch im 21. Jahrhundert als das Ideal. Nicht mein persönliches, aber das gesellschaftliche. Wer sich stattdessen hinstellt und sagt, er pflegt Liebesbeziehungen zu mehreren Menschen, rechnet mit mehr als schiefen Blicken und Kopfschütteln. Ein Seitensprung, ein Ehebruch, eine mehrmonatige Affäre – alles zu entschuldigen und kein Drama mehr. Menschen, die polyamor leben und lieben, haben hingegen Seltenheitswert. Und ausgerechnet ich treffe so einen. Ich huste weiter, weil ich nicht weiß, was ich sagen soll.

»Toni, denk drüber nach. Du musst dich nicht jetzt entscheiden.« Er stellt seinen Sektbecher auf den Nachttisch, nimmt mir meinen ab und zieht mich zu sich. Er umarmt mich fest, guckt mich kurz an und küsst mich dann kurz auf den Mund. Ich fordere einen zweiten Kuss ein. Der wird lang und innig. Justins Hände wandern unter mein Schlafshirt, das ich nicht mehr lange anhabe. Auch meine Boxershorts sind schnell überflüssig. Seine Hände sind riesig, und ich spüre sie überall. Ich bin so verwirrt von seinen Worten, dass ich komplett abschalte, mich fallen lasse, nicht mehr nachdenke, sondern nur noch genieße. Seine Zunge an meinen Brüsten, an meiner Klitoris.

»Oh, Toni. Ich will dich. Ich will dich ganz.« Justin kniet über mir, sein Schwanz ist steif und riesig. Ich kann es kaum erwarten, ihn in mir zu spüren. Monogam, polyamor, mir ist alles egal, ich will jetzt Sex. Justin dringt in mich ein, stößt erst sanft, dann immer heftiger. Ich komme schnell und laut.

»Mach weiter, Justin, hör nicht auf.«

»Darf ich dich von hinten nehmen?« Seit wann fragt man? Ich

muss grinsen. Diese Höflichkeit bin ich im Bett gar nicht mehr gewohnt.

»Sehr gern«, sage ich und drehe mich bereitwillig um.

»Was hast du denn gemacht, Toni?« Mist. Die blauen Flecken vom letzten Wochenende. Soll ich jetzt eine Geschichte erzählen? Aber wozu denn?

»Das war eine Peitsche.« Hinter mir herrscht Stille. Ich drehe mich um, blicke ihn fragend an.

»Du stehst auf Schläge?«

»Ja, also, ich habe das mal ausprobiert.«

»Und?«

»Mir gefällt es. Ich mag es.«

»Was magst du noch?«

»Ich weiß nicht. Ich kenn noch nicht so viel. Fesseln erregen mich ungemein. Generell mag ich es, die Kontrolle abzugeben.« Ich hoffe, ich überfordere ihn nicht. Aber die Befürchtung war unbegründet.

»Toni, ich wusste, wir verstehen uns.« Justin steht auf, geht an seinen Koffer und kramt darin rum. Er kommt mit Handschellen zurück. Oha! Here we go.

»Dreh dich um, knie dich hin, Hände ausgestreckt nach vorn.« Die Handschellen klicken, und mit dem »Klick« spüre ich, wie ich feucht werde. Ich verstehe dieses Phänomen nicht, aber ich mag es. Justin kniet sich hinter mich und macht da weiter, wo er aufgehört hat. Ein paar Mal landet seine flache Hand auf meinem Po. Ich genieße den leichten Schmerz, den Knall. Ich komme ein weiteres Mal, bevor auch er einen Orgasmus hat. Aber ich merke gleich: Das hier ist anders als der Sex mit Mr. Niceguy. Justin geht es um sich und seinen Höhepunkt. Mit Mr. Niceguy geht es um das Spiel. Sein Orgasmus ist ein netter Zusatz, meine sind wichtiger. Aber der Weg dahin ist das Entscheidende.

Justin und ich liegen nebeneinander im Bett. Er legt seinen Arm um mich, küsst mich auf die Stirn.

»Toni, das wird gut mit uns. Schlaf schön, wir reden morgen weiter.« Ich schlafe tatsächlich ein, aber träume wirr, schlafe unruhig. Als ich aufwache, ist das Bett leer. »Na, dann ist er wohl schon zur Nächsten«, denke ich halb im Scherz. Doch der Gedanke bringt mich sofort wieder zum Gespräch in der vergangenen Nacht. Bislang lebte ich monogam, sobald ich in Beziehungen war. Derzeit will ich eigentlich keine feste Beziehung. Aber will ich Teil einer polyamoren Geschichte werden? Klingt irgendwie nach Harem. Oder darf ich dann auch andere Männer haben? Hatte ich ganz vergessen zu fragen. Denn festlegen will ich mich auch nicht. Aber bislang aus dem Grund, dass ich eben keine wahren, echten, tiefen Gefühle empfinde und zulassen will. Ich fühle mich immer noch nicht wieder fit nach meiner Beziehung. Ich muss mich emotional noch erholen, bin noch nicht bereit, mich wieder so zu öffnen, so verletzlich zu werden. Das merkte ich gestern Abend, als ich Justin die Tinder-Standpauke hielt. Wieder um jemanden kämpfen? Energie aufbringen, die versickert? Nein, nicht noch mal.

Aber diese polyamore Offerte hat bei mir einiges in Bewegung gesetzt. Warum ist Treue ein so erstrebenswertes Ziel, wenn es so unmöglich erscheint? Allein, wenn man sich mal anschaut, wie viele Ehen geschieden werden, scheitern, Paare nur der Kinder wegen oder aus Bequemlichkeit zusammenbleiben. Ich glaube nicht an diese eine Liebe des Lebens, eher an mehrere Lieben im Laufe des Lebens. Die Ehe ist für mich daher kein brauchbares Konzept. Aber ich stehe auf Treue innerhalb einer Beziehung. Wenn ich merkte, dass ich nicht mehr treu sein wollte, habe ich meine Beziehungen beendet. Durch Justin denke ich über diese Grundsätze nach. Ich werfe sie nicht über den Haufen, aber ich beschäftige mich zumindest damit, dass es auch andere Varianten gibt.

Plötzlich steht Justin in der Tür. Mit einem Kaffeebecher, den er mir hinhält.

»Oder lieber Champagner zum Frühstück?«, fragt er. Ich gucke auf das noch halb gefüllte Glas auf dem Nachttisch, schnappe es mir und nehme einen Schluck.

»Das eine machen, das andere nicht lassen«, sage ich.

»Ich muss in zehn Minuten los«, sagt Justin und bringt damit gleich wieder sämtliche Vorfreude auf den Tag zum Einsturz. Ich hatte mich auf ein gemeinsames Frühstück gefreut.

»Das Frühstück steht noch in der Küche. Was hast du heute geplant?«

»Eigentlich was mit dir«, sage ich kurz angebunden.

»Wir treffen uns später«, sagt er, drückt mir einen Kuss auf die Wange. Diskussion beendet, bevor sie angefangen hat. Justin verlässt das Haus. Ich stehe auf, dusche lang, schnappe mir den Bademantel einer fremden Frau und mache es mir auf dem Küchensofa gemütlich. Neben meinem Teller liegen zehn fotokopierte Seiten. Es ist das erste Kapitel eines Buches, das sich mit dem polyamoren Leben beschäftigt. Darauf eine Karte: »Als Diskussionsgrundlage für heute Abend.« Ich überfliege die ersten zwei Seiten und lege sie dann genervt weg. Viel zu ideologisch. Ich will doch nicht Teil einer Weltanschauung werden. Das kann ja ein heiterer Abend werden. Erst mal gehe ich shoppen.

Das »Paradies« ist die Vorhölle

Während ich durch die Gassen Amsterdams laufe, bekomme ich eine WhatsApp von Justin. Sie besteht nur aus einer Adresse und dem Hinweis, dass ich pünktlich um 18 Uhr dort sein soll. Ich google. Es ist ein Restaurant, ein sehr schickes noch dazu, das De Kas. Ungewöhnliche Essenseinladung. Aber was ist an diesem Typ nicht ungewöhnlich? Zwei Stunden vorher bekomme ich eine weitere Nachricht. Ich solle mir ein schickes Kleid kaufen, Schuhe dazu, wenn nötig. Er würde mir das Geld später wiedergeben. Jetzt wird es echt absurd! Außerdem: Der Mann hat Nerven. Wie soll ich denn bitte in zwei Stunden ein schickes Kleid kaufen? Und was weiß ich, was er schick findet? Warum so ein Aufstand?

> Wir können gern in ein weniger schickes Restaurant gehen, so dass ich in meiner Jeans bleiben kann.

> Wir gehen nach dem Essen noch weiter, dafür brauchst du ein Abendkleid.

Oha. Wohin denn? Auch diese Diskussion ist schnell beendet. Justin hat seinen Plan, und den zieht er durch. Ich finde es verrückt, aber genieße es auch ein bisschen. Es ist ein Spiel, ernsthafte Gefühle habe ich für Justin nicht. Ich finde tatsächlich ein Kleid, das ich mir ohne diese verrückte Essenseinladung vermutlich nie gekauft hätte: ärmellos, tailliert und ansatzweise Leoparden-Print, dazu schwarze Highheels, mit denen ich auf dem Kopfsteinpflaster der Gassen nicht laufen kann. Meine große Umhängetasche ist jetzt nicht mehr stilsicher, aber wenn er mich so kurzfristig informiert, muss er damit jetzt leben.

200 Meter vor dem Restaurant ziehe ich mir die Stöckelschuhe an und versuche, ohne zu stolpern die Tür zu erreichen. Justin ist noch nicht da. Aber ich darf es mir schon mal bequem machen und bekomme ein Glas Champagner gereicht. Um mich herum sitzen erst wenige Leute. Es ist noch früh für einen Samstagabend. Das Restaurant ist in einem ehemaligen Gewächshaus untergebracht. Das Gemüse und die Kräuter werden ringsherum selbst angebaut. Es gibt nur ein Menü, wenigstens etwas, auf das ich mich heute Abend verlassen kann. Den Wein wird Justin aussuchen. Also muss ich mich um nichts mehr kümmern. Ich fühle mich wie ferngesteuert. Er kommt mit 20 Minuten Verspätung und entschuldigt sich nur beiläufig. Er fragt, was ich gemacht habe, sagt, dass das Kleid schick ist, dass ich sehr gut aussehe. Aber wenn ich ihn frage, was er gemacht hat, sagt er nur: »Business.« Entweder will er sich geschäftlich nicht in die Karten gucken lassen, oder es sind dubiose Geschäfte. Vielleicht sind es andere Frauen. Der Gedanke nervt mich, auch wenn ich nicht ernsthaft eifersüchtig bin, aber das ständige Buhlen um Aufmerksamkeit ist anstrengend.

»Hast du die Kopien gelesen, die ich dir hingelegt habe?«

»Kurz überflogen.«

»Wolltest du dich nicht mit dem Thema beschäftigen?«

»Schon, aber nicht so. Das Buch stellt ja von vornherein klar, dass es keinen anderen Weg geben kann. Dann kann ich auch gleich die Bibel lesen.«

»Toni, entspann dich doch mal. Ich zwinge dich zu nichts. Ich will dir nur Einblicke ermöglichen.«

»Danke, die habe ich schon.«

»Wir müssen schon offen und ehrlich miteinander reden, sonst funktioniert das nicht.«

»Das gilt dann doch aber auch für beide Seiten.«

»Ja, klar.«

»Aber du erzählst mir nichts von dir. Manchmal habe ich das

Gefühl, dass du denkst, dass du offen redest, aber das tust du nicht. Du erzählst so wenig wie möglich.«

»Wir müssen ja auch nicht über meine Geschäfte reden.«

»Dann reden wir über deine anderen Frauen. Wie viele hast du gleichzeitig?«

»Toni, so läuft das nicht.«

»Wie läuft es denn dann? Du erzählst mir, was du willst, und ich erzähl dir alles über mich? Darf ich eigentlich auch andere Männer haben?«

»Ja, klar. Das beruht auf Gegenseitigkeit. Und ich will auch von ihnen wissen.« Na, wenigstens etwas, aber so ganz kaufe ich ihm die Nummer mit der polyamoren Freundschaft noch nicht ab.

»Dann will ich auch von deinen Frauen wissen.«

»Toni, heute Abend geht es nur um uns. Ich mag dich sehr. Du bist anders, du weißt, was du willst, du hast deinen eigenen Kopf, du bist zielstrebig. Das gefällt mir.« Will er mich jetzt einlullen?

»Ich habe dir doch schon gesagt, dass ich mich erst mal mit dem Gedanken anfreunden muss. Ich habe in meiner Beziehung so sehr um Aufmerksamkeit gekämpft, dass ich nicht weiß, ob ich jemanden teilen möchte.«

»Dir ist meine Aufmerksamkeit sicher. Ich habe mein Telefon noch nicht einmal angeguckt.« Er lacht über seinen Witz. Ich halte es für eine Selbstverständlichkeit und grinse nur. Mein Grinsen gefriert mit seinem nächsten Satz.

»Warst du schon mal in einem Swingerclub?«

»Äh. Nein.«

»Möchtest du das mal ausprobieren?«

»Bitte, was?« Ich glaube, ich gucke ziemlich entgeistert, und vermutlich steht auch noch mein Mund offen. Justin und ich haben bislang ein bisschen geknutscht und einmal Sex gehabt … Und der nächste Schritt ist also ein Swingerclub? Ist das ein Test oder »Versteckte Kamera«? Ich drucke rum und will nicht nein sagen, denn an sich interessiert es mich schon ein bisschen. Ich hatte bislang einfach nur noch nie die Gelegenheit. Vor sechs Monaten hätte ich entrüstet abgelehnt. Durch die Experimente mit Mr. Niceguy habe ich aber Lust auf mehr bekommen.

»Ich würde heute Abend gern in einen Club gehen. Hier soll es ein paar gute geben.«

»Ah, dafür das schicke Kleid, aber das Darunter ist nicht so heiß.«

»Das erledigen wir gleich noch.« So ganz geheuer ist mir die Idee nicht. Ich hätte mich über einen zweisamen Abend gefreut. Ich kenne Justin zu wenig, um ihm zu vertrauen. Wobei, Mr. Niceguy habe ich vertraut, als ich ihn nur schriftlich kannte. Dennoch. Mir ist mulmig. Aber ich weiß auch, wenn ich ablehne, wird sich so schnell keine Chance mehr bieten.

Statt Dessert fahren wir mit dem Taxi ins Rotlichtviertel. Justin steuert auf den ersten Sexshop zu, marschiert schnurstracks in die Lack-Leder-Abteilung. Ich stöckel hinterher. Er greift Catsuits und Korsagen von der Kleiderstange. Ich verdrehe nur die Augen. Nie im Leben zieh ich so etwas an!

»Find ich sehr sexy. Oder das hier. Und das hier auch.«

»Justin, ich kann mir das nicht vorstellen.«

»Probier doch mal an.«

»Ich bin keine 1,80 Meter groß und superdünn. In so einem Teil würde ich mich wie eine Presswurst fühlen«, sage ich und halte einen Anzug in die Höhe, der mehr aus Löchern als aus Stoff besteht.

»Such dir was aus, ich gucke mich mal anderweitig um.« Ich stöbere durch die Regale, kann mich aber mit nichts anfreunden. Es sieht alles superbillig aus, kostet aber viel zu viel Geld. Nach zehn Minuten steht Justin wieder vor mir. In seinem Einkaufskorb liegen Massageöl, Vibratoren, eine Peitsche, Handschellen.

»Oh, Großeinkauf?« Richtet er den Swingerclub erst noch ein? Und was zieht er eigentlich an?

»Hast du was gefunden?«

»Ich weiß nicht, das hier vielleicht.« Es ist ein schwarzes, kurzes, na ja … Kleid, hauteng, aber immerhin aus Stoff, nicht aus Leder. Querschlitze lassen viel Haut durchblitzen, und der Hintern wird auch gerade nur so bedeckt. Wie soll man sich in so einem Fummel entspannen können? Justin zahlt, als ich die Summe höre, verdrehe ich die Augen. Dafür hätte ich dreimal nach Amsterdam und zurück fliegen können. Ich bin froh, dass wir den Laden verlassen, wirklich erotisch ist das nicht. Auch die Straße mit den properen, nackten Mädchen in den Schaufenstern, blinkenden Neonschildern und betrunkenen Engländern strahlt alles andere als Lust aus.

Wir nehmen abermals ein Taxi. Der Fahrer lässt sich nichts anmerken, als Justin ihm die Adresse nennt und wir vor einem Flachdachbau im Industriegebiet halten. »Paradies« steht in roten Lettern auf dem Dach, gegenüber liegt ein islamisches Zentrum. Auf der Fahrt hierher habe ich Justin geschildert, wie ich mir so einen Club vorstelle: Schummerlicht, Eurodance-Musik, Spiegel an den Wänden und der Decke, mehr Männer als Frauen, alle über 40 und eher mit einer Statur, die mehr Textil vertragen würde, als in einem Swingerclub getragen wird. »Wir gehen sofort, wenn du dich nicht wohl fühlst«, hatte er mir versprochen. Der Eingangsbereich ist dämmerlichtig und mit Samtsofas bestückt. Der Portier trägt weiße Haare, einen gezwirbelten Schnauzbart und eine Lederweste.

Wir gehen in die Umkleidekabine »Für Paare und Frauen«, auch wenn wir kein Paar sind, aber das tut hier nichts zur Sache. Neonlicht, gefliste Böden, Spinde wie im Schwimmbad. Das Teil, in das sich die Dame neben mir gerade reinzwängt, wäre auch als Badeanzug durchgegangen, wären da nicht ihre kniehohen Stiefel gewesen. Ihr Gatte hat sich einen String mitgebracht, der durch zwei nietenbestückte Lederriemen ergänzt wird, die die Pobacken einrahmen. Über den Dresscode »Frauen sexy,

Männer in Boxershorts« hatte ich mich eben am Eingang echauffiert. Jetzt wäre ich froh, wenn sich alle daran halten würden. Zwei Meter von mir entfernt hüllt sich ein Typ in einen ledernen Lendenschurz und beklagt sich bei seiner Begleiterin, die den passenden Tiger-Tanga trägt, dass er nicht wüsste, wohin mit den Zigaretten. Ich komme mir geradezu manierlich gekleidet vor. Justin trägt eine langweilige Boxershorts. Seinen Einkauf hat er im Schrank eingeschlossen.

Mit dem Handtuch unterm Arm betreten wir die Bar. Wie gedacht: wummernde Bässe, Diskokugeln im Schummerlicht, Spiegel, Stangen, Kondom- und Kleenex-Spender alle paar Meter. »Ich brauche einen Drink«, sagt Justin und geht zielstrebig auf die Bar zu. Ich umrunde das Buffet: Erbsensuppe, Wurstplatte, eingelegtes Gemüse, Fleischbällchen und Schokoriegel für den kleinen Hunger zwischendurch. Vielleicht lieber doch einen Gin Tonic …

Mit unseren Drinks in der Hand suchen wir uns einen Platz auf der Couch. Handtuch drunter nicht vergessen! Es ist gerade hell genug, um schemenhaft die anderen Paare zu erkennen. Aber ich sehe mehr, als ich will. »Justin, ich möchte nicht von nur einem dieser Kerle angefasst werden.« Mit einer leichten Kopfbewegung zeige ich auf einen Mann, der locker auf die 70 zugeht. Er hat sich von einer ebenfalls älteren Dame gerade einen blasen lassen und lässt sich nun sichtlich geschwächt auf einer Bank uns gegenüber nieder. Er wirkt gebrechlich und bewegt sich, als könnte er einen Rollator gebrauchen. »Musst du ja nicht. Wie wäre es mit einer Frau?« Justin guckt an mir vorbei. Hinter mir arbeitet sich eine recht junge, extrem schlanke Blondine am Schwanz eines reiferen Herrn ab.

»Die hat doch aber gerade noch dem jungen Dunkelhaarigen da drüben einen geblasen«, ist meine leicht entsetzte Antwort.

»Willkommen im Swingerclub, meine Liebe«, sagt Justin und grinst.

»Schon klar, aber innerhalb von zehn Minuten finde ich das eine beachtliche Leistung.«

Beeindruckt bin ich irgendwie schon. Aber erotisiert – nee, nicht wirklich. Dazu ist die Atmosphäre alles andere als lustvoll. Auf Bildschirmen laufen Hardcore-Pornos, eher abtörnend als anheizend. Wenn um uns herum ein Paar Sex hat, dann sucht er meistens bei ihr orale Befriedigung, ganz ohne Wimpernzucken und lautlos.

»Selbst bei der ersten Hochrechnung der Bundestagswahl würde er mehr Gefühlsausbrüche zeigen«, sage ich trocken. »Darf man hier nicht laut sein? Oder haben die alle keinen Spaß?« Die Gleichgültigkeit und scheinbare Lustlosigkeit entsetzen mich mehr als alles andere.

»Komm, wir suchen mal das Schwimmbad«, sagt Justin. Vorbei an abgedunkelten Räumlichkeiten, in die man durch großflächige Scheiben gucken und geschäftiges Treiben bestaunen kann, bahnen wir uns unseren Weg durch das verwinkelte Gebäude. Verschiedene Saunen, Dampfbäder, eine Schaukel, die mehr an einen Gynäkologenstuhl erinnert und bedauerlicherweise gerade nicht benutzt wird, eine Dachterrasse und ein Schwimmbad mit pseudoantiken Statuen und Säulen. Man hatte sich Mühe gegeben. Kaum bewege ich mich ein paar Schritte von Justin entfernt, drehen sich die Kerle nach mir um. Wir gehen zurück an die Bar, um dann bei einem weiteren Drink der Liegewiese noch eine Chance zu geben.

Die junge Blondine geht mit gutem Beispiel voran und hat sich Mann Nummer drei zur Brust genommen. Ich finde die Stimmung immer noch nicht sonderlich erotisch, aber merke, dass mich das Beobachten von Sex durchaus anmacht. Ich lehne mich zurück, Justin dreht sich zu mir und beginnt, mich zu küssen. Es ist ein verlangender Kuss, den ich erwidere. Seine Hände beginnen, über meinen Körper zu wandern. Erst streichelnd, dann zupackend. Er knetet meine Brüste. Ein Nippel hat sich durch einen Stoffschlitz geschoben. Justin nimmt ihn in den Mund, eine Hand wandert zwischen meine Beine. Vielleicht kann ich mich ja doch fallen lassen, denke ich. Ich stelle mir einfach vor, dass ich auf dem heimischen Sofa und nicht auf einer roten, abwischbaren Liegewiese aus Kunstleder liege.

In diesem Moment ertönt ein Grunzen knapp neben meinem Kopf. Eine füllige 50-Jährige, die vorher nur zaghaft gestöhnt hat, war offenkundig auf dem Weg zum Orgasmus. Ich muss grinsen und kichern. DAS ist alles andere als erotisch.

»Wollen wir gehen?«, fragt Justin unvermittelt.

»Jetzt schon?« Ich bin ernsthaft enttäuscht. So ganz ohne Sex diese Räume zu verlassen, kommt mir wie ein grobes Foul vor.

»Wir machen zu Hause weiter.« Ah, dafür also die Utensilien …

In der Wohnung schäle ich mich im Bad aus meinem Abendkleid und ziehe wieder das Stück Stoff an. Als ich ins Schlafzimmer komme, liegt Justin schon nackt auf dem Bett, unübersehbar bereit und erregt. Er deutet mir, mich neben ihn zu legen. Wir machen da weiter, wo wir im Swingerclub aufgehört haben. Ich finde Justin noch immer nicht umwerfend sexy, aber ich will jetzt Sex. Ob sich Männer wohl so fühlen, wenn sie Frauen abschleppen? Hauptsache, einen anderen Körper, egal wie und wer? Ich kann nicht weiter darüber nachdenken, da Justin mich auf den Rücken dreht, sich auf mich setzt, meine Arme nach oben reißt. Vom Nachttisch greift er sich die Handschellen, meine Hände sind fixiert.

»Bleib so liegen«, befiehlt er. Oh, er ist dominant. Interessant. Wir hatten gar nicht im Detail über Sex und meine Vorlieben gesprochen. Er nimmt sich einfach das, was er will. In diesem Moment macht es mich an, aber besser finde ich die Variante, die Mr. Niceguy fährt: erst reden, dann ficken. Justin steht auf und holt etwas aus seinem Koffer. Er kommt zum Bett zurück, setzt sich wieder auf mich, nimmt ein Seil und bindet damit meine gefesselten Hände am Bett fest. Dabei rückt er mit seinem Körper so weit in Richtung meines Gesichts, dass er seinen Schwanz in meinen Mund schieben kann. Er lässt sich eine Weile einen blasen, zieht ihn dann wieder raus und steht auf.

»Mach die Beine auseinander«, befiehlt er. Er knotet ein Seil an jedes Fußgelenk und fixiert mich am Bett. Ich liege da wie auf einem Präsentierteller, halb macht es mich an, halb fühle ich mich unwohl. Justin kniet sich zwischen meine gespreizten Beine, nimmt seinen Penis in die linke Hand und reibt ihn. Das erhöht mein Verlangen, seinen Schwanz in mir zu spüren.

»Willst du mich spüren?«, fragt er. Ich kann nur noch stöhnen.

»Du bist mir ausgeliefert, und du stehst drauf«, stellt er fest. Mit einer Hand streichelt er meine Schenkel, meine Scheide, dringt mit einem Finger in mich ein.

»Toni, wie feucht du bist. Du willst gefickt werden, hm?« Ich nicke. Was soll ich auch sagen? Es ist offensichtlich. Mr. Niceguy hätte mich jetzt zappeln lassen, mich gestreichelt, getriezt, gefingert, geschlagen, mir ins Ohr geflüstert, dass er mich benutzt. Justin zieht einfach nur ein Kondom über und dringt in mich ein. Er braucht nur wenige Stöße, dann komme ich, dann kommt er.

Als ich am nächsten Morgen aufwache und mich zu Justin umdrehe, hat er bereits das Handy in der Hand.

»Guten Morgen. Na, tinderst du?«, sage ich zur Begrüßung. Er erwidert nichts, grinst nur und tätschelt mir über den Kopf. Der kommt sich wohl sehr väterlich vor.

»Magst du mir einen Kaffee machen?«, fragt er. Jetzt ist es an mir, nur mit Gesten zu antworten. Ich zeige ihm einen Vogel und schiebe dann hinterher: »Du bist doch schon eine Weile wach und hättest mich längst mit einem Kaffee wecken können.« Meine Lust, neben ihm liegen zu bleiben, ist sehr gering. Ich stehe auf, dusche lange, so als ob ich etwas abwaschen wollen würde. Swingerclub, Sex mit Justin – will ich das wirklich? Nein, das willst du nicht, Toni. Manchmal muss ich Dinge aber ausprobieren, um zu wissen, ob ich sie gut finde. Ich bin froh, dass ich mich für eine Rückfahrt am Sonntagabend entschieden habe. Erst wollte ich bis Montag bleiben. Während ich mich abtrockne und eincreme, höre ich die Türklingel und wenig später eine Frauenstimme. Es ist aber nicht die Freundin, die mir die Museen gezeigt hat, sondern hört sich deutlich jünger an. Als ich aus dem Bad komme, nur mit einem Handtuch um den Körper, sitzt sie in der Küche. Dunkelbraune, lange, lockige Haare, süßes Gesicht, größer und dünner als ich, ungefähr gleich alt. Sie lächelt mich an, steht auf, kommt auf mich zu, hält mir die Hand hin und sagt: »Hi, ich bin Sandra.« Ja, gut, nett. Aber wer bist du denn? Justin kommt in die Küche.

»Das ist Sandra. Ich hatte dir ja erzählt, dass ich noch etwas für sie habe, sie noch treffen wollte.«

Äm, nein, hast du nicht …, denke ich, aber nicke nur. Ich verlasse die Küche und ziehe mich im Schlafzimmer an. Ich muss nachdenken, wenigstens ganz kurz. Drama machen oder Theater spielen? Ich bin keine Frau für bühnenreife Szenen. Außerdem bin ich ja einiges gewohnt, aber das klingt mir hier irgendwie zu sehr nach Film. Sag mal, liebes Leben, spinnst du eigentlich komplett? Ich hole tief Luft, atme aus, lächle und gehe zurück in die Küche.

»Hallo Sandra, schön, dich zu treffen. Bleibst du zum Frühstück?« Ein herzlicher Angriff ist mir gerade lieber, als auszuflippen.

»Ja, gern.« Die Situation ist ihr offensichtlich unangenehm, offenbar wusste sie nichts von meiner Gegenwart und wollte allein mit Justin frühstücken. Der lässt sich nichts anmerken, geht gleich in Smalltalk über. Plötzlich befinden wir uns zu dritt mitten in einem ganz witzigen Gespräch. Ich reime mir zusammen, dass Sandra eine von Justins Freundinnen ist. Versucht er, mich jetzt mit praktischen Beispielen statt mit Diskussionen zu überzeugen? Ich hege plötzlich gehörigen Groll gegen diesen Menschen, der sich für unwiderstehlich hält. Ich habe aber keine Lust auf einen weiteren Streit und will auch keine Beziehungsgespräche mehr führen. Schließlich bin ich ja in keiner.

Mein Hunger ist nicht gerade riesig, außerdem bin ich gegen elf Uhr mit Tessa, meiner Reisebekanntschaft aus Thailand, verabredet. Sie ist mit ihrem Freund zufällig auch in Amsterdam an diesem Wochenende. Auf einen Kaffee mit den beiden habe ich mehr Lust als mit Justin und Sandra. Ich entschuldige mich, gehe ins Schlafzimmer und packe meine Sachen. Plötzlich steht Justin hinter mir.

»Willst du gehen?«

»Ja, ich nehme meine Sachen gleich mit in die Stadt. Mein Zug geht um 18 Uhr, sonst muss ich hin- und herfahren. Willst du mitkommen?«

»Nein, das sind ja deine Freunde.«

»Ich lerne deine doch auch kennen«, sage ich schnippisch.

»Toni, jetzt sei doch nicht so.«

»Das nennst du also offen kommunizieren, wenn eine zweite Frau plötzlich in der Küche sitzt. Ehrlich, Justin, ich habe mir dieses Wochenende anders vorgestellt. Wir haben kaum etwas miteinander gemacht, außer Sexshop, Swingerclub und Sex. Unter einem Wochenende zum Kennenlernen verstehe ich etwas anderes. Ich weiß nicht, was du zwischen uns siehst. Ich sehe da nichts. Ich möchte nicht Teil deiner Frauensammlung werden.« Ich schultere meinen Rucksack, lasse ihn im Schlafzimmer stehen, gucke kurz in die Küche, wünsche Sandra einen schönen Sonntag und verlasse die Wohnung.

Bereits an der nächsten Straßenecke muss ich grinsen. Was für ein Typ! Ich entscheide mich, dass ich keine ernsthaften Schäden von diesem Date davontragen werde, mache an diesen Mann einen Haken und freue mich auf das Wiedersehen mit Tessa.

Ein Ex ist ein Ex ist ein Ex

Ich bin schon kurz vor Hamburg, als mein Handy mehrfach piept. Nanu? Hat der gute Justin jetzt doch Redebedarf? Würde zu ihm passen. Er klärt komplizierte Sachlagen lieber per Whats-App. Es ist aber nicht Justin, sondern Juli, die wissen will, wie mein Wochenende verläuft.

> Da du still bist, vermute ich, dass es aufregend ist und du andere Dinge tust. Viel Spaß, aber sauber bleiben.

Mein Schweigen rührt eher daher, dass ich die letzten 48 Stunden selbst noch nicht so ganz begreife. Ich hatte ihr das letzte Mal bei meinem Einkaufsbummel geschrieben und ihr erzählt, dass ich mir auf Justins Kosten und Anweisung hin ein Kleid kaufen soll. Danach war mein Gehirn zu sehr mit den Ereignissen belastet.

> Muss ich dir in Ruhe erzählen. Vollkatastrophe, der Typ. Du glaubst es nicht – Sexshop, Swingerclub, zweite Frau auf dem Küchensofa, frühzeitige Abreise.

> What? Wo bist du, wann treffen wir uns?

Ha, sie kann es natürlich nicht abwarten.

> Lass uns morgen Abend treffen, ich brauche erst mal Ruhe und muss ein bisschen nachdenken.

> Du bist so gemein.
> Alright, morgen um 19 Uhr bei mir. Ich koche.

Eine Nachricht von meinem Ex-Freund ist auch unter den Nachrichten. Ich muss immer lächeln, wenn sein Name auf dem Display auftaucht, auch wenn ich noch nicht weiß, worum es geht. Ich freue mich, dass wir noch immer Kontakt haben. Er fragt, ob wir uns treffen könnten, er müsste etwas mit mir besprechen. Oha, das klingt nervenaufreibend.

> Bin gerade aus Amsterdam zurück.
> Morgen Abend treffe ich Juli. Was gibt es denn?
> Ist es dringend?

Kurz darauf klingelt mein Handy. »Hi«, sagt er, »das klang vielleicht dringender, als es ist. Ich wollte eigentlich nur fragen, ob es okay ist, wenn ich mich eurem Urlaub anschließe.«

»Was ist denn das für eine Frage?« In einigen Wochen fahre ich mit ein paar Freunden nach Mallorca. Wir wollen dem miesen Spätwintergrau entkommen, die frühe Frühlingssonne abholen und auf der noch leeren Insel ein bisschen Sport machen.

»Na ja, kann ja sein, dass du das nicht so prickelnd findest, wenn wir wieder zusammen Urlaub machen«, sagt er.

»So ein Quatsch. Ich freue mich.« Im Prinzip wird es die Neuauflage unseres letzten Urlaubs, als wir noch zusammen waren und ich ahnte, dass das unser letzter gemeinsamer Urlaub sein würde.

Sechs Wochen später liege ich am Strand von Can Picafort. Allein. Ich brauche mal Abstand und Ruhe. Bei jeder Gruppenreise, die länger als vier Tage dauert, bekomme ich einen Lagerkoller. Irgendwann wird mir das alles immer zu viel, das ständige Diskutieren, was wir machen, wer mitkommt, wer sich kümmert, wer einkauft, wer kocht. Diesmal kommt noch erschwerend hinzu, dass ich die einzige Singlefrau bin. Um mich herum nur Paare. Und eben mein Ex und Dennis, die sich ein Zimmer teilen. Ich teile mir ein Zimmer mit einer Freundin, deren Freund nicht mitgekommen ist. Trotzdem nervt sie der Pärchen-Modus weniger als mich. Sie weiß ja, dass zu Hause jemand wartet. Ich hingegen gucke zu, wie die Mütter ihre Kinder morgens beim Frühstück füttern und alles andere um sich herum vergessen. Wie jedes Paar sich, vollkommen zu Recht, eine Auszeit von der Gruppe nimmt, Eis essen geht oder abends allein loszieht. Diese Auszeit nehme ich mir auch gerade. Ich liege auf meinem Badetuch, blicke aufs Meer und den langen Strand. Es ist kaum jemand hier. Es ist noch zu kalt zum Baden. Wir haben nur noch zwei Tage auf der Insel, und ich erwäge die Möglichkeit, einfach nicht in den Flieger zurück zu steigen. Auf mich wartet niemand, und ich kann dem Schietwetter auch gut und gern noch ein bisschen fernbleiben. Ich döse gerade ein wenig weg, als ich eine vertraute Stimme höre.

»Hi, du hier? Darf ich mich dazulegen?« Es ist mein Ex. Ich öffne die Augen, gucke ihn an und bin wie immer fasziniert. Sah der eigentlich schon immer so gut aus? Der Gedanke bringt mich zum Grinsen.

»Ja, klar.« Er breitet sein Handtuch neben meinem aus. Jetzt blicken wir beide aufs Meer. Und schweigen.

»Vor zwei Jahren wollte ich unbedingt mit dir an den Strand. Jetzt liege ich hier mit dir«, sage ich in das Rauschen der Wellen hinein.

»Tja, manchmal dauern die Dinge etwas länger«, sagt er und lacht mich an. Wie meint er denn nun das?

»Und warum geht das jetzt? Und damals nicht?«, frage ich.

»Ich weiß es nicht, Toni. Damals war mir einfach nicht danach. Jetzt musste ich gerade mal raus aus der Anlage und aus diesem Pärchen-Trupp. So nett sie auch alle sind, manchmal gehen sie mir alle ganz schön auf den Keks.«

»Ha, ha, ha, aus diesem Grund liege ich hier und habe bis eben meine Einsamkeit genossen.« In manchen Dingen ticken wir doch noch immer gleich. Aber sonst hätten wir es all die Jahre auch nicht miteinander ausgehalten. In solchen Momenten keimt bei mir so etwas wie Hoffnung auf. Ob wir es nicht doch noch mal versuchen könnten? Sogar sollten? Ich klammere mich an diesen Gedanken, aber spreche ihn nicht aus. Denn eigentlich weiß ich genau, dass es nicht funktionieren würde. Und die Gefahr, dass wir etwas kaputt machen, was wir jetzt haben, ist so viel größer als die Chance, dass der zweite Anlauf besser und von Dauer sein wird.

Vor einem halben Jahr etwa hatte Freund Florian zu seinem 40. Geburtstag eingeladen. Noch bevor ich im Kalender nachschauen konnte, was ich an diesem Tag aus dem Weg räumen muss, um mit ihm zu feiern, entfuhr mir ein tiefer Seufzer. Nicht etwa, weil mich die Feierlichkeiten an mein eigenes Alter erinnern. Der Tag ist ein Jubiläum. Für meinen Ex-Freund und mich. Exakt an diesem Tag vor zehn Jahren haben wir uns auf Florians Party kennengelernt.

Und schon laufen wieder die Bilder wie in einer Slideshow durch meinen Kopf: Wir waren im Süden Europas, im Urlaub, ein großer Freundeskreis, einige kannten sich, andere lernten sich kennen, ständig Sonne, Bikini und Flipflops, eiskaltes Bier auf der Luftmatratze, Räucherschwaden vom Grill, weil die Marinade mal wieder in die Glut tropfte. Ich schwamm im Meer, als mich eine Welle mitriss und wie eine Flipperkugel durch das Wasser schubste. Als ich wieder auftauchte – sah ich seinen besorgten Blick. Dann der Hinweis, dass mein Bikinioberteil verrutscht sei. Das freche Grinsen. Tage später ein gemeinsamer Lauf an den Steilküsten entlang. Ich kannte ihn vor diesem Urlaub nur vom Sehen, wir hatten noch nie ein Wort miteinander gewechselt. Irgendwann waren wir zum ersten Mal allein, unbeabsichtigt, es wollte nur kein anderer mit an den Strand. Oder hatten alle begriffen, was nur ich bis zu dem Zeitpunkt noch nicht kapiert hatte? Ich erinnere mich an den Blick in den Sternenhimmel am letzten Urlaubstag, als wir uns zum ersten Mal küssten.

So kitschig-romantisch wurde es in den folgenden Jahren nicht mehr. Es war einfach nicht unser Fall, unsere Art. So, wie wir einiges anders machten als andere Paare – und uns dadurch gemeinsam stark fühlten. Wir wollten nicht klammern, nicht heiraten, keine Kinder und lange auch keine gemeinsame Wohnung. Die gab es dann irgendwann doch. Vielleicht war das der Anfang vom Ende. Wir kämpften, mal um uns, mal jeder um sich, womöglich nur halbherzig. Wann genau die Liebe weg war, vermag ich nicht zu sagen. Es ist auch müßig.

Denn jetzt ist sie wieder da, die Liebe. Also nicht die Liebe-Liebe. Eher so eine Freundschaftsliebe. Eine tiefe Verbundenheit, die durch nichts zu erschüttern ist. Wir haben gestritten, uns angeschrien und angelogen. Jetzt reden und lachen wir wieder miteinander, trösten und tratschen und halten uns dabei gegenseitig auf Abstand. Er ist darin besser als ich. Aber wir beide wissen, dass zu viel Nähe die Freundschaft zerstören, die Liebe aber nicht wiederkommen lassen würde.

Und während ich noch so meinen Urlaub-Strand-Sternenhimmel-damals-Gedanken nachhänge, schaut er mich an und seufzt.

»Ach, Toni. Ich finde es gut, so wie es ist.«

»Ja, ich auch«, sage ich schnell. »Aber trotzdem stelle ich mir manchmal diese Frage: Wenn wir uns so gut verstehen, warum hat es nicht mehr geklappt?«

»Ich kann es dir nicht erklären. Vielleicht waren wir damals zu sehr mit uns selbst beschäftigt.«

»Sind wir das jetzt immer noch?«

»Na ja, jetzt ist jeder für sich beschäftigt.« Er scheint nicht darüber nachzudenken, ob wir noch einen zweiten Anlauf wagen sollten.

»Da ist immer noch so viel, wenn ich dich sehe«, sage ich.

»Ja, Toni. Da ist noch sehr viel. Mag nicht das sein, was wir uns mal erdacht haben. Trotzdem bin ich froh, dass ich dich als Freundin habe. Mehr noch. Und das wird so bleiben.« Das ist für seine Verhältnisse schon sehr romantisch. Könnte er sich jetzt nicht einfach zu mir rüberbeugen, mich küssen, und dann wären wir wieder da, wo wir vor zwei Jahren aufgehört haben? Ich weiß, dass das Quatsch ist und dass das nicht funktionieren würde, aber ein Teil von mir wünscht sich das so sehr.

Aber warum eigentlich? Ich habe so sehr gekämpft um diese Beziehung und habe mich nach Monaten entschlossen, dass es keinen Sinn macht. Ich habe lange gebraucht, bis ich mich wieder wohl mit mir fühlte. Ich bin so zufrieden wie selten mit meinem jetzigen Leben. Ich habe alle Freiheiten, sehr viel Spaß, Lust auf Experimente und wenig Lust auf Verantwortung, Bindung, Enge. Auf die Frage, was ich denn suchen würde, antworte ich: Auf keinen Fall eine Beziehung. Und warum komme ich dann bei ihm auf die Idee? Belüge ich mich selbst? Will ich tief in meinem Innersten womöglich doch eine Beziehung, eine Ehe, einen Mann? So, wie mir das alle immer sagen? Nein, nein, nein. Auf keinen Fall! Aber warum dann dieses rückwärtsgewandte Denken? Das ist doch sonst nicht so mein Fall. Mein Ex liefert mir eine plausible Antwort, noch bevor ich sie selbst finde.

»Toni, wir hatten super Zeiten. Die letzten Monate waren anstrengend und nicht schön, aber alles andere davor war toll. Ich möchte es nicht missen. Und ich möchte auch dich nicht missen. In unserer Erinnerung bleiben nur diese schönen Momente, was ja auch gut ist. Die überlagern die schlechten, die wir durchaus hatten.« Klingt logisch, natürlich möchte man diese schönen Zeiten wiederaufleben lassen und vervielfältigen. Ich bin Realist genug, um zu wissen, dass das nicht geht.

»Wenn du dich nach mir sehnst, solltest du vielleicht mal daran denken, dass ich vor zwei Jahren nicht mit dir hier am Strand gelegen habe«, sagt er und lacht. Es klingt ein bisschen, als müsse er sich selbst überzeugen.

»Toni, du bist eine tolle Frau, und du wirst dich auch wieder verlieben können. Denk doch nur mal an diesen Torben.«

»Tobias«, korrigiere ich ihn.

»Ist ja auch egal, wie der heißt.«

»Hieß. Den Typen gibt es nicht mehr. Verbannt aus meinem Leben, weil Volldepp.«

»Oh Mann, dich möchte man auch echt nicht als Feind haben.«

»Ist doch wahr, so wie der sich benommen hat.«

»Habt ihr keinen Kontakt mehr?«

»Ab und an hat er sich noch mal gemeldet. Immer dann, wenn ich gerade vergessen hatte, dass es ihn gibt. Und er glaubt, er könne dann immer dort weitermachen, wo er aufgehört hat, auch wenn Monate dazwischen liegen. Was denkt der sich eigentlich?«

»Der denkt, dass er nichts zu verlieren hat und es ja ruhig mal probieren kann. Wenn du dich drauf einlässt, hat er gewonnen. Wenn nicht, verliert er nichts.«

»Gut, dass du mir die Männer erklärst«, sage ich. Er lacht.

»Einer muss es ja machen.« Wir gucken schweigend aufs Meer.

»Das war nicht leicht, als du mir erzählt hast, dass du dich wieder verliebt hast«, sagt er in die Stille hinein. Ich gucke ihn entsetzt an. Im vergangenen Sommer, als ich so verknallt, aber doch unsicher war, was ich wollte, habe ich ihn angerufen. Und ganz ungefiltert alle meine Gefühle bei ihm abgeladen. Er hat sich alles angehört und gesagt, dass er sich für mich freue. Er hat sich nicht anmerken lassen, dass es ihm weh tat. Da ich ihm schon vorher von meinen Eskapaden erzählt hatte und ich auch wusste, dass er kein Kind von Traurigkeit war, hatte ich nicht damit gerechnet, dass es ihn bekümmern könnte.

»Natürlich habe ich mich für dich gefreut, sehr sogar. Aber

trotzdem tat es mir weh, weil ich nicht wusste, was es zwischen uns beiden verändern würde«, sagt er.

»Also meine Gefühle dir gegenüber hatten sich nicht verändert. Du bist ein Freund, du wirst immer ein Freund bleiben. Egal, ob ich wieder einen Partner habe oder nicht. Und mit Tobias war es ja eh falscher Alarm.«

»Mag sein, aber ein neuer Partner wird etwas verändern. Vielleicht untersagt er den Kontakt zu mir.«

»Du weißt genau, dass er dann nicht mein Neuer werden würde.«

»Das sagst du jetzt.«

»Ist doch eh blanke Theorie. Es gibt niemanden in meinem Leben. Und ich habe irgendwie das Gefühl, dass das auch so schnell nichts wird.«

»Weiß man nie. Hätte ich auch nicht gedacht …« Der Satz verhallt, mischt sich mit dem Rauschen der Wellen, die an den Strand rollen. Ich brauche eindreiviertel Sekunden, um zu kapieren, was er mir gerade andeutet. Drehe meinen Kopf ganz langsam in seine Richtung. Er guckt mich an.

»Ich habe jemanden kennengelernt, Toni.« Ist das hier eine böse Retourkutsche, oder was? Will der Trottel mir meinen Urlaub auf den letzten Metern vermiesen? Mir steigen die Tränen in die Augen.

»Bitte, was?«, quetsche ich aus meiner zugeschnürten Kehle. Ich würde ihm gern an den Kopf werfen, dass wir bereits seit zehn Tagen zusammen an einem Ort urlauben, Hotelzimmer an Hotelzimmer, und er mir allen Ernstes JETZT erzählt, dass er eine neue Freundin hat. Wer ist sie? Seit wann? Warum? Wo haben sie sich kennengelernt? Und kenne ich sie? Die Fragen schießen mir kreuz und quer durch den Kopf. Ich stelle keine einzige. Sitze nur da und bohre meine nackten Füße in den Sand. Ich will hier weg. Ich will, dass er weggeht.

Ich wusste, dass dieser Moment kommen würde. Aber ich

habe den Gedanken stets zur Seite geschoben, denn er war unvorstellbar, und solange er bei mir noch nicht real war, konnte er bei ihm ja noch nicht wahr werden. Wenn ich noch hadere, ob ich wieder eine Beziehung führen kann und will, muss er das doch auch. Etwa nicht?

Tief in mir drin ahnte ich wohl, dass er es sein würde, der zuerst wieder jemanden an seiner Seite hat. Denn so war es bislang immer: Ich war diejenige, die sich trennte oder zumindest die Trennung initiierte, aber der Mann hatte stets als Erstes wieder eine Beziehung. Jetzt hat also mein Ex-Freund eine neue Freundin. Ich kaue auf diesem Gedanken wie auf einer Beschlussvorlage herum.

»Puh«, sage ich, ringe um Fassung, »das kommt jetzt etwas unerwartet, und ich … tja, also, ich freue mich natürlich.«

»Ich weiß, wie du dich jetzt fühlst. Tut mir leid. Das ist jetzt vielleicht nicht der richtige Zeitpunkt. Aber ich will nicht, dass du es von anderen erfährst.«

Ich kann nichts sagen. Nur nicken. Wir sind lange genug getrennt, ich freue mich sehr für ihn. Und trotzdem macht es etwas mit mir. Es schließt etwas ab, das ich schon lange für abgeschlossen gehalten hatte. Und davor wühlt es noch mal ordentlich auf. So ist das also, wenn man ehrlich miteinander ist. Schonungslos und liebevoll. Die Tränen füllen meine Augen komplett. Ich sehe das Meer nur noch verschwommen. Sosehr ich mich auch bemühe, die Tränen kullern über den Augenrand, laufen die Wange runter. Ich drehe meinen Kopf weg, möchte nicht, dass er es sieht. Aber zu spät. Er rückt näher an mich ran und umarmt mich.

»Toni, komm mal her. Tut mir leid.« Das bewirkt natürlich nur, dass die Tränen jetzt richtig fließen.

»Ich weiß auch nicht, warum ich jetzt heule«, sage ich und schluchze. Eigentlich weiß ich es ziemlich genau. Ich bin jetzt nicht mehr die wichtigste Frau in seinem Leben, wenngleich immer noch ein wichtiger Mensch. Ich merke, dass ich ihn wirklich geliebt habe, was ich manchmal bezweifelt habe. Und: Warum kann er wieder jemanden lieben, während ich glaube, noch nicht so weit zu sein? Wie soll ich denn jemals wieder so einen finden? Ich wische mir mit dem Handrücken die Tränen ab und schüttle seinen Arm von meiner Schulter. Ich musste gerade an Juli denken. Wenn sie mich so sehen und meine Gedanken hören würde, würde sie mich ins eiskalte Meer schubsen. Erst neulich hat sie mich gefragt, ob ich sicher bin, dass ich ihn nicht mehr liebe.

»Irgendwie schon noch, aber eher so als Mensch und Freund. Da ist noch sehr viel Tiefe«, war meine ausweichende Antwort gewesen. Eifersüchtig auf die andere Frau bin ich nicht. Das war ich zur Genüge gewesen, als wir zusammen waren. Ständig vermutete ich hinter Verabredungen, Chats oder Terminen irgendwas. Ich weiß bis heute nicht, ob da etwas, und wenn ja, was da lief. Ich werde es auch nie erfahren und will es auch nicht mehr erfahren. Ich will auch nicht wissen, wer diese neue Frau ist. Ich will gar nicht erst einen Anhaltspunkt haben, um zu googeln, zu recherchieren und zu stalken. Damit kann ich Stunden verbringen. Auch wenn es nur irgendwelche Affären oder interessante Typen sind. Schnell mal gucken, wen er sonst noch so datet … Aber sie soll mich nicht aufwühlen. Ich will weder ihm noch ihr noch ihnen noch mir das Leben schwermachen. Ich habe Angst, ihn als Freund zu verlieren, auch wenn er sagt, dass das nie passieren wird. Aber es wird sich etwas verändern. Und ich habe auch Angst vor der ersten Begegnung mit ihm und ihr. Ich werde ihr nicht die Augen auskratzen oder sie wüst bepöbeln. Aber der Moment, in dem ich ihr die Hand gebe, wird ein komischer sein. Doch so weit ist es noch längst nicht. Erst mal haben wir beide noch ein paar Tage Urlaub zusammen.

Ich stehe auf und sage, dass ich jetzt gehen will. Er fragt, ob er mitkommen darf. Auf dem Weg zurück zum Hotel erzählt er mir, dass noch alles in den Anfängen steckt, dass er gar nicht weiß, ob das was wird, dass er auch Angst hat, unsicher ist, ob er sich binden will.

»Und dann bin ich vom Markt. Das ist schon ein Verlust für die Frauenwelt«, sagt er. Ich grinse. Ja, nee. Ich wünsche ihm wirklich, dass es klappt. Sage ihm aber auch, dass ich da bin, wenn er jemanden zum Reden braucht.

»Ich weiß, ich bin vielleicht die falsche Person. Aber das Angebot steht. Ich möchte dir eine wirkliche Freundin sein.« Ich weiß, dass das nicht der einfachste Weg ist. Aber den fand ich ja schon immer langweilig.

Der fleischgewordene Eheschreck

Stefan, bringst du mir eine Wurst mit? Mit Brot und Senf, bitte. Und ein bisschen von dem Kartoffelsalat mit Rauke. Danke. Ich komme hier gerade so schlecht raus.«

Stefan dreht sich um und grinst. Es war keine Frage, sondern ein Wunsch, den er nicht ausschlagen kann. Und er hat meine Retourkutsche erkannt. Martin, der neben mir sitzt, bricht in schallendes Gelächter aus, so dass die Frauen am Tisch in ihrem Gespräch innehalten und irritiert zu uns gucken. Der Blick von Manuela sagt: »Warum bringt sie meinen Mann so zum Lachen?« Und auch Stefans Frau Stephanie guckt nicht gerade herzlich.

Ich grinse und lehne mich im Gartenstuhl zurück. Ich bin endlich mal wieder bei meiner Freundin Valerie im Süden des Landes. Es ist einer dieser warmen, frühen Frühlingstage, so dass wir im Garten sitzen und die Kinder draußen spielen können.

»Welch ein Glück, dass wir den Sandkasten am letzten Wochenende schon fertig gemacht haben«, hatte Valerie vorhin zu mir gesagt. Mir war das relativ egal, denn ich wollte weder im Sand spielen noch irgendjemanden dorthin schicken. Aber ich bin auch ein Sonderfall. Unter den eingeladenen Gästen bin ich die einzige Frau, die allein gekommen ist. Alle anderen sind mit Mann oder mit Mann und Kind gekommen. Das ist bei Valerie und ihrem Mann immer so. Ich bin furchtbar gern bei den beiden, beziehungsweise bei den vieren, denn die Kinder haben selbst auf dem Anrufbeantworter etwas zu sagen und stehen selbstverständlich auf dem Klingelschild. Aber in ihrem Freundeskreis gibt es nur Familien. Und mich.

Stefan stellt einen gut gefüllten Teller vor mir ab. Es fehlt nichts. »Möchte die Dame noch ein bisschen Prosecco?«

»Sehr gern. Das ist sehr aufmerksam«, flöte ich und vermeide den Blick zu Stephanie. Ich weiß, dass sie mir einen bösen zuwirft. Am liebsten würde ich sagen: »Entspann dich, Mädel, das ist kein Flirt, sondern ein Spaß.« Aber vermutlich würde das in eine riesige Diskussion ausarten. Stefan füllt mein Glas auf, fragt die anderen Frauen, ob sie auch einen Schluck wollen. Nein, möchten sie nicht, man bleibt bei Kaffee und Schorle. Die Kinder, einer muss ja fahren, es ist ja noch nicht dunkel. Langweilig! Ich verdrehe die Augen. Natürlich nur gedanklich, ich will ja nicht aufmüpfiger erscheinen, als ich ohnehin schon bin.

»Prost, Toni. Schön, dass du mal wieder hier bist«, sagt Stefan. Ich stoße mit ihm und Martin an. Ich kenne den Freundeskreis seit zehn Jahren. Damals habe ich ein Praktikum in der Stadt gemacht. Valerie wohnte schon hier und hat mich immer mitgeschleppt, damit ich nicht sozial verkümmere. Die Paare, die es damals gab, gibt es heute immer noch. Jetzt haben sie eines oder zwei Kinder, sind aus den hippen Vierteln an den Stadtrand gezogen. Die Männer tragen mal mehr, mal weniger Bauch und eher weniger Haar. Die Frauen haben praktische Frisuren und den einen oder anderen Sabberfleck vom Nachwuchs auf ihren Oberteilen. Ich habe mich schon vor zehn Jahren besser mit den Jungs in der Gruppe verstanden als mit den Mädels. Auch damals war ich Single, schäkerte, lachte viel und ging auch mal mit ins Fußballstadion. Nie habe ich mit einem der Jungs geknutscht oder ernsthaft geflirtet. So ist es bis heute geblieben. Stefan hatte sich eben an meinem Teller bedient, den ich mir mit zwei Stück Kuchen auf den Tisch gestellt, aber vergessen hatte, weil ich in ein Gespräch ein paar Schritte weiter vertieft war. Als ich mich setzen wollte, blockierte Stefan meinen Stuhl, hatte den Kuchen restlos verputzt und grinste mich schelmisch an. Ich holte mir ein neues Stück und wusste, dass meine Rache süß werden würde. Deswegen also die Order vom Grill. Nur ein harmloser Spaß. Martin hatte alles beobachtet, lachte jetzt herzlich und sagte respektvoll: »Eins zu null für Toni.«

Aus der Sicht der anderen war das aber auch der einzige Punktgewinn für mich. An allen anderen Fronten hatte ich verloren. Noch immer Single. Keine Kinder. Nicht mal einen Kinderwunsch. Mir war klar, dass ich zu dieser Sachlage heute eine Aussage würde treffen müssen. Als ich heute Morgen mit Valerie in der Küche stand, Kuchen gebacken und Kartoffeln geschält habe, blickten wir zurück auf unsere Freundschaft. Vor gut 15 Jahren, kurz nach der Schule, sah es so aus, als würden wir ähnliche Leben haben. Wir zogen beide von zu Hause aus, studierten in Städten, die nicht mit einer einstündigen Bahnfahrt von zu Hause zu erreichen waren, gingen ins Ausland, tanzten wild auf Studentenpartys und waren uns einig, wie das Leben nach dem Abschluss weitergehen würde: Wir würden gutbezahlte Jobs bekommen, aufsteigen, unser Ding machen, nicht heiraten, keine Kinder bekommen.

»Haben wir das eigentlich irgendwo festgehalten? Das glaubt uns ja heute kein Mensch mehr«, sagte Valerie.

»Och, du, mein Leben ist so viel anders nicht. Gut, bis zum richtig gut bezahlten Job dauert es noch etwas. Aber es sind ja auch erst zehn Jahre seit Studienende vergangen«, erwiderte ich ironisch. Ich musste an das Jobangebot denken, das ich vor drei Tagen bekommen hatte. Die Stelle klang mehr als interessant, würde aber einen Umzug quer durch die Republik mit sich bringen. Deswegen habe ich nicht begeistert aufgeschrien, sondern es gleich wieder abgehakt.

»Dann guck dich mal hier um«, sagte Valerie und deutete mit den Armen auf das, was jetzt ihres war. Doppelhaushälfte mit Carport, darin ihr kleines Mutter-Auto, der Firmenwagen von ihrem Mann parkt in der Garage. Valerie selbst arbeitet 73 Prozent, plus 175 Prozent für Kinder und Haushalt. Auf die wenigen Quadratmeter Garten quetschen sich Schaukel, Sandkasten und Trampolin. Mit der S-Bahn braucht man eine halbe Stunde in die Stadt. »Auch nicht viel länger als einmal quer durch die Stadt«, heißt es dann immer zur Entschuldigung. Plus Weg zur Bahn, plus Warten, plus Schienenersatzverkehr. Es ist nicht meine Welt, und ich kann mir nicht vorstellen, so zu leben. Wobei das Valerie auch nicht konnte, und dann wurde der Freund doch ihr Mann, ein Kind kam, das zweite.

»Ja, Valerie, aber das ist alles selbstgewählt.«

»Ich beklage mich ja auch gar nicht. Nur werde ich manchmal schon neidisch, wenn ich sehe, wie du lebst. Kannst tun und lassen, was du willst, du bestimmst deinen Rhythmus, triffst alle Entscheidungen allein, keine Kompromisse.«

»Das genieße ich auch sehr und kann es mir anders nur schwer vorstellen. Auf der anderen Seite ist es manchmal auch nervig, dass man immer alles allein entscheiden muss. Niemand ist da, dem man bedingungslos vertrauen kann. Keine Schulter, die jederzeit zum Anlehnen bereit ist.«

»Ach, es hat alles Vor- und Nachteile. Und man will immer das, was man nicht hat.« Will ich das? Nein. Ich will weder Kinder noch einen Ehemann. Eine Schulter wäre manchmal gut, und ich schließe auch nicht aus, dass es die irgendwann mal wieder geben wird. Valerie ist eine der wenigen Freundinnen mit Partner, die sich keine Gedanken macht, nur weil ich keinen Kerl habe. Die meisten machen sich Sorgen – vordergründig um mich, aber wenn sie ehrlich zu sich wären, noch viel mehr um sich, ihren Mann, ihren Lebensentwurf.

So wie Manuela und Stephanie, mit denen ich auf der Terrasse sitze, die sich über die Unfähigkeit und Nachlässigkeit der Erzieher in der Kita unterhalten und mich mustern, während ich meine Wurst esse und mit Martin und Stephan über die desolate Vorstellung ihres Fußballvereins spreche.

»Hast du beruflich in der Stadt zu tun, Toni?«, fragt Manuela quer über den Tisch. Als ob sie das interessieren würde … Hauptsache, ich höre auf, mit ihrem Mann zu reden.

»Nein, ich bin für Valeries Geburtstag gekommen. Ich war schon so lange nicht mehr hier.«

»Ach, ich dachte nur, weil du so schick bist. Du siehst aus, als ob du von einem wichtigen Termin kommst.« Ich hatte ein kurzes Kleid an und hohe Schuhe. So würde ich nicht zu einem Kunden gehen, und das wird Manuela wissen.

»Ich fahre gleich noch in die Stadt, gehe zu einem Konzert.« Ich hatte mich vorhin schon so angezogen, dass ich mich am Abend ohne viel Aufhebens von der Geburtstagsrunde würde verziehen können. Aber natürlich war mir klar, wie dieses Outfit hier auffallen und welche Reaktionen es hervorrufen würde. Ich hatte nichts dagegen. Ich spiel gern mit euren Ängsten, dachte ich, als ich vor dem Spiegel stand, und lächele jetzt brav.

»Ah, wohin denn?«

»›Boy‹ heißt die Band«, antworte ich.

»Na, das passt ja. Kenne ich nicht.«

»Sind zwei Mädels, wunderschöne, ruhige Musik, großartige Stimmen, tolle Texte.«

»Ach Gott, ich weiß gar nicht, wie lange es schon her ist, dass ich mal auf einem Konzert war«, sagt Stephanie. »Stefan geht ja häufiger, aber ich habe daran einfach nicht mehr so das Interesse. Dieses Stehen stundenlang, dann sieht man nichts, der Sound ist schlecht.« Puh, sie hört sich an wie Anfang 60 und scheintot. Ich habe mehr als Respekt vor der Leistung von Müttern. Ich habe genug mit meinem Job und mir zu tun, wüsste nicht, wie ich da auch noch Mann und Kind unterbringen sollte, ohne selbst zu kurz zu kommen. Und leider klingt es für mich häufig so, als würden die Frauen zu kurz kommen, als sei das Leben vorbei, sobald Mann, Haus und Kind in der Zeitleiste auftauchen. Es scheint eine Zäsur im Leben zu sein, eine 180-Grad-Wendung. Der Leichtigkeit wird die Luft abgelassen, alles wird durchgetaktet, bis die Kinder mit 18 das Haus verlassen. Was ist daran so erstrebenswert? Ich habe den Eindruck, dass sich das einige fragen, wenn sie Singlefrauen wie mich sehen. Wir leben anders als 90 Prozent der Deutschen und sind trotzdem glücklich. Mit unserer Zufriedenheit irritieren wir, weil wir den Lebensentwurf der Mehrheit in Frage stellen: Seht her, es geht auch anders. Und nur, weil Uroma, Oma, Mutter und Tante es so gemacht haben, verfolge ich dennoch einen anderen Weg, weil ich ihn für mich als passender erachte. Das gilt für mich selbst und nicht für andere, und ich bin auch weit davon entfernt, andere missionieren oder belehren zu wollen. Aber warum wollen viele das bei mir tun? Anstatt mir meine Freiheit zu gönnen und sich selbst ihres Glücks gewiss zu sein, stellen sie mich in Frage, ungefragt.

»Toni, hast du nicht Angst davor, dass du demnächst alleiniger Single in deinem Freundeskreis bist und dich einsam fühlst?«, fragt Manuela unvermittelt. Sie macht ein Gesicht, als wäre ich eine Lepra-Kranke.

»Ich habe ja keine ansteckende Krankheit«, sage ich.

»Du weißt, wie ich das meine.«

»Nein. Was hat mein Beziehungsstatus mit meinem Freundeskreis zu tun? Nur, weil ich kein Kind in der Sandkiste und keinen Mann am Grill habe, habe ich hier und heute trotzdem Spaß.« Das Gespräch der Männer ist verstummt. Sie gucken uns abwartend an. Jungs, keine Sorge, ich kratze niemandem die Augen aus.

»Na ja, aber dann liegst du heute Abend allein im Bett und weißt, dass wir alle mit unseren Familien nach Hause fahren.«

»Wer sagt, dass ich heute Abend allein im Bett liege?«

»Bäm. Zwei zu null für Toni«, ruft Martin. Er grinst, schlägt sich die Hand vor den Mund, als er den Blick seiner Frau sieht. Der Mann ist mutig, spielt mit seinem Leben oder dem Sex am Sonntagmorgen. Vermutlich der einzige der Woche. Manuela wirft auch mir einen verächtlichen Blick zu. Sie weiß nichts von meinem Sexleben, meinen Affären, meinem Besuch im Swinger-club. Aber sie unterstellt, dass ich ein ausschweifendes Leben habe. Nicht ganz zu Unrecht. Aber vermutlich hat sie mit ihrem Einmal-die-Woche-Sonntagmorgen-Sex mehr als ich. Quantität ist ja nicht alles. Ich würde ihren Mann gar nicht wollen, wie ich so viele Männer gar nicht will.

Dennoch bemerke ich häufig den argwöhnischen Blick von Ehefrauen und Freundinnen, wenn ich als Singlefrau mich mit ihren Männern unterhalte. Zack, die Leine wird kurz gehalten. Nicht, dass der Gute noch auf komische Gedanken kommt. Ja, passt schön auf eure Männer auf! Warum glauben so viele, dass sie durch die Einschränkung der Freiheit jemanden halten könn-ten? Auch ich habe diesen Fehler in meiner letzten Beziehung gemacht, und ich hoffe inständig, dass ich ihn nicht noch mal begehen werde. Freiheiten lassen, Freiheiten nehmen und vor al-lem Vertrauen schenken, sich seiner selbst gewiss und bewusst sein. Es klingt in der Theorie so gut, so einfach. Aber es gelingt so wenigen, auch mir bisher nicht.

»Ja, aber so generell. Wer kümmert sich denn um dich, wenn du alt bist?«, fragt Manuela jetzt. Es beginnt also die Grundsatz-debatte.

Das dauert ja noch ein wenig. Aber ich denke, dass ich auch im hohen Alter allein sein kann. Warum sollte ich diese Fähig-keit verlieren? Mehrgenerationen-Häuser, Alten-WGs, betreutes Wohnen – es gibt so viele Möglichkeiten.

»Glaubst du etwa, dass sich später deine Kinder um dich küm-mern? Frommer Wunsch! Erst mal darfst du als Oma deren Nachwuchs betreuen, und dann wirst du in ein Pflegeheim ab-geschoben«, antworte ich, harscher, als es nötig wäre. Manuela schnaubt verächtlich.

Ich denke: Tja, ist es so viel anders in meiner Wirklichkeit? Ich sehe meine Eltern zwei-, dreimal im Jahr – Weihnachten, Ge-burtstage.

»Außerdem ganz schön egoistisch, aus dem Versorgungsmotiv heraus Kinder zu kriegen«, lege ich nach. »Aber den kinderlosen Singles immer vorwerfen, sie seien egoistisch.«

»Das ist es ja nicht.«

»Na, dann kann es für mich auch kein Grund sein, Kinder zu bekommen.«

»Toni, trinkst du noch einen Prosecco?« Geschickter Schachzug von Stefan. Er sorgt sich vermutlich weniger um meine Getränkeversorgung als um den Frieden. Ich bin dankbar für die Unterbrechung, nicke und halte ihm mein Glas hin. Das führt doch zu nichts! Ich blicke auf das Gartenidyll und die spielenden Kinder. Nein, ich vermisse das nicht. Ich bin gern zu Besuch, aber das ist nicht mein Leben.

Im Rosamunde-Pilcher-Film würde jetzt erst ein Schmetterling vorbeiflattern und kurz darauf der adrett-charmante Nachbar, natürlich Single, vermeintlich frisch geschieden, über den Gartenzaun springen. Aber hier, im Speckgürtel der Stadt, wohnen keine Singles, auch keine frisch geschiedenen. Und wenn, können sie nicht mehr über den Gartenzaun springen. Stattdessen stehe ich auf und gehe zum Grill.

»Graue Haare hast du bekommen, Toni. Hast du Stress?«, fragt Valeries Mann. Autsch, das saß. Die Fassung wahren, tief durchatmen, nicht rumblaffen. Haben sich denn jetzt alle gegen mich verschworen?

»Hat nichts mit Stress zu tun, ist genetische Veranlagung«, sage ich so freundlich wie möglich.

»Ich mag es, wenn du deine Haare so kurz trägst«, sagt er. »Das wirkt selbstbewusst, stark, tough.«

»So sind wir, die Singlefrauen.«

»Und jetzt bist du auf der Suche nach Frischfleisch?«

»Eine Dattel im Speckmantel und ein Stück Lachs wären mir lieber«, entgegne ich. Die trübsalblasende Singlefrau kennt man hier nicht, und ich habe auch keine Lust, dieses Gesicht zu zeigen, auch wenn es das selbstverständlich gibt. Ich bin ja nicht krank und benötige keine Sonderbehandlung, nur weil ich überall solo auftauche.

Valerie hat den letzten Satz gehört, guckt irritiert.

»Alles klar bei dir, Toni?«

»Ach, ich habe keine Lust, mich ständig dafür zu rechtfertigen, dass ich Single bin und bleiben will.«

»Musst du doch auch nicht.«

»Bei dir nicht, bei vielen anderen schon.«

»Hat sich Jurij eigentlich noch mal gemeldet?«

»Nächstes Thema, bitte.«

»Oh, was ist passiert?«

Nichts. Und genau das ist ja das Problem. Jurij hatte mich wochenlang umgarnt, als ich noch in einer Beziehung war. Das Verlangen versiegte dann schlagartig, als es einmal gestillt worden war. Das war vor mehr als einem Jahr gewesen. Wir haben zwar noch gelegentlich Kontakt, aber uns seitdem nicht mehr gesehen. Manchmal schreibt er mich an, stellt irgendwelche beruflichen Fragen, lässt dann unumwunden durchblicken, dass er gern wieder mit mir ins Bett wolle. Aber außer plumpen Sprüchen kommt nichts. Neulich war er zwei Tage in Hamburg, meldete sich einen Tag vorher, und als ich dann sagte, dass wir uns gern auf einen Drink oder einen Kaffee treffen könnten, schmollte er. Er schrieb:

> Vom Fessel-Sex bin ich auf ein Kaffeedate abgerutscht.

Was glaubte der eigentlich? Dass er sich monatelang nicht melden muss, ich dann begeistert aufs Bett springen und die Beine öffnen würde? Ich war stinksauer. Machen das andere Frauen? Obwohl … ganz frei kann ich mich davon nicht machen. Aber irgendwo hatte ich in dem entscheidenden Augenblick wohl meine Würde erspäht. Ich schrieb Jurij:

> Tja, so kann's gehen.

Überflüssig, zu sagen, dass er sich nicht meldete, als er in der Stadt war. Daraufhin angesprochen, reagierte er äußert unsouverän:

> Du warst ja nicht wirklich enthusiastisch, und ich hatte immer erst ab 23 Uhr Zeit. Das ist dir ja zu spät.

Blödmann! Ich regte mich fürchterlich darüber auf, dass ich mich überhaupt aufregte. Er schaffte es tatsächlich, dass ich mich mies fühlte.

Und trotzdem meldete ich mich vor dem Wochenende bei Valerie bei ihm. Er schrieb auch, dass er sich freuen würde, mich zu sehen, ich solle mich melden, wann und wo. Ich meldete mich.

»Aber glaubst du, er hätte geantwortet?«, sagte ich zu Valerie.

»Dann ruf ihn doch an.« Hatte ich versucht, er ging nicht ran.

»Nee, ich bin ihm lang genug hinterhergelaufen. Es reicht jetzt. Irgendwann bin selbst ich mir für so was zu schade.«

»Vermutlich hast du recht. Mach einen Haken dran, vergiss ihn. Habe ich so was nicht schon vor einem Jahr gesagt?«

»Ganz bestimmt. Aber es fällt mir schwer, weil er mein Sprungbrett war und deshalb eine besondere Bedeutung hat.« Damit weiß ich auch, dass es an mir liegt, ihm diese Bedeutung wieder zu entziehen. Ich habe es selbst in der Hand, ob ich mich über ihn oder über mich ärgere.

»Valerie, ich muss los. Ich komm irgendwann nach Mitternacht, allein, versprochen«, sage ich und grinse.

»Toni, viel Spaß heute Abend, lass dich nicht ärgern. Die Kinder wecken dich morgen zum Frühstück.«

Ich gehe noch mal rüber an die Gartengarnitur und verabschiede mich von Stefan, Martin, ihren Frauen, winke den Kindern zu und stöckele von dannen, stets bemüht, den Kopf hochzuhalten.

Neustart

Dann wird das wohl demnächst nichts mit einem Mann. Und das Thema Kinder ist dann vermutlich ganz abgehakt.« Wie schafft es meine Mutter nur, jegliche Euphorie im Keim zu ersticken? Ich habe ihr gerade von dem Jobangebot erzählt, das ich vor ein paar Wochen bekommen hatte, und das war ihr Kommentar dazu.

»Mama, darum geht es doch jetzt gar nicht. Das ist eine große, internationale Agentur und ein Posten mit richtig viel Verantwortung.«

»Und wie kommen die auf dich?«

»Mama, jetzt reicht es aber! Du magst es noch nicht gehört haben, aber im Rest der Republik ist bekannt, dass ich einige Qualitäten habe.«

»Das kann ich ja nicht beurteilen.« Aber sie könnte sich wenigstens für mich freuen und nicht immer nur das Manko sehen, dass mir Mann und Kinder fehlen, um eine vollständige Person zu werden. Es ist mal wieder eins dieser Telefonate mit meiner Mutter, und mal wieder einer dieser Momente.

Als ich vor einigen Wochen bei Valerie war, hatte ich das Jobangebot gedanklich eigentlich abgehakt. Warum sollte ich Hamburg verlassen? Hier habe ich mehr als ein Drittel meines Lebens verbracht. Hier habe ich den größten Teil meines Freundes- und Bekanntenkreises. Die Stadt ist großartig. Es gibt keinen Grund, zu gehen.

Aber gibt es einen Grund, zu bleiben?

»Hier im Süden ist es auch schön«, hatte Valerie zu mir gesagt. »Du wärst näher bei uns. Das wäre doch fein.« Oh ja, damit ich mich noch häufiger mit Manuela und Stephanie über die Vorzüge des Singlelebens austauschen könnte.

»Bei dir stehen die Zeichen schon seit Monaten auf Veränderungen«, war Julis Kommentar gewesen. Da wusste sie mal wieder mehr als ich. Ich hatte nicht den Drang, die Stadt zu verlassen oder mein Leben zu verändern. Es lief ja gerade alles so gut. Ich hatte mich eingerichtet, fühlte mich wohl.

»Und das ist immer der Moment, an dem du alles hinterfragst und umdrehst. Du bist doch die Rastlose und ewig auf der Suche«, sagte Juli. Juli hat gut reden. Sie ist wieder verliebt. Ausgerechnet sie, die noch viel weniger als ich einen Partner sucht! Vielleicht ist das ja das Geheimnis … Gar nicht erst suchen. Aber ich suche ja nicht, zumindest nicht bewusst. Vielleicht ist das sogar der perfekte Zeitpunkt, zu gehen. Beruflich wäre es eine »Herausforderung«, wie man dazu im Manager-Sprech sagt. Ein Psychologe würde vermutlich eher einen »neuen Lebensabschnitt« erkennen. Ich halte für mich fest:

- Mein Ex hat eine Neue.
- Meine beste Freundin ist schwer verliebt.
- Alle meine Affären, Bettgeschichten oder aufreibenden Bekanntschaften sind beendet.

Manche melden sich nicht mehr. An anderen bin ich nicht mehr interessiert. Mit Mr. Niceguy verbindet mich mittlerweile eine Freundschaft, weil er sich anderweitig verliebt hat und wir aber festgestellt haben, dass doch einiges mehr zwischen uns war als Sex.

Das mag Zufall sein. Das könnte des Schicksals Fügung sein. Vielleicht lege ich mir auch gerade etwas zurecht, um das Streitgespräch zwischen Herz und Bauch zu beenden. Wenn ich über das Jobangebot nachdenke, sagt mein Bauch: Richtig so, machen. Mein Herz fragt: Bist du irre? Mein Kopf glaubt mal dem

Bauch und mal dem Herzen. So kommen wir alle nicht weiter. Ich vertage die Entscheidung auf die nächste Runde des Bewerbungsverfahrens und hoffe, dass jemand anders mir die Entscheidung abnimmt.

Doch nach der dritten Runde kommt die vierte, und es ist klar, dass ich mich entscheiden darf. Ich habe eine unruhige Nacht in meinem uncharmanten Hotel in den Ausläufern der Stadt, die ich nicht kenne. Ich hatte mit Juli geskypt, mit meinem Ex geschrieben, einen Freund gefragt, ob er mir beim Umzug helfen könnte, Valerie um ihre Meinung gefragt, die nur sagte: »Du hast dich längst entschieden, Toni. Lass es zu.« Meine Mutter hatte ich gar nicht erst angerufen. Ich wollte nicht wieder über die Liebe reden. Die kann einen ja überall ereilen, dafür muss ich nicht in Hamburg sitzen bleiben.

Ich entscheide mich für das Neue, gegen Routine, für Stress und Aufregung, für neue Impulse und eine neue Umgebung. Gegen das Gewohnte und Liebgewonnene, gegen Eingefahrenes und Altbekanntes.

Es war eine Entscheidung, die ich nur mit mir ausmachen musste. Ich muss nur mich verpflanzen, das wird schwierig genug, aber ich muss weder Mann noch Kind noch Hund fragen. Es ist viel leichter so. Aber manchmal auch viel schwieriger, weil dir niemand die Hand drückt und sagt: »Wir schaffen das zusammen«, wenn du doch mal zweifelst. Und die Unsicherheit, die Fragen, die Zweifel sind da.

In meinem Alter heiratet man, baut ein Haus, schafft sich einen Hund an oder zeugt Kinder. Ich drehe mein Leben einmal um und befinde mich, ohne dass ich es je gewollt und geplant habe, mitten in dem Klischee der Karrierefrau. Mann- und kinderlos, aber dafür läuft's beruflich. Bin ich schon der verbiesterte Drachen, oder werde ich das noch? Mich ärgert dieses Vorurteil, das durch Filme und Bücher so oft gefestigt wird. Und leider auch durch das Leben. Emanzipation und der Kampf für die Frauenrechte haben unsere Gesellschaft ein gehöriges Stück weitergebracht, aber wenn ich an die Mädels in meinem Freundeskreis denke, die Kinder bekommen haben, ist das nur Theorie. Keine von ihnen ist wieder voll in den Beruf eingestiegen. Die wenigsten verfolgen noch ihre Karrieren, die sie vor der Schwangerschaft im Kopf hatten. Ich will das überhaupt nicht verurteilen. Meistens geht es gar nicht anders, aus zeitlichen Gründen, Kinder wollen erzogen und betreut werden. Aber auch die emotionalen Argumente, dass der Nachwuchs an erster Stelle steht, kann ich verstehen. Die paar Top-Managerinnen, die Kinder, Ehe und Karriere unter einen Hut quetschen, bekommen dafür mehr Aufmerksamkeit für ihre Arbeit und seitenlange Magazinporträts.

Von so einem Leben bin ich weit entfernt, aber die Fragen, die ich gestellt bekomme, wenn ich sage, dass ich umziehe, gehen in diese Richtung.

»Wirklich? Du verlässt die Stadt? Der Liebe wegen?«

Wie oft hat man mich in den letzten Wochen mit dieser Schlussfolgerung konfrontiert! Ich bin erstaunt, verblüfft, auch mal sauer. Warum kann es für diesen Schritt nur diese Begründung geben? Wird ein Mann das auch gefragt, wenn er den Wohnort wechselt?

Und auf meine Antwort: »Nein, ich gehe des Berufs wegen«, folgt dann oft ein: »Wie? Ganz allein?«

Ja, ganz allein; denn meine Mutter nehme ich nicht mit. Keine Sorge, ich schaffe das schon. Zwar bin ich mir da auch nicht immer so sicher, und es gibt die Momente des Zweifelns, aber nur, weil sich alle zwischen Mitte 30 und Anfang 40 in ihrem Leben bequem eingerichtet haben, muss ich das ja nicht machen! Und schon verstöre ich wieder mit meinem Handeln, greife andere an, weil ich ihnen den Spiegel vorhalte und demonstriere: Ihr seid faul, ich beweglich. Dabei ist das doch gar nicht meine

Intention! Ich lebe nur mein Leben nach meinen Maßstäben! Fühlt euch doch nicht immer angegriffen. Und macht, was ihr wollt! Ich mache es doch auch!

Als kleiner Trost wird mir dann auch gern offeriert: »Die Männer im Süden sind viel offener und zugänglicher.« Wahlweise auch: »Vielleicht klappt es ja dann dort mit einem Mann.«

Ich verdrehe die Augen, wenn meine Umzugspläne so kommentiert werden. Denkt ihr, ich gehe, weil ich in dieser Stadt keinen Mann mehr gefunden habe? Glaubt ihr wirklich, ich wäre unglücklich hier? Kennt ihr mich nicht, oder meint ihr, mich besser als ich mich selbst zu kennen?

Eine andere Variante ist: »Du lernst bestimmt kurz vor dem Umzug jemanden kennen, wenn es überhaupt nicht passt.« Deswegen gucke ich seit Tagen schon jeden Kerl durchdringend an. Bist du es? Zeig dich doch! Setz dir ein Rundumlicht auf, sonst erkenne ich dich nicht.

Ein Freund kommentierte ein Foto, das mich strahlend beim Sommerpicknick mit Freunden zeigt: »Wenn du dich mit dem Foto bei Tinder anmeldest, fliegen dir dort die Männerherzen zu!«

Ähm, Entschuldigung, aber das ist nicht meine vorrangige Aufgabe in den nächsten Monaten. Ich fürchte, dafür wird keine Zeit bleiben. Ich verschwinde sozusagen vom freien Markt. Neuer Status: »zu beschäftigt«. Und überhaupt … Ich habe Tinder & Co. vor Monaten abgestellt und vermisse keine der Dating-Apps. Ich werde kaum in einer neuen Stadt die alten Verhaltensweisen auspacken. Oder doch? Nein. Ich denke nicht. Was sollen denn die Mitarbeiter denken, wenn sie die Chefin auf Tinder sehen. Oh no! Bitte mehr Diskretion in meiner neuen Gehaltsklasse.

»Jetzt kommt die Zeit für einen Callboy«, feixt Juli.

»Oh ja! Wir werden uns jeden Mittwoch um 19.20 Uhr in Zimmer 439 im besten Hotel am Platze treffen.« Ich muss allein beim bloßen Gedanken daran lachen.

»Du wirst im Bademantel auf ihn warten. Er wird dreimal kurz klopfen und dann als Page verkleidet die Suite betreten.« Julis Fantasie ist deutlich besser ausgeprägt. Ich mag gar nicht darüber nachdenken. Bei dem, was mir in den nächsten Wochen bevorsteht, vergeht mir jegliche Lust. Einen besseren Status als »Single« kann es gerade gar nicht geben. Der Traum von den ausfallenden Zähnen kam seit der ersten Nacht in meinem neuen Singleheim nie wieder. Jetzt wird es bald ein neues geben. Dass ich vor zwei Jahren so wenig Anlaufschwierigkeiten hatte, mag daran liegen, dass ich nicht verlassen wurde, sondern mich getrennt habe. Eine freie Entscheidung. Und eine richtige und wohlüberlegte. Das Leben allein habe ich in keiner meiner vielen Vor-Trennungs-Überlegungen als Bedrohung angesehen. Jetzt ist es sogar eine Chance.

Für viele Frauen in meinem Alter mag das Alleinsein ein Graus sein. Das Leben ohne Mann erscheint ihnen unvollständig, zuweilen sogar sinnlos. Ich verstehe das nicht. Soll ich jetzt die nächsten Monate und Jahre mit Suchen und Warten verbringen und so lange Trübsal blasen, bis ich wieder Händchen halten kann? Auf gar keinen Fall! Hätte ich so lange bei meinem Freund bleiben sollen, bis ein anderer um die Ecke kommt, ein vermeintlich besserer? Um Himmels willen – NEIN! Allerdings scheint dieses Muster nicht ganz unüblich zu sein – eine Beziehung zu halten, bis eine andere sich anbahnt, und dann das Bett zu wechseln, das womöglich von der vorherigen Partnerin noch leicht warm ist. Oh nein!

Ich bin mit mir und meinem Singleleben absolut im Reinen oder zumindest auf einem ganz guten Weg dahin. Mein Umfeld sieht das gelegentlich etwas anders. Immer dann, wenn ich mal mehr, mal weniger ernsthaft beklage, dass mir etwas fehlt:

- jemand, der die Schraube so in die Wand dübelt, dass der Garderobenhaken nicht auf halb acht hängt;
- jemand, der sonntagmorgens als Erster aufsteht, Brötchen holt und Kaffee kocht;
- jemand, der mir den Nacken krault, wenn ich verspannt bin;
- jemand, der mich eine ganze Nacht hindurch Nähe spüren lässt;
- jemand, bei dem ich mich hemmungslos ausheulen kann, wenn das Leben mal wieder fies ist.

Aber für alles gibt es eine Lösung: Handwerker, Masseure, Freundinnen, Sexspielzeug und Männer, die nicht gleich fürs Leben, sondern nur für ein paar Nächte oder Wochen bleiben.

Und ohne den Mut, sich auf einen anderen Menschen einzulassen, ein Stück vom »Ich« herzugeben, den Hormonen freie Hand zu gewähren und den Kopf auszuschalten, kann das Glück zu zweit nichts werden.

Eine Beziehung bedeutet für mich momentan mehr Einschränkung als Lebensglück. Unter anderem graut mir vor Phänomenen wie dem Partnerlook. Zwei Menschen verschmelzen so sehr miteinander, dass sie sich die gleiche Regenjacke kaufen, um dann am Strand einer nordfriesischen Insel Hand in Hand entlangzuflanieren und Sätze zu sagen wie »Uns gefällt das rauhe Klima hier oben«. Warum müssen zwei Individuen eigentlich immer zu einer Meinung verschmelzen, sobald sie Bett und Tisch teilen?

An Juli erlebe ich gerade Anfangstendenzen dieser Metamorphose. Kürzlich waren wir mit ein paar Freunden unterwegs. Als Juli dazustieß, hatte sie diesen Mann an der Hand. Ja, sie hatte von ihm erzählt. Dass sie ihn datet und knutsche, ein wenig verliebt sei. Aber es sei kompliziert, weil er Frau und Kind habe. Die beiden schmusten so ungeniert in der Bar, so als hätten sie nichts mehr zu verbergen. Ich orderte eine Runde Gin Tonic – auf den Schock und zur Feier des Tages. Der Schock war schnell runtergespült, die Freude stieg. Denn: Juli so strahlend glücklich zu sehen, war großartig.

»Juli ist jetzt keine mehr von uns«, kommentierte Nele die Szenerie. Es sollte wie ein Scherz klingen, aber ihr war nicht zum Lachen zumute. »Bist du jetzt etwa eifersüchtig?«, fragte ich sie. »Ach was«, zischte sie. Aber wir wussten es beide besser: Nele ist immer noch Single und immer noch auf der Suche.

Ich kann nicht ganz leugnen, dass ich auf dieses Wolke-sieben-Programm nicht auch Lust hätte: Mit jemandem Hand in Hand durch die Nacht spazieren, kleine Überraschungen im Briefkasten haben, Wochenendtrips und Einladungen zum Essen – das ist schon sehr schön. Aber: Ich will nicht das »Ich« aufgeben, um einem »Wir« Platz zu machen. Meine Gedanken sollen nicht nur um einen einzigen Menschen kreisen. Ich mag diese rosarote Brille nicht aufsetzen. Ich habe viel zu viel Angst, dass sie zu früh zerbricht. Natürlich kann man sich vornehmen, nicht durchzudrehen, wenn man verknallt ist. Aber was zählen in so einer Phase noch vernünftige Gedanken? Alles hinfällig. Das sehe ich gerade an Juli. Ich bleibe dabei: Die Argumente für das Leben allein liegen für mich auf der Hand. Ich würde mir derzeit noch nicht mal die Pflege eines Goldfisches zutrauen, so sehr bin ich auf mich und mein Wohl fixiert. Verantwortung trage ich momentan nur für mich.

Nennt es Egoismus. Ich nenne es Zufriedenheit und Glück.

Danke

Vielen Dank an Katarina und Anita, ohne euch wäre das stern-Blog »Weiblich! Ledig! Na und?« nie entstanden.

Danke – an alle stern-Kolleginnen – es war immer ein großer Spaß mit euch!

Danke – an meine Agentin, die mich davon überzeugt hat, dass man aus einem Blog sehr wohl ein Buch machen kann.

Danke – an meine Lektorin und meinen Verlag, die mich auf dem spannenden Weg begleitet haben.

Danke an alle Julis! Ohne euch wäre das Leben trist. Ohne meine Juli ganz besonders.

Und schlussendlich – danke an alle Männer, die mich in den vergangenen Jahren zum Lachen gebracht, genervt, verarscht, verstanden, warten lassen, geliebt, begleitet und inspiriert haben.